제주의 로컬리티 담론 공간과 철학

탐라문화학술총서 17

제주의 로컬리티 담론 공간과 철학

김 치 완

景仁文化社

차 례

머리말

2014년 케이블 방송사에서 복고 드라마가 인기를 끌면서 덩달아 유행한 것이 "1만 시간의 법칙"이다. 하루 3시간, 10년 동안 꾸준히 한 분야에 집중하면 그 분야의 최고가 될 수 있다는 것이다. 드라마에 너무 열중하여 급기야는 이 대사를 했던 남자배우까지도 좋아하지 않게 되었던 탓에 "1만 시간의 법칙이 다른 데는 통할지 몰라도 연애에는 통하는 것이 아니다."라고 생각해서 금세 잊어버렸다. 그런데 출간하는 책마다 센세이션을 일으켰다는 말콤 글래드웰(Malcolm Gladwell)이 했다는 이 말의 본 뜻은 '최고가 되는 데 1만 시간이 필요하다'는 것이 아니었다고 한다. 1만 시간은 "최고가 되기 위해서"가 아니라 "자기가 하는 일에 확신을 가지기 위해서" 필요한 시간이란다. 좋아하지도 않았던 이 말을 다시 떠 올리는 까닭은 '제주의 로컬리티 담론 공간과 철학'에 1만 시간을 들였던가 하는 반성을 이제야 다시 한 번 하게 되었기 때문이다.

이렇게 저렇게 햇수를 따져보아도 도무지 제주와의 인연이 10년을 못다 채우고 있다. 적어도 2015년 한 해는 보내야 시간강사로 제주에 첫 발을 디딘 지 햇수로 십 년이 되기 때문이다. 시간강사 2년을 마치고 전임강사가 되어 제주에 터를 박고 산 것은 말할 것도 없다. 이런 사정이므로 "제주에 들어와 살기 시작하면서 연구의 방향성을 전공분야인 유학, 그리고 터 박고 살아가는 제주로 잡았다. 이 부족한 책은 터 박고 살아가는 제주에 대한 그 동안 연구 결과를 얼기설기 엮은 것이다."라고 말할 처지가 못 된다. 물론 그동안 "하루를 남들보다 두 세배 더 사는 일 중독자"라는 별명으로 불러 주었던 동료교수님들께서는 '1만 시간은 충분히 들였을 것이라고, 그러므로 햇수 따위는 신경 쓰지 않아도 좋을 것'이라고 하실 것이다.

하지만 그 1만 시간이 확신을 가지기 위한 시간이라면, 대답은 달라진다.

짧은 시간이었지만 동양철학 전공 교수가 한 명 밖에 없어 문학과 역사 등 다른 학과에 계시는 동양학 또는 한국학을 전공한 분들의 응원에 힘입어 제주의 지역거점국립대학 교수로서 제주를 연구하는 것이 당연한 의무라고 생각했다. 그것을 가능하게 하는 것이 바로 제주사람이 아니면서 제주에 살고 있는 이른바 '경계인'으로서의 정체성이라고 생각했다. 때마침 로컬리티, 글로컬리즘, 오리엔탈리즘과 생태담론, 주체와 타자의 관계 등 포스트모더니즘의 다양한 주제들이 학계에서 새롭게 주목되고 있기도 했다. 그래서 제멋에 겨워 "제주대학교 60년 가운데 1-2세대 선배 지역학 연구자들이 이루어 놓은 다양한 연구 성과를 기초로 하여, 새롭게 주목되고 있는 다양한 관점으로 정리하겠노라"고 결심했다. 그래서 십 수 편의 제주 관련 연구 논문을 집필했다. 이 부족한 책은 그 가운데서 로컬리티 담론, 그리고 주체와 타자의 시선에 초점을 맞춘 일련의 논문들을 재정리한 결과물이다. 적어도 이 일련의 논문들을 연구하고 발표할 당시에는 확신이 있었다.

역설적이지만 탐라문화연구원 김동윤 원장님과 운영위원들께서 부족한 논문들을 재정리한 결과물을 학술총서로 출판하도록 선처해주신 다음에 그 확신이 흔들리기 시작했다. 제주에 대해서 얼마나 알고, 무엇을 연구했기에 '제주의 로컬리티 담론 공간과 철학'이라는 거창한 제목을 달아서 단행본으로 낼 수 있겠는가 하는 자기 검열에 걸려들었기 때문이다. 때마침 기초교양교육원장을 겸직하면서 집필에 전념하기 어려웠던 것도 한 몫 했다. 아울러 그동안 익숙하게 보였던 것이 가까이 다가갈수록 낯선 것을 경험하기도 했고, "천명(天命)을 안다"는 오십을 눈앞에 두고서 혼란스러운 인간관계의 한 가운데서 헤매기도 했다. 그래서 단행본 내는 것을 포기할 생각을 하기도 했다. 하지만 고맙게도 분에 넘치는 보직을 그만 둘 수 있는 계기가 생겼다.

확신이 흔들리는 회의(懷疑)가 아닌 반성(反省)의 여유가 생기면서 "익숙했던 것이 낯설어 보이는 경험"이야말로 이 단행본에서 말하고자 했던 것이라는 확신이 새롭게 싹텄다. 그리고 부끄럽지만 지금까지 연구했던 것들을 매듭지어야 다음 단계로 넘어갈 수 있을 것이라는 방어논리도 만들게 되었다. 그래서 이미 정리하고 있던 일곱 편의 논문을 '제주 철학, 동양적 생태담론의 가능성', '타자의 시선으로 본 제주', '주체의 시선으로 본 제주', '주체와 타자의 이중시선으로 본 제주' 등 4부로 재구성하였다. 1부는 이 단행본에서 다루고 있는 내용의 서론에 해당하고, 2부와 3부는 본론, 그리고 단 한 편의 논문으로 구성한 4부는 결론에 해당한다. 제주의 신화와 역사, 민속학 분야를 다룬 논문이 몇 편 더 있지만, 경계인으로서 낯선 제주를 연구하는 긴 호흡의 첫 번째 도입부라는 점에서 이렇게 일곱 편을 가려 뽑았다. 각각의 논문이 실렸던 곳을 본문에 따로 표기하지 않았으므로, 여기에서 이 단행본에 실린 순서대로 밝히면 다음과 같다.

「제주에서 철학하기 試論」, 『탐라문화』 39호, 제주대학교 탐라문화연구소, 2011, 177-213쪽.

「동양적 생태담론 가능성에 대한 사상사적 고찰-대안적 패러다임론과 오리엔탈리즘석 접근에 대한 비판적 관점을 중심으로」, 『歷史와 實學』 44집, 歷史實學會, 2011, 249-276쪽.

「석주명의 제주도 자료에 나타난 제주문화: 『제주도수필집』에 나타난 제주도의 자연과 인문환경의 인식에 대한 비판적 검토를 중심으로」, 『韓國出版學硏究』 제37권 2호, 한국출판학회, 2011, 93-114쪽.

「瀛洲十景으로 본 朝鮮 儒學者의 仙境 인식과 그 태도」, 『대동철학』 59호, 대동철학회, 2012, 131-155쪽.

「梅溪 李漢雨의 '낯선 공간'으로서 瀛洲」, 『역사민속학』 39호, 한국역사민속학회, 2012, 73-100쪽.

「'카미노'와 '올레'를 중심으로 본 문화콘텐츠로서의 길[道]」, 『인문콘텐츠』 30호, 인문콘텐츠학회, 2013, 49-65쪽.

「主體와 他者의 二重 視線으로 본 濟州의 朝鮮儒學」, 『동서철학연구』
69호, 한국동서철학회, 2013, 211-231쪽.

이 일곱 편의 연구논문은 『탐라문화』를 제외하고는 모두 제주도외 지
역의 민속학, 역사학, 철학 전문 학술지에 실어, 1990년대까지 지역학의
선구였던 제주학을 소개하고, 관심을 촉구하고자 하였다. 그 덕분에 전공
과 논문 분야가 무엇인지 궁금하다는 후임교수의 질책 섞인 질문을 받은
일도 있었다. 연구논문 몇 편으로 성과를 기대할 수도 없을 뿐 아니라, 그
러기에 한참 못 미치는 부족한 수준이라는 점은 인정한다. 하지만 그 질책
섞인 질문을 다시 받게 된다고 하더라도 그 때와 꼭 같이 "지역거점 국립
대학에 봉직하고 있는 철학과 교수로서 지역 현안의 문제를 다양한 관점
에서 보편타당한 방법론으로 다룰 수 있어야 한다는 것이 나의 신념이라
는 말로 답변을 대신하겠다."라고 말할 것이다.

군더더기에 불과한 긴 변명의 말을 감사의 말씀으로 마무리하고자 한
다. 이곳 제주도에 터 박고 살게 된 것은 지도교수님 선산(鮮山) 김승동교
수님 덕분이다. 박사학위를 하고 출판 일을 하려는 제자에게 녹나무 남
(楠)자와 화할 화(和)자의 상호(商號)를 지어주신 덕분에 녹나무 자생지인
이곳에 살게 되었으니 말이다. 지난 해 초에는 새로 '밝은 집'을 뜻하는 명
재(明齋)라는 호를 지어 보내주셨으나 감사의 말씀을 따로 올리지 못하였
다. 다음으로 이 부족한 원고를 탐라문화연구원 학술총서로 출판하도록
허락해주신 김동윤 원장님과 운영위원님들께 감사의 말씀을 전한다. 특히
김동윤원장님께는 『논어(論語)』「학이(學而)」편의 "군자삼락(君子三樂)"
을 절감하는 사이여서 감사하고 미안한 마음을 전한다. 마지막으로 철부
지 인생의 든든한 반려인 안사람 이은주에게 고맙고 감사하다는 말을 이
책에서 다시 한 번 전하고자 한다. 힘겹고 어려운 시기를 잘 참아내 준 덕
분에 부족하나마 하나씩 성과를 쌓아가고 있기 때문이다. 아울러 부족한
책이 나오기까지 정성을 다해준 경인문화사 한정희대표님과 실무진, 그리

고 좋은 동료이자 아우인 사학과 정창원교수께도 감사의 말씀을 전한다.

2015. 2.
남화도(楠和島)로 부르고픈 제주섬 산천단 연구실에서
명재(明齋) 김치완(金治完)

제1부
제주철학, 동양적 생태담론의 가능성

제1장 로컬리티 담론과 제주학 연구 현황

제주와 제주인은 2000년이라는 시간과 앞으로 얼마 동안일지 모르는 시간 속의 한 좌표인 '지금'과 한반도 서남단의 도서라는 공간과 한·중·일 중앙부에 위치한 지정학적으로 중요한 지역이라는 공간 속의 한 좌표인 '여기'에 놓여 있다. 지금까지 그래왔던 것처럼 이 좌표는 고정불변한 것이 아니라 시시각각으로 변화하는 중이지만, 언제나 '지금, 여기'인 좌표이기도 하다. 그래서 시공간의 경계를 기반으로 한 구체성도, 시공간의 경계를 무너뜨린 보편성도 모두 '지금 여기'에서 성취될 수 있고, 성취되어야만 한다. 그리고 그것을 가능하게 하는 엄밀한 반성과 구체적 실천이 곧 제주에서 철학하기의 목표이자, 글로컬(Glocal)의 이상이다.

I. 문제제기

오늘날 학계의 주류를 이끌고 있는 담론 주제는 "학제 간 융복합"이다. 융복합 담론이 주목받게 된 원인에 대해서는 다양한 접근과 분석이 있겠지만, 인간이 욕구 충족을 위해서 행동하는 존재라는 전제에서 출발하기도 한다. 이러한 분석에서는 과거와는 달리 비약적으로 발전한 디지털 기술이 시공간적 제약을 눈에 띠게 약화시켰다는 점, 그 덕분에 시공간적 제약을 넘어서는 총합적 욕구충족이 이루어질 수 있을 것이라는 기대를 갖게 되었다는 점이 중요하게 다루어진다. 이러한 기대가 산업의 융복합을 불러일으켰고, 산업의 융복합이 다시 기술의 융복합을 촉발시키게 된 것으로 보기 때문이다. 여기에 오늘날 우리 사회가 지식산업사회, 곧 지식

정보가 산업의 기반이 되는 사회라는 점을 적용하면, 자연히 지식의 융복합이 요구되고, 학제간의 융복합이 요구된다는 결론에 이르게 된다.[1]

다른 한편에서는 융복합의 담론이 세계화-로컬리티 담론과 이론적 맥락을 같이 하는 것으로 분석하기도 한다. 국가의 경계를 자유롭게 넘나드는 초국적 자본가들에게 유리하도록 정치영역에서 세계화(Globalization)가 가속화되면서 자본의 세계화가 이루어졌다는 것이다. 이렇게 해서 이루어진 자본의 세계화는 '글로벌 스탠다드(global standard)'라는 이념을 통해 문화 영역에서도 세계화를 촉진시킨다. 자본의 세계화는 종속이론을 적용시킬 수 있다는 점에서 대체로 부정적으로 평가된다. 이에 비해서 문화 영역에서의 세계화는 상호이해 속에 다원성, 복합문화주의를 표방하고 있으므로, 한 세대 전에 제기되었던 종속이론 내지는 중심/주변론의 우려에서 비교적 자유롭다. 그래서 '로컬을 능동적이고 주체적인 생성공간으로 격상시켜, 전지구화가 야기한 문제점과 모순들을 중심이 아닌 로컬의 관점에서 해결해나갈 수 있다'고 보는 것이 로컬리티 담론이 그려내는 장밋빛 미래다.[2]

이렇게 보면 학제간 융복합이나 글로컬리즘의 혼종은 오늘날 우리가 추구해야 할 이상처럼 여겨진다. "분업화와 더불어 지식의 분화가 진행되던 산업화시대와는 달리 지식의 생산과 유통이 시공간적 제약을 벗어나는 정

---

1 손동현, 「융복합 교육의 수요와 철학교육」, 『철학연구』 제38집, 철학연구회, 2008, 231쪽.

2 장희권, 「문화연구와 로컬리티-실천과 소통의 지역인문학 모색」, 『비교문학 제47집』, 한국비교문학회, 2009, 171~173쪽. 장희권은 문화영역에서 벌어지는 세계화가 정치, 경제영역의 세계화와는 차원이 다르므로 글로벌 문화는 문화제국주의가 아닌 글로컬 문화(glocal culture)가 된다는 이동연의 주장과 이와 유사한 아라준 아파두라이의 이동배치 이론을 소개했다. 그런데 장희권의 논문 전체 요지를 보면 본문에서 작은따옴표로 표시한 스튜어트 홀(S. Hall)의 입장에 좀 더 비중을 두고 있다. 그래서 여기에서는 이동연, 아라준 아파두라이, 아리프 딜릭(A. Dirlik) 등의 낙관론, 신중론에 대해서는 구체적으로 언급하지 않는다.

보사회에서 우리가 해결해야 할 중요한 문제는 대체로 여러 지식분야에 걸쳐 있는 복합적인 문제"[3]라는 점을 고려한다면 더더욱 그렇다. 왜냐하면 "로컬인의 보다 나은 삶을 앞당기는 것을 목표로 한다"[4]는 책무를 떠안은 이른바 '유기적 지식인(organic intellectual)'은 "현장의 실제 거주인들, 다시 말해 로컬인들의 행동범위와 특성을 파악하되, 그 접근 시각이 지배자의 담론이 아닌, 로컬인이 주체가 되는 관점"[5]을 가지고 있어야 한다는 점을 강조하기 때문이다. 그와 함께 로컬인들의 시공간은 이미 중심/주변이라는 경계를 벗어나 있고, 마주하고 있는 문제조차도 경계가 허물어져 뒤섞인(혼종) 복합적인 문제라는 점을 강조하기 때문에 혼종은 이상과 현실어떤 측면으로 보더라도 설득력을 가진다.

하지만 중심/주변의 경계에서 벗어났거나 벗어나야만 한다는 것이 오늘날의 현실을 반영한 이상으로 인정할 수밖에 없다고 해도, 융복합과 로컬리티의 이상이 실제로 구현될 수 있을지는 의문이다. 중심/주변의 경계 허물기는 다른 한편으로 우리 시대를 다문화적(multi-cultural), 교류문화적(inter-cultural) 시대로 규정하도록 하고, 그래서 로컬리티의 담론을 촉발하고 강화시키고 있는 것이 사실이다. 그런데도 우리는 여전히 로컬과 글로벌, '학적 지식(episteme)'과 그 융복합 사이에서 상호 조화를 이루는 대대적(對待的) 관계가 아닌 상호대립적 관계를 발견하게 된다. 그 이유는 근대를 열어젖힌 것이 보편 원리로서의 근대 이성이지만, 이 근대 이성의 자기 전개가 오히려 야만으로 귀결된 것을 경험했기 때문이다.[6] 그래서 근대 이후의 학자들은 대부분 로컬리티와 융복합이 배타적인 보편 이성이 아닌 의사소통적 이성을 전제로 할 때 비로소 가능하며, 이 의사소통적 이성이 결여한 존재론적 지반을 인간의 존재 전체, 곧 생명성에 근거한 탈근

---

3 손동현, 앞의 논문, 같은 쪽.
4 장희권, 앞의 논문, 182쪽.
5 장희권, 위의 논문, 181~182쪽.
6 신승환, 「탈중심성 논의의 철학적 지평」, 『로컬리티 인문학』 창간호, 부산대학교 한국민족문화연구소, 2009, 173쪽.

대적 이성에서 찾을 때 제 자리를 찾을 수 있을 것이라는 점을 강조한다.[7]

로컬리티나 융복합, 또는 통섭 등은 오늘날의 담론을 이끌고 있는 이상적 개념이기는 해도, 이렇게 중심/주변론의 구조에서 완전히 자유롭지 못하다. 로컬을 '지방-지역'이라고 번역하지 못하고, 로컬리티를 '지역성'이라고 번역하지 못하는 것도 그 때문이다.[8] 더구나 그런 논의가 발생하고 전개된 미국이나 유럽이 아닌 한국의 로컬리티를 찾아내는 일도 쉽지 않다.[9] 왜냐하면 세계의 주변인 한국, 그리고 한국에서조차도 주변부로 취급되어 온 지역의 로컬리티를 찾는 일은 자칫 '주변부성'을 강화하는 결과를 초래할 수도 있기 때문이다.[10]

---

7 신승환, 위의 논문, 173~174쪽. 여기서 신승환은 아도르노와 하버마스의 주장을 빌려, 근대적 이성의 한계를 극복하려면 생명체로서 인간과 그러한 인간이 가진 의사소통적 이성이 전제되어야 함을 밝힌 바 있다. 류지석은 「로컬리톨로지를 위한 시론-로컬, 로컬리티, 로컬리톨로지」에서 칸트의 『순수이성비판』의 한 구절을 패러디해서 "로컬리톨로지가 없는 로컬리티 연구는 맹목이고 로컬과 로컬리티의 구체성에서 출발하지 않는 로컬리티 담론은 공허하다."고 말한 바 있다(류지석, 위의 논문, 『한국민족문화』 33호, 부산대학교 한국민족문화연구소, 2009, 154쪽).

8 그래서 신승환은 로컬리티를 '現場性'이라고 번역하기도 했다(앞의 논문, 176쪽). 그런데 로컬리티를 현장성이라고 번역하면, 글로벌 내지는 중심은 現場이 아닌 것처럼 되어버려서 오히려 로컬의 범위가 모호해질 수도 있다.

9 장희권, 앞의 논문, 171~172, 178~181쪽. 장희권은 문화 영역의 세계화는 냉전시대 이후 유일 초강대국으로서 초국가적 지위를 획득한 미국이 정치 영역의 세계화를 가속시키면서 가능하게 되었고, 독일과 프랑스, 영국, 그리고 호주 등의 문화 연구가 학제간 체제를 무력화한 것으로 보았다. 그러나 문화는 각 나라마다 독특함을 띠기 때문에 우리가 굳이 미국이나 유럽의 문화연구를 답습할 필요는 없고, 단지 그 문화연구의 발단과 배경, 그 방법론에서 우리가 얻을 것이 있다면 우리 방식대로 취하면 된다고 주장한 바 있다.

10 허남춘, 「제주문화연구의 성과와 과제」, 『탐라문화』 31호, 제주대학교 탐라문화연구소, 2007, 340~341쪽. 허남춘은 제주가 지역적으로 중심부에서 멀리 떨어진 주변부이므로 소외의식이 두드러질 수밖에 없고, 따라서 '주변부성'을 제주의 문화적 특성이라고 보는 견해에 대해 비판하면서, 모든 지방은 제각각 중심이고, 그런 사고에서 출발해야 자기 정체성을 찾을 수 있을 것이라고 주장했다.

이런 문제의식을 바탕으로, 먼저 우리 시대 로컬리티 담론을 비판적으로 검토해보려고 한다. 로컬리티 담론은 기존의 중심/주변론에 기초한 지역학과는 다르다는 점을 표방하지만, 오히려 그렇기 때문에 기대와 이상, 현실적 음모가 뒤섞인 멜팅팟(melting pot)처럼 보이기도 한다. 하지만 우리 시대의 담론이 로컬리티를 주제로 하고 있다는 전제에서 벗어날 수는 없기 때문에, 로컬리티 담론의 가능성과 방향성을 기존 제주학 연구의 현황을 통해서 검토해보려고 한다. 특히, 제주학 연구에 있어서 뚜렷한 연구성과를 내고 있는 학술지『탐라문화』를 통해서, 다양한 분과의 제주학 연구자들이 제주학 연구를 어떻게 이끌어 왔는지를 검토해볼 수 있을 것이다. 이러한 분석을 바탕으로 제주의 로컬리티 담론에 있어서 분과학으로서의 철학이 어떤 주제의식을 가지고 참여할 수 있는지를 검토하고, 그 방향성을 모색하는 과정에서 '제주에서 철학하기의 가능성과 방향성'을 찾을 수 있을 것으로 기대한다.

Ⅱ. 로컬리티 담론의 비판적 검토

로컬(local)은 우리말의 '지역-지방-국지(局地)'에 해당하지만, 오늘날 우리는 로컬이나 로컬리티(locality)라는 말을 우리말로 옮기지 않고 그냥 사용한다. '지방'이라는 용어에 비해서는 '지역'이 수평적 개념이지만, 그 개념을 선호한다는 것 자체가 벌써 상하위의 종속적 개념으로서 지방이 담론화 되어버리는 것을 인정하는 것이 되어버리기 때문이다.[11] 그리고 이념

---

11 이명수, 「로컬, 로컬리티 그리고 인문학적 공간-로컬리톨로지 도달에 관한 동양학적 전망」, 『로컬리티 인문학』 3호, 부산대학교 한국민족문화연구소, 2010, 48~49쪽. 이명수는 로컬, 로컬리티라는 용어를 그대로 쓰는 이유를 "지역이나 지방이라는 용어가 본질적 함의를 담아내지 못하는 언어적 한계가 있고, 우리의 인식 경계

상으로 경계를 벗어났다[脫境界]라고 할 때는 '지역'이라는 용어가 가리키는 대상이 모호해지기 때문에 로컬이나 로컬리티라는 말을 그대로 사용한다. 그런데 그러한 이유에서 로컬-로컬리티라는 용어를 그대로 쓰는 것이 로컬리티 담론의 지향성과 한계를 그대로 보여준다는 주장도 제기된 바 있다.[12]

로컬리티 담론의 주요 개념인 '로컬'을 지역·지방이라고 옮겨 쓰지 못한다는 점에서도 '로컬'을 개념화하기 쉽지 않다는 것이 확인된다. 실제로 학자들은 로컬이라는 용어가 가리키는 '시공간'을 다양하게 이해하고 있을 뿐 아니라, 로컬리티 담론을 끌어나가는 학자들마저도 정작 전통적 지역학의 대상인 국가 내지는 지역, 하부구조로 보는 경우도 있다. 그러다보니 로컬리티를 '로컬의 사회·경제조직과 활동이 시간·공간을 매개로 어떻게 이루어지며, 형성된 사회·경제 공간은 로컬 사람들의 인식과 실천에 어떤 영향을 미치는가?'를 이해하기 위한 틀(frame)이라고 정의함에도 불구하고, 그 정의의 출발점에 놓인 로컬의 규정이 정확하지 않기 때문에 로컬리티 정의도 결과적으로는 모호한 것이 되어버린다.[13]

에는 서울이나 중앙의 가치에 무의식적으로 향해 있어서 이를 탈피해보려는 의도가 깔려 있다."고 보았다.

12 류지석, 앞의 논문, 138쪽.

13 박규택, 「로컬리티 연구의 동향과 주요 쟁점」, 『로컬리티 인문학』 창간호, 부산대학교 한국민족문화연구소, 2009, 118~121, 136쪽. 박규택에 따르면, 로컬리티 연구에서 로컬리티 개념에 대해 긍정적인 입장을 취하는 학자로는 Cooke, Massey, Cox 등이 있고, 부정적인 입장을 취하는 학자로는 Cochrane, Ducan and Savage, Smith, Cochrane 등이 있다. 이렇게 상반된 입장이 가능한 이유는 로컬리티 담론이 다양한 분과에서 논의되고 있는 데 비해서, 구체적으로 개념화하기 어렵기 때문이다. 그래서 Ducan and Savage 같은 부정적 입장을 견지하는 학자는 '로컬리티는 거의 수사학적 개념인 동시에, 도시 및 지역 연구를 공간결정론으로 후퇴시키려는 위험한 개념이므로, 로컬리티 대신에 사례연구지역, 소도읍(towns), 노동시장지역, 지역, 장소, 공간적 변이 등과 같은 기존의 개념을 사용하면 된다'고 말하기도 했다.

한편, 로컬리티 담론 이전에도 문화, 역사학, 지리학, 정치학, 사회학 등 다양한 학문 분야에서 지리적, 행정적 단위로서의 지방/지역에 관한 연구가 이루어졌다. 그런데 로컬리티 담론을 이끌어 나가거나 여기에 동참하는 연구자들은 로컬리티가 지금까지 연구되어오던 전통적 지역학과는 다르다고 말한다. 그들의 주장에 따르면, 전통적 지역학에서는 모든 지역이 다 고유하다고 생각해서 그 특성을 그대로 기술하려고 했던 데 비해, 오늘날의 로컬리티 담론은 개별 지역의 고유한 특성을 이론화[체계화] 하려고 한다는 점이 다르다. 그래서 전통적 지역학에서는 그 지역이 가지고 있는 서로 다른 자연·인문적 조건이 서로 결합되어서 지역의 특성이 형성된다고 본 데 비해, 오늘날의 로컬리티 연구에서는 각 로컬리티가 다른 지역과의 관련성 속에서 만들어진다고 주장한다.[14]

전통적 중심/주변론에서 주변부로 여겨졌던 지방-지역의 입장에서 볼 때, 이런 주제의식을 가진 로컬리티 담론은 상당히 매혹적일 수밖에 없다. '공간적 변이와 구체성(specificity)이 사회와 경제의 변화에 중요한 영향을 미친다'는 점을 전제로 하면, 그러한 공간적 변이와 구체성이 드러나는 구체적인 현장(現場)으로서 로컬이 주목받게 되기 때문이다. 이 뿐만 아니라 그러한 논리가 사실상 사회와 경제의 변화에 어떻게 얼마나 영향을 미치는지를 정확히 드러내지 못하거나 공간결정론(spatial determinism)을 함축한 것으로 보인다는 한계를 가진다[15]고 비판받더라도, 지방-지역의 입장에서는 로컬리티 담론에 주목할 수밖에 없는 또 다른 이유가 있다. 곧, 경제 정치 면에서 시작해서 사회 문화 영역으로 확장되고 있는 세계화의 논

---

14 이재봉 외, 「지역학과 로컬리티 연구」, 『로컬리티 인문학』 제2호, 부산대학교 한국민족문화연구소, 2009, 4~5쪽. 부산대학교 한국민족문화연구소에서 2009.8.27. 에 개최된 좌담회에서 지리학 전공인 손명철교수는 '지역학'과 '로컬리티' 연구를 '전통지역지리학'과 '신지역지리학'에 가까운 것으로 구분한 바 있다. 본문에 소개한 내용은 지리학에 기초한 구분이지만, 로컬리티 연구가 기존의 지역학과 차별되는 점을 비교적 명료하게 드러내고 있다고 하겠다.
15 박규택, 앞의 논문, 122쪽.

리에 맞설 수 있는 이론적 근거와 현실적 대응책이 부족할 수밖에 없기 때문이다.

본래 로컬리티 연구는 1970년대 이후 서구 자본주의 국가의 사회·경제의 급격한 변화와 그것에 따른 공간적 변이(spatial variations)를 해명하려는 취지에서 시작되었는데, 그 이론적 바탕은 구조화론(structuration)과 비판적 실재론(critical realism)에 있다.[16] 앤서니 기든스(Anthony Giddens, 1938~)의 구조화론은 구조와 행위가 분리될 수 없는 이중성(duality)을 가지고 있으며, 상호작용한다는 점을 기초로 한다. 이 이론에 따르면, 사회적 구조는 사회를 구성하는 사람들의 행동을 제약하거나 가능하게 하지만, 사람들은 그 속에서 그와 같은 사회적 구조를 (재)생산한다. 이렇게 재생산된 사회구조는 '시간화와 공간화[temporalized and spatialized]' 되어 구체적인 모습으로 나타난다. 한편, 로이 바스카(Roy Bahskar, 1944~)의 비판적 실재론은 실재성(實在性, reality)이 '경험, 현실, 실재'의 세 영역으로 구분되지만, 이 세 영역이 상호의존적 관계 속에서 존재할 뿐더러, 상호작용한다는 점을 기초로 한다. 그리고 사회 활동과 구조, 그리고 시공간이 상호의존적 관계 속에 결합되기 때문에, 인문학의 어떤 구체적인 설명도 논리적으로 지리적·역사적 기반을 전제로 한다고 주장했다.

좀 더 구체적으로 살펴보면, 비판적 실재론을 기초로 한 앤드류 세이어(Andrew Sayer)의 주장에서도 드러나듯이, 로컬리티 연구는 우연(偶然, contingent)−필연(必然, necessary), 구체(具體, concrete)−추상(抽象, abstract), 로컬(local)-글로벌(global)의 관계에서 일어나는 구조적 힘(構造的_, supra-local structural powers)과 능동적 정체성 또는 영향(能動的 正體性

---

16 박규택, 위의 논문, 124쪽. 박규택은 여기에서 각주로 "로컬리티 연구의 이론적 틀로 포스트모더니즘도 언급되고 있다"는 점을 밝히면서도, 본문에서는 로컬리티의 토대이론을 구조화론과 비판적 실재론으로 특정하고 있다. 포스트모더니즘과 로컬리티의 문제에 대해서는 이 장의 후반부에서 밝힐 것이므로, 여기서는 박규택의 주장을 그대로 인용해둔다. 이하 Giddens의 구조화론과 Bahskar의 비판적 실재론에 관해서는 박규택의 논문 124~130쪽의 '로컬리티의 토대이론'을 참조할 것.

_影響, proactive locality or locality-effect)에 주목한다. 그리고 이 세 가지 층위가 내부에서 각각 상호작용하면서, 다른 층위에도 실질적인 영향을 끼친다고 주장한다.[17] 세부적인 논점에 대해서는 연구자들마다 의견이 다르기는 하지만, 전통적 중심/주변론에서 단방향으로 행사되는 것으로 여겨졌던 힘의 논리가 쌍방향 또는 관계망을 타고 입체적으로 작용된다는 점을 긍정한다는 점만으로도 로컬리티 담론은 상당한 기대감을 주고 있다.

로컬리티 담론은 이처럼 지역과 지역의 관계 속에서 만들어지는 '지금 여기(hic et nunc)'[18]의 생동하는 특성, 곧 글로벌의 추상적이고 필연적인 관계를 우연적이고 구체적인 시공간인 로컬이 자신의 조건 또는 맥락에 따라 다르게 만들어버리는 특성에 주목한다. 그리고 '지금 여기'로 특정

---

17 박규택, 위의 논문, 128~129쪽.

18 '지금, 여기(hic et nunc)'는 루가복음 4장 21절 "오늘 이 성경의 말씀이 너희가 듣는 가운데에서 이루어졌다."고 한 예수의 선포(kerygma)에서 비롯된 신학용어다. 성서에서는 구약성서인 마카베오기 하권 1장 6절 'Et nunc hic sumus orantes pro vobis(지금도 우리는 이곳에서 여러분을 위하여 기도하고 있습니다).'에서 '여기 지금'이라는 용어가 연칭된 것을 볼 수 있다. 신학적으로는 하느님의 나라, 또는 그것을 선포하는 것이 '그때 거기(eo tempore et ibi)'에서 완료되었거나 이루어지는 것이 아니라, 선포하는 그 순간 그 자리에서 성취된다는 의미로 이해된다. 이 경우는 구원론 또는 종말론(eschatology)의 용어인 '이미, 그러나 아직(already, not yet)'과 연결되는데, 구원이 이미 이루어졌으나 아직 완료되지 않았음을 뜻한다. 典禮的으로는 예수의 구원사건이 매년 되풀이 되고, 특히 미사 때 사제에 의해서 그 사건이 선포되는 순간 성취된다는 이론적 근거가 되기도 한다. 따라서 신학적으로는 '그때 거기'와 '지금 여기'의 차이를 해소하는 동시에, '그때 거기'에서 벌어진 사건이나 선포의 경험이 '지금 여기'의 구체적인 시공간에서 재현됨으로써 보편성을 가질 수 있음을 의미한다. 근대에 들어서는 현상학과 실존철학에서 이 용어를 존재의 실존 양식을 설명하는 데 사용했는데, 로컬리티 담론에서도 이 용어를 로컬의 현장성을 설명하는 데 사용하고 있다. 로컬의 현장성을 설명하는 용어로서 '지금 여기'의 용례는 '이상봉, 「인문학의 새로운 지평으로서 '로컬리티 인문학' 연구의 전망」, 『로컬리티 인문학』 창간호, 부산대학교 한국민족문화연구소, 2009, 44~45쪽을 참고할 것.

(特定)되는 시공간은 경계 나누기에서 탈피한 가역적(可逆的) 시공간이므로, 앤드류 세이어(Andrew Sayer)가 말했듯이 글로벌의 관점이라고 해서 추상적(일반적)이고 필연적인 것은 아니고, 로컬의 관점이라고 해서 구체적이고 우연적인 것은 아니다.[19] 그러므로 이제 더 이상 로컬은 중심에서 소외된 주변부, 우연적 사건이 발생하는 불완전한 장(場)으로서 '있지도 않은 추상성(보편성)'을 찾아내지 않아도 되었다고 할 수 있다.

그럼에도 불구하고 마르크스 정치경제학적 입장을 고수하는 이들은 로컬리티 담론이 여전히 글로벌/로컬이라는 이원론(二元論, dualism)에 기초하고 있는 듯이 보인다고 비판한다.[20] 그리고 로컬리티 담론이 국가 또는 로컬 상부의 구조 내에서 발생하는 사회·경제 공간의 변이를 설명하는 데는 유용하다고 하더라도, 구체적인 로컬의 문제를 해결할 수 있는 실천방안을 제시하지는 못한다는 점에서 수사학적 개념에 불과하다고 비판하기도 한다. 그러므로 실제적으로는 글로벌 또는 로컬 상위의 구조적 힘이 로컬에 일방적으로 미칠 수밖에 없다는 점을 고려하면, 주변부의 대항논리[21]를 해체시키려고 로컬의 능동적 역할(能動的_役割, proactive locality)이나 효과(效果, locality effects)를 강조한 것에 불과하고, 그에 따른 착시효과가 기대감을 불러일으킨 것은 아닌가 하는 의구심이 든다.

하지만 로컬리티 연구의 이론적 틀은 근대의 기획이 실패했다는 반성을

---

19 Sayer의 관점에 대해서는 〈Sayer, A., "Behind the Locality Debate: Deconstructing Geography's Dualisms", *Environment and Planing A*, Vol.23, 1991〉를 참조할 것.
20 박규택, 앞의 논문, 129~130쪽.
21 고지현은 「지구화와 국민(민족)국가-경계의 문제」에서 "근대 이후 세계 분할에 따라 구축된 중심과 주변의 경계가 식민지인들을 유럽적 가치로 타자화 했고, 이와 같은 비유럽적 타자의 구축은 궁극적으로 유럽적 정체성 자체를 정초하고 또 유지하는 길이었다."고 말하면서, 이런 "중심과 주변의 이원론적 배제논리는 식민화와 제국주의에 맞선 대항, 그리고 계급투쟁을 불러일으키는데, 그러한 형태로 표면화된 주변부의 투쟁은 주로 중심의 외부화에 대한 대항으로 집중된 것"이라고 보았다(위의 논문, 『사회와 철학』 제19호, 사회와 철학 연구회, 2010, 15쪽).

기초로 한 근대성 극복의 테제(These), 곧 탈중심성을 기초로 하기 때문에, 비판철학자들의 문제의식과 동일선상에 놓여 있다. 그런데 계몽주의적 이성의 이해를 '인간이 지닌 근본적인 의사소통적 이성'으로 전환함으로써 근대의 기획을 완성시키려고 했던 위르겐 하버마스((Jürgen Habermas, 1929~)조차도, "근대의 우월함을 전제하며 근대 이성의 정합성을 부정하지 않는다. 나아가 의사소통적 이성은 존재론적 지반을 지니고 있지 못하다는 데 치명적인 문제가 자리한다."[22]라는 비판에서 자유롭지 못하다는 점도 고려되어야 한다.

혼히 서구의 근대는 '자신의 철학적 원리를 보편적인 진리의 준거로 주장한다.'라는 말로 규정된다. 인간을 타자(他者)와 구별된 단독자, 곧 개체(個體, individual)로 이해한 것이 근대의 특징이지만, 동시에 기독교에 바탕을 둔 중세의 질서가 파국을 맞이하면서, 해체되는 보편성을 대체할 새로운 체계가 필요했기 때문에 '개체의 합리적 이성의 보편성'을 준거로 삼았던 것이다. 그런데 이렇게 자신을 보편적 진리의 준거로 설정할 때, 자신은 중심부로 설정되지만 자신 이외의 철학적 원리는 주변부가 되어버리므로, 주변부의 소외 또는 왜곡 현상이 일어난다. 실제로 18세기 계몽주의와 19세기의 제국주의적 과정을 거치면서, 근대의 기획은 세계의 보편 기준으로 작용하게 되었지만, 그것이 추구하는 보편성과 동일성은 다원적 세계를 부정하게 될 뿐 아니라 오히려 전체주의화 되어버렸다. 이렇게 보면 근대의 기획은 그 자체로 차이와 주변부에 대한 억압을 내포하고 있다고 비판될 여지가 있다.

근대의 기획이 자본주의 경제체제와 맞물리면서, 차이와 주변부에 대한 억압은 더욱 심각한 양상을 띠게 되었다. 자본주의는 그 자체로 근대, 곧 유럽의 역사적 경험의 결과라고 할 수 있는데, 오늘날 이 역사적 경험의 결과는 개체로서의 인간이 가진 경제적 욕구에 대한 무이념적인 충족 기제로 작동하고 있다. 그래서 자본주의는 결코 보편적이지도 않을 뿐더러,

---

22 신승환, 앞의 논문, 2009, 174쪽.

미래에도 지속될 체제가 아님에도 불구하고, 19세기 이후 유럽 자본주의 체제가 전지구적(全地球的)인 승리를 거둔 이래 '자본주의의 보편성'이라는 환상이 이어지고 있다.[23] 결과적으로 근대는 개체와 합리성을 추구하면서도, 개체와 합리성을 추구하는 자신을 중심으로 한 일원성과 동일성을 강조하면서 전근대적·야만적인 차이와 억압을 정당화하는 모순에 빠지게 된 것이다.[24] 이런 모순에 주목한 비판철학자들은 근대의 기획을 수정하고 보완하는 데서 한 걸음 더 나아가 근대의 기획 자체를 극복하려고 했다. 그 극복의 노력이 '탈경계-탈중심성'이라는 포스트모더니즘의 테제이다.

포스트모더니즘의 탈중심성 논리는 인간의 존재에 대한 성찰에 바탕을 두고 있다. 인간은 몸을 지닌 생물학적 존재이므로 생물학적인 조건과 한계, 그 매개를 통해 존재한다. 그러면서도 문화적이고 철학적 존재이기도 하므로, 그러한 모순과 한계를 넘어서는 층위를 지녀서 자신의 존재성에 따른 매개를 통해 생물학적 존재로서 자신을 극복하고자 한다. 이렇게 본다면 탈중심성은 이중적(二重的)이다. 자신의 존재와 중심성을 추구하는 존재이면서도, 관계적 존재로서 타자의 존재와 타자의 중심성을 받아들여야 하기 때문이다. 그러므로 자신에게서 비롯되는 일원성의 원리를 유지하면서 다원성을 수용할 수 있고, 나의 중심성을 보면서도 타자의 중심성을 수용해야 한다.[25]

이렇게 본다면, 로컬리티 담론은 이중적 의미의 중심성, 그리고 중심성과 탈중심성의 상호성을 전제하는 것이다. 이러한 규정을 전제로 할 때 로컬리티 담론에서 로컬은 지역적 조건과 한계, 그 매개를 제공하는 시공간을 가리키면서도 그런 지역적 조건과 한계를 뛰어넘는 인문학적 반성이

---

23 신승환, 위의 논문, 161쪽.
24 테오도어 아도르노(Theodor Ludwig Wiesengrund Adorno, 1930~1969)는 『계몽의 변증법(Dialectic of Enlightenment, 1947)』에서 근대의 산업화가 物化하고 量化하는 사유를 낳았다고 진단한 바 있다. 이것은 프랑크푸르트학파로 불리는 비판철학자들의 공통된 문제의식이다.
25 신승환, 앞의 논문, 175~176쪽.

이루어지는 시공간을 동시에 가리키는 것이다. 그리고 인문학적 반성의 공간으로 제한하는 경우에도 로컬은 일차적으로는 자기 동일성의 원리를 통해 자신의 중심성을 찾고 유지하면서도, 다원성의 원리에 입각해서 타자의 중심성을 이해하고 수용하는 '열린 관계'의 현장이 되지만, 거꾸로 자신의 중심성에서 벗어나면서 타자의 중심성에서도 벗어나는 다원적 탈중심성이 지향되는 '탈경계'의 현장이 되는 것이다. 로컬의 중층성은 다음과 같은 주장에서도 확실하게 드러나 있다.

> 세계체험의 근본이 되는 시공체험 양식이 달라지고 …… 여기에 "공동체적 삶의 유목화" 현상이 나타난다. 가장 넓은 영역에서의 이 현상이 곧 세계화다. 개인의 삶에서는 개인 간의 직접적인 인격적 인간적 사적 관계가 축소, 약화, 피상화 된다. 개인의 고립화 현상이 심화된다. …… 사회 구성원의 개체화가 강화된다. 그 대신 익명적 "사이버 커뮤니티"의 형성, 해체가 늘어난다. 공동체 삶에서는 계층의 다원화, 분산화가 이루어지고, 사회조직의 탈위계화, 네트워크화가 진행된다. …… 중앙과 주변이 구분되고 주변은 중앙으로만 연결되어, 정보가 집중되는 중앙이 주변을 통제하고 지시하는 중앙집중화적 조직에서 정보를 고루 공유하는 모든 노드(node)가 서로 연결되어 어떤 노드도 지시통제를 하거나 받지 않는 분산적 네트워크로 바뀐다(탈중심화). 그 결과 사회적 활동 영역의 경계가 흐려지고, 사회조직의 그 폐쇄적 독자성이 와해되는 가운데 개방적 관계가 지배한다(탈영토화).[26]

그런데 로컬리티 담론이 비교적 최근에 등장한 우리에게도 이런 주장이 낯설지만은 않다. '어울리지만[탈중심; 和] 같지는 않다[자기 동일성; 不同]'를 뜻하는 유가(儒家)의 '대동(大同)' 개념이 연상되기 때문이다. 그리고 합리적 보편성에 근거를 둔 가치추구가 타자의 고유한 내재성을 왜곡시킬 수 있다는 점을 끊임없이 주의 환기시킨 도가(道家)의 다양한 안티테제(anti-these)들이 연상되기도 한다. 그래서 로컬리티 담론을 비롯한 포스트

---

26 손동현, 앞의 논문, 236쪽.

모더니즘의 담론에서는 심심찮게 '생명', '생태계', '대안담론'이라는 말과
함께 '동양적'이라는 말이 등장한다. 그러나 그렇기 때문에 동양적 담론이
'근대의 기획'이 초래한 문제를 해결할 수 있는 대안 담론이 될 수 있다거
나, 비판철학자들이 말하는 실천을 윤리적 수준으로 이해하는 것은 동서
양 어느 쪽에서도 환영받지 못한다. 왜냐하면 그런 이해 뒤에는 알게 모르
게 오리엔탈리즘적 제국주의 시각이 깃들어 있는 것으로 비판될 여지도
있기 때문이다.[27]

　이런 문제의식에서 출발하여 근대의 종언을 고한 포스트모더니즘의 핵
심은 거대담론에 의해 파편화된 조각들 속에서 대항할 구조를 발견하고,
그것에 생명력을 불어 넣으면서도 그것을 거대담론, 체계로 환원시키려고
하지 않는다는 데 있다.[28] 실제로 로컬리티 담론은 완료형이 아니라 진행
형이며, 그것을 바라보는 우리도 경계에서 경계로 이행하는 시기에 살고
있다. 그러므로 로컬리티 담론을 세계화 논리 속에서 지역-지방의 무장해
제나, 반대로 지역-지방으로 파편화 된 가치의 고집으로 이해하기 보다는,
가역적(可逆的)이고 따라서 생생불식(生生不息)하는 현장에서 인문학적 반

---

27 오리엔탈리즘적 관점 가운데 하나가 동양을 윤리학 내지는 지배이데올로기로 정
의하는 것이다. 관념론의 입장에서 말하면 인식론과 존재론이 누락되어 있으며,
유물론의 입장에서 말하면 노예제 봉건 지배 이데올로기를 지지하는 전근대적 수
준에 머물러 있으므로, 그 실천이라고 하는 것이 개인적 층위에서 '자발적'이라고
오해된 복종을 말하는 데 그친다고 보기 때문이다. 물론 동양학적 입장에서는 그
렇기 때문에 스스로를 '實學'이라고 규정하지만, 여기에서는 서양의 근대-탈근대
논리 연장선상에서 부정적인 평가를 그대로 인용해둔다. 이와 관련된 논의는 '졸
고, 「동양적 생태담론 가능성에 대한 사상사적 고찰-대안적 패러다임론과 오리엔
탈리즘적 접근에 대한 비판적 관점을 중심으로」, 『歷史와 實學』 44집, 歷史實學
會, 2011, 249~276쪽'을 참조할 것.
28 장 프랑수아 리오따르(Jean-Francois Lyotard)는 『포스트모던적 조건(La condition
postmoderne)』에서 계몽주의와 근대성이라는 거대담론이 파산했다고 선언하면서
도 새로운 거대 담론의 구축은 회피한다. 왜냐하면 중세에서 벗어나려고 했던 근
대가 오히려 중심적인 신화로 구축되었기 때문이다.

성을 한다는 측면에서 이해되어야 한다.

Ⅲ. 로컬리티 담론으로서 제주학 연구 현황

제주학 연구는 제주학회(濟州學會)와 긴밀하게 관련되어 있다. 왜냐하면 1996년 1월 제주도연구회(濟州島硏究會)가 제주학회로 명칭을 변경한 이래 '제주학'이라는 용어가 자리를 잡았을 뿐 아니라, 섬이라는 지역적 공간성[29]을 기초로 다양한 지역학적 성과를 선도적으로 내고 있기 때문이다. 이런 까닭으로 최근까지만 하더라도 지역학 분야를 선도해온 제주학은 "제주도의 자연환경과 역사적 배경 및 사회문화적 특성들이 한국의 다른 어떤 지역과도 구별되는 특이한 양상"을 보여주고 있다는 전제에서부터 출발한다. 이런 전제는 제주도가 육지로부터 떨어진 섬이라는 사실에서 출발하는데, 이 사실을 어떻게 이해하느냐에 따라 (1) 제주도를 하나의 완결된 독자적인 문화체계로 보는 시각, (2) 한국문화의 고형(古型)을 간직하고 있는 문화로 보는 시각, (3) 중심에 대한 주변사회이면서 동시에 개방된 문화로 보는 시각이 있다.[30] 이 세 가지 시각은 제주학을 주변과 다른 독

---

29 제주인들은 제주 이외의 우리나라 모든 지역을 '육지'라고 부르는데, 이런 이분법적 사고방식은 제주인이 스스로 다른 지역인들과 구별되는 존재로 인식하고 있는 데서 비롯된 것이다. 그래서 연구자들 가운데서도 제주도를 행정구역으로 표기할 때를 제외하고는 '濟州島'라고 표기하거나 심지어는 '제주섬'이라고 표기한다. 그리고 그 이유를 '오늘날처럼 우리나라의 한 행정적인 지역으로 명명되기 이전의 역사까지 포함하여 정체성을 살펴보고 있기 때문'이라고 말한다. 관련 내용은 '최병길 외, 「제주섬 정체성 변화에 관한 비교 연구」, 『濟州島硏究』 제15집, 濟州學會, 1998, 114쪽'을 참조할 것.

30 유철인, 「지역연구와 濟州學 : 제주문화 연구의 현황과 과제」, 『濟州島硏究』 제13집, 濟州學會, 1996, 38~46쪽.

자성을 가진 것으로 파악한다는 공통점을 가지고 있다.

지금까지 제주학 연구는 제주학회와 제주대학교 탐라문화연구원을 중심으로 이루어졌는데, 이 둘은 조직 방식과 역할 면에서 비교적 뚜렷한 차이를 보이고 있다.[31] 제주학회가 개별 연구자들이 주기적으로 모여 연구성과를 자유롭게 발표하고 토론하는 상호교류의 장을 제공했다면, 탐라문화연구원은 일정한 목표를 제시하고 여러 분야의 연구자를 조직해서 하나의 틀을 구성하는 방향으로 나아가는 장을 제공했다고 할 수 있기 때문이다. 제주학회에서는 1984년부터 해마다 1권씩 『제주도연구』를 간행하다가 2000년부터 1년에 두 차례씩 간행했지만 잠시 휴간되었다가 2014년 9월 현재에 이르러서는 부정기적으로 간행되고 있다.[32] 그러므로 이 글에서는 제주대학교 탐라문화연구원에서 1982년부터 간행하고 있는 『탐라문화(耽羅文化)』를 통해 제주학 연구의 현황을 검토해보려고 한다.

탐라문화연구원은 '제주도에 관한 인문·사회과학의 제영역에 걸친 분야별 연구 및 분야간 협동연구를 함으로써 제주지역사회의 발전에 기여하고 당해분야의 학술진흥에 이바지하기 위한 목적으로, 1967년 3월 제주대학 부설 제주도문제연구소로 인가'되었다. 그리고 1982년 제주대학교의 종합대학 승격과 함께 법정연구소가 된 이래, 매년 1회씩 『탐라문화』을 발행하다가 2004년부터 연2회 발행하는 중인데, 지난 2008년에 학술진흥재단 등재후보지로 선정되어 2014년 9월 현재 46호를 발행하고 있다.[33]

---

31 제주대학교 탐라문화연구소는 2014년 8월 8일 제주대학교 탐라문화연구원으로 승격되었다.

32 조성윤, 「지역 연구 모델로서의 제주학의 발전 방향: 『탐라문화』의 활성화를 중심으로」, 『耽羅文化』 제33집, 제주대학교 탐라문화연구소, 2008, 88~89쪽. 이 논문에서는 『제주도연구』가 2000년부터 1년에 두 차례씩 간행했는데, 2004년 26호 이후에는 간행되지 않고 있는 것으로 서술한 바 있다. 하지만 2014년 9월 현재 사단법인 제주학회 홈페이지(www.jeustudies.or.kr)에서 확인한 바에 따르면 2013년에 39권이 출판된 것으로 확인된다.

33 『탐라문화』는 2012년에 한국연구재단 등재지로 선정되었고, 2013년부터 연3회 발행 중이다. 2015년부터는 연4회 발행 예정이다.

1982년에 『탐라문화』를 발행할 당시에는 '연구소는 제주도에 관한 인문·사회과학의 제영역에 걸친 연구를 통하여'라는 규정(제2조 목적)과 '(1) 어문분과: 언어·문학 등, (2)민속분과 : 민요·설화·풍속 등, (3)역사·고고분과 : 역사·고고·문화재 등, (4)지리·관광분과 : 지리·관광·교통 등, (5)사회분과: 사회·인류 등, (6)법경분과: 법률·경제·정치 등, (7)예능분과: 음악·미술·무용 등, (8)여성분과: 여성·아동 등, (9)지역개발분과: 제주지역개발에 대한 조사연구, 그 진단 및 방향설정'이라는 분과에 관한 규정(제4조 연구분과)이 있었다.[34] 그런데 1997년에 '연구소는 제주도의 문화에 관한 연구를 통하여'로 기능에 관한 규정을 개정하고, 연구분과를 '(1)언어·문학분과, (2)민속·예능분과, (3)역사·고고분과, (4)지리·산업분과, (5)사회·문화분과, (6) 법정분과, (7)교육·여성분과'로 통폐합하였다.[35] 개정 및 분과조정의 이유로는 '연구분야를 명료화하고 학제간 연구를 보다 활성화하기' 위해서라고 밝히고 있는데, 『탐라문화』가 인문학 중심의 학술지가 되고 있다는 점을 자각한 결과라고 할 수 있다.[36]

2014년 6월에 발행된 『탐라문화』 46호까지에는 일반논문이 328편, 조사보고서가 10편, 기획특집논문 109편, 자료 및 해제가 15편으로, 총 462편의 논문·보고서·자료가 실렸다.[37]

---

34 『耽羅文化』 창간호, 제주대학교 탐라문화연구소, 1982, 241~242쪽.

35 『耽羅文化』 18호, 제주대학교 탐라문화연구소, 1997, 518쪽.

36 조성윤은 제32집까지의 『탐라문화』 수록 논문의 경향 변화를 분석한 바 있는데, 인문학 분야의 게재물이 갈수록 늘어나는 이유에 대해서 다음과 같이 주장했다. "특히 인문학 분야는 언어, 문학, 민속, 역사 분야가 골고루 증가한 반면, 사회과학 분야에서는 산업·관광·개발 분야가 급속히 줄어들면서 사회과학 분야의 참여가 크게 위축된 결과이기도 하다. 물론 이것은 대학 내의 연구소 분포와도 관련이 있다. 1990년대 이후에는 사회과학연구소, 법과정책연구소, 관광과 경영 연구소 등 다양한 사회과학 연구소가 생겨나 활발하게 활동하면서 상당수의 사회과학 연구자들이 탐라문화연구소 활동이 줄어들고, 연구논문 투고 경향도 바뀌었기 때문이다."(조성윤, 앞의 논문, 93쪽)

37 특집·기획논문 및 조사연구의 경우 학술회의 발표 논문 아래의 종합토론도 게재

〈표 1〉『耽羅文化』 게재물 유형별 현황

분류\논문	일반연구	조사보고	기획특집	자료해제	게재편수	분류\논문	일반연구	조사보고	기획특집	자료해제	게재편수
창간호(1982.2)	7		1		8	제24호(2004.2)	8				8
제2호 (1983.2)	8	1	1		10	제25호(2004.8)	7				7
제3호 (1984.2)	4	2	5		11	제26호(2005.2)	6				6
제4호 (1985.1)	6	2	1		9	제27호(2005.8)	6				6
제5호 (1986.5)	6	3			9	제28호(2006.2)	8				8
제6호 (1987.2)	9	1			10	제29호(2006.8)	9			1	10
제7호 (1988.2)	10			2	12	제30호(2007.2)	8				8
제8호 (1989.2)	5	1			6	제31호(2007.8)	5		5		10
제9호 (1989.3)	9				9	제32호(2008.2)	7				7
제10호(1990.2)	10				10	제33호(2008.8)	6		4		10
제11호(1991.2)	12				12	제34호(2009.2)	4		3		8
제12호(1992.2)	11			6	17	제35호(2009.8)	5		6		11
제13호(1993.2)	5		6		11	제36호(2010.2)	5		5		10
제14호(1994.2)	4		6	4	15	제37호(2010.8)	7		9		16
제15호(1995.2)	5		5	1	11	제38호(2011.2)	6		4		10
제16호(1996.2)	7		4	1	12	제39호(2011.8)	7		5		11
제17호(1996.12)	6		4		10	제40호(2012.2)	7		3		10
제18호(1997.12)	14				14	제41호(2012.8)	7		4		11
제19호(1998.12)	8				8	제42호(2013.2)	9		3		12
제20호(1999.12)	10				10	제43호(2013.6)	6		4		10
제21호(2000.12)	6		4		10	제44호(2013.10)	6		3		9
제22호(2002.2)	6		5		11	제45호(2014.2)	7		4		11
제23호(2003.2)	6		5		11	제46호(2014.6)	8				8

〈표 1〉에서 확인할 수 있듯이, 간기 2월과 8월 연2회 발행하기 시작한

물 1건으로 취급하였다. 하지만 예컨대 제4호에 게재된 기획논문처럼 '解放後 濟州研究槪觀(Ⅲ)-社會科學分野-'라는 제목 아래, 6명의 필자가 각각의 분야를 맡아 집필한 경우에는 전체를 논문 한 편으로 취급했다. 따라서 제32집까지 『耽羅文化』에 실린 논문을 분석하여 총 280편의 논문이 실렸다고 한 '조성윤, 앞의 논문, 92쪽'과는 총편수에서 차이가 난다는 점을 알려둔다.

제24호부터 게재편수가 다소 줄기는 했지만, 등재후보지로 선정된 제33호부터는 호당 10편 이상 꾸준히 게재편수를 유지하고 있다. 그리고 창간호부터 제8호까지는 조사보고서가, 창간호부터 제16호까지는 자료 및 해제가 실리다가, 점차 기획특집논문이 차지하는 비중이 커지는 방향으로 전환되었음을 알 수 있다. 이렇게 기획특집논문이 차지하는 비중이 커졌다는 것은 앞서 살펴보았듯이 '일정한 목표를 제시하고 여러 분야의 연구자를 조직해서 하나의 틀을 구성하는 방향으로 나아가는 장을 제공'한다는 탐라문화연구원의 특징이 좀 더 강화되었다는 말이기도 하다. 그러므로 기획특집논문을 중심으로 이 논의를 전개해도 무리가 없을 것으로 판단한다.

기획특집논문의 주제를 간단히 정리하면, (1) 해방후 제주연구개관(창간호, 제2, 4호, 語文學·民俗分野, 歷史·考古分野, 社會科學分野), (2) 제주연구의 현황과 전망(제3호), (3) 동아시아 문화에 있어서 제주도의 위치(제13호), (4) 삼성신화의 綜合的 검토(제14호), (5) 제주문학의 정위(제15호), (6) 제주계록의 종합적 검토(제16호), (7) 제주의 사회와 문화(제17호), (8) 제주방언의 제문제(제21호), (9) 풍수지리와 장묘문화(제22호), (10) 지명과 지명연구(제23호), (11) 동아시아 속의 제주 민속(제31호), (12) 『탐라문화』 연구의 발전 방향(제33호), (13) 제주도 본풀이(제34, 35, 36호), (14) 음식문화(제35호), (15) 태평양 지역 연구의 현재와 전망(제37호), (16) 바다와 신화 : 설문대할망 연구(제37호), (17) 타자(他者)가 본 제주도(제38호), (18) 제주지역 다문화와 교육(제39호), (19) 석주명과 제주(제40호), (20) 제주 교육의 방향 탐색(제41호), (21) 바다로 열린 세계, 제주의 해양문화(제42호), (22) 제주문화와 제주어(제43호), (23) 제주와 미래가치(제44호), (24) 제주관광자원의 허와 실(제45호) 등이 있었다.

(1)-(3)창간호부터 제13호까지는 주로 제주도와 제주연구의 현황과 전망을, (4)-(10)제14호부터 제23호까지는 언어·문학, 민속·예술, 사회·문화분과에서 제주의 특성으로 손꼽을 수 있는 주제를, (11)-(17)제31호에서 제38호까지는 『탐라문화』가 등재후보지로 선정된 제33호를 제외하고는 제주를 다

른 지역과의 관계 속에서 조망하고 미래의 비전을 제시하는 주제를 다룬 것으로 분석된다. 마지막으로 (18)-(25)제39호에서 제45호까지는 이전까지 논의되었던 주제들을 바탕으로 하여 제주지역의 다양한 사회문화현상을 다룬 것으로 분석된다.

그런데 이 분석 결과는 앞서 밝힌 바 있는 제주도, 또는 그 문화를 보는 세 가지 시각과 비교적 일치한다. (1) 제주도를 하나의 완결된 독자적인 문화체계로 보는 시각이나, (2) 한국문화의 고형(古型)을 간직하고 있는 문화로 보는 시각에서는 제주의 방언, 설화, 신화, 민속, 환경, 지리, 역사 등에서 제주의 고유한 지역성 내지는 한국문화의 고형(古型)을 찾으려고 한 것으로 보인다. 그리고 그렇게 해서 찾은 제주의 특성은 육지와는 다른 창세신화 또는 설화를 가지고 있고, 육지에서는 이미 오래전에 없어진 'ㆍ' 음가가 남아 있는 방언을 쓰고 있으며, 육지에서는 재배되지 않는 감귤을 재배할 뿐 아니라 여성의 노동력이 경제구조의 주요한 요인이 되는 섬이라는 기존 관념에서 벗어나지 않는다.

이런 시각은 제주만의 시공간이 있고, 그것이 '그에 대응하는 제주인들의 방식, 그리고 제주인들의 역사적 경험'에 상당한 영향을 끼쳤을 것이라는 점을 전제로 할 때 가능하다. 로컬리티 담론 이전에 제주를 연구해온 연구자들은 대체로 이런 시각을 가지고 있었기 때문에, 제주인의 삶을 규정하고 그 정체성의 기반이 되는 요인에 주목해왔다. 그 요인들로는 '도서성(島嶼性), 삼재(三災: 風·水·旱)의 기후조건, 지리적 주변성, 피억압적·피차별적 역사성, 척박한 농토, 영농규모의 협소성' 등이 있다. 이러한 요인들 때문에, 사회관계가 섬 사회의 범위에 한정되는 경향을 낳았고, 무속적 성향이 강하면서도 수눌음과 같은 공동체적 소규모 협동이 강화되었으며, 남녀간의 유연한 분업구조와 경제적 평등 관계가 비교적 용이했고, 외부 세계에 대한 배타적인 사회적 성격을 가지고 있으면서도 외부 세계에 대한 강렬한 원망(願望)을 담은 이중성이 드러난다고 보았다.[38]

---

38 신행철, 「제주인의 정체성과 일본 속의 제주인의 삶」, 『濟州島硏究』 제14집, 濟州

이에 비해서 (3) 중심에 대한 주변사회이면서 동시에 개방된 문화로 보는 시각에서는 제주를 태평양 시대를 열어젖힐 해양 허브로 전제한다. 그 근거로는 한반도의 최남단에 위치한 섬이라는 점과 오끼나와(沖繩)를 비롯한 일본은 물론 환태평양의 여러 섬들과의 관계 속에서 신화, 민속, 환경, 지리, 역사 등에 접근할 수 있는 다양한 조건을 갖추고 있다는 점을 들고 있다. 특히, 제주가 전통적으로 육지와의 관계 속에서 억압되거나 소외당했기 때문에[39] 오히려 역설적으로 지역 특수성과 전통문화 보존이 가능했지만, 이제는 '지역적 특권화와 전통 문화의 화석화를 지양해야만 한다'[40]는 주장에서는 로컬리티 담론과 의미맥락을 같이 하고 있다는 인상을 받게 된다.

지금까지 제주의 로컬리티가 '순응과 반발'이라는 이중성으로 규정되었다면, 변화한 시공간 속에서 제주는 이중적 의미의 중심성, 그리고 중심성과 탈중심성의 상호성을 전제하는 로컬리티 담론의 시험장으로서 자신의 로컬리티를 재정립할 수 있는 기회를 맞이했다. 물론 시공간적 제약 속에서 파생된 삼무(三無)정신과 'ᄌᆞ냥정신'이 공간결정론의 혐의가 짙고, 태평양 시대를 열어젖힐 해양 허브라는 자기 인식이 해민정신(海民精神;

學會, 1997, 55~61쪽.

39 현승환은 「『탐라문화』의 성격과 발전 방향」에서, "제주도의 문화가 특이하다는 사실은 제주도를 연구하는 학자들을 통해 속속 밝혀지고 있다."고 전제한 후에, "제주사람을 중심으로 인문·사회·자연환경은 제주문화를 잉태·성장시키고 오늘까지 전승해 왔다. 그 와중에 외적인 변화요인이 없던 것도 아니다. 가깝게는 6·25전쟁, 4·3 사건 등이 제주문화를 변모시켰고, 멀리는 200년 동안의 출륙금지령과 몽골의 100년에 가까운 정복기간이 있었다. 이러한 사건은 제주사람들의 문화를 강화시키기도 하였겠지만 크게 변모시킨 것이 사실이다."라고 하여, 육지와의 억압적 고립적 관계를 통해 제주문화가 특수성을 가지게 되었다는 인식을 드러낸 바 있다(현승환, 위의 논문, 『耽羅文化』 제33호, 제주대학교 탐라문화연구소, 2008, 52쪽.).

40 김성수, 「지역특권화와 문화 화석화를 넘어서-타자의 시선으로 본 제주학」, 『耽羅文化』 제33호, 제주대학교 탐라문화연구소, 2008, 5~32쪽.

Seamanship)의 변형된 형태에 불과하다고 비판할 수도 있다.[41] 하지만 최근 『탐라문화』에 실린 기획특집논문들은 자기중심성에서 탈피하면서 타자의 중심성을 인정하는 다원성을 지향하고 있을 뿐 아니라, 동시에 자기중심성을 관계 속에서 재정립하려고 하는 경향을 보이고 있다.[42]

요컨대, 지역적인 면에서 제주는 육지에서 분리된 섬이라는 자기인식을 토대로 하여 다양한 정체성을 가지고 있다. 하지만 언제나 그랬듯이 그런 정체성을 배타적으로 유지하려고 하다보면 제주의 긍정적인 정체성을 오히려 왜곡시킬 수도 있다. 그러므로 지금껏 제주라는 독특한 시공간의 경험을 변화하는 시공간 속에서 좀 더 적극적으로 재해석하고, 재창출해낼 때 제주의 로컬리티를 좀 더 명료하게 할 수 있다. 이렇게 하려면 인문학적 담론의 공간만을 확보하려고 하기 보다는 자연과학분야의 탐구와 융복합을 적극적으로 추진해야 한다. 제주학 연구자들이 제주학 연구가 신화학과 문화학 등 인문학 분야에 치우치고 있음을 문제점으로 인식하는 것[43]

---

41 김현돈은 「제주문화의 재창조」에서, 개체적 대동주의로 표상되는 海民정신과 삼무정신, ᄌᆞ냥정신을 비롯하여 탐라정신 또는 제주정신이라고 규정되는 일체의 것들이 환경결정론의 위험이 있을 뿐더러, 이데올로기화 할 가능성이 크다고 비판했다(『제주리뷰』 3집, 제주대학교 지역사회발전연구소, 1997, 57~66쪽). 그러면서 지역문화 연구에 있어서는 인간과 문화, 환경과의 변증법적인 상호침투 관계를 인식하여 한국 전체 문화와의 연관관계 속에서 공통점과 차이점을 객관적으로 규명하려는 비교 문화적인 시각이 필요하다고 주장했다. 海民精神은 제주인의 정신을 卽自的 對自로 규정하고 육지의 선비정신과 가족적 대동주의와 대비되는 정신으로 본 송성대에 의해 제기된 개념이다. 관련 내용은 '송성대, 「제주인의 시대정신」, 『제주리뷰』 2집, 제주대학교 지역사회발전연구소, 1996, 91~99쪽'과 '송성대, 『濟州人의 海民精神: 精神文化의 地理學的 了解』, 도서출판 제주문화, 1996'를 참조할 것.

42 이런 맥락에서 등재후보지가 된 이후의 『탐라문화』 기획특집 논문들은 상당히 주목할 만하다. 자기 정체성의 재해석이라는 면에서 제주도 본풀이(제34, 35, 36호)와 음식문화(제35호), 바다와 신화 : 설문대할망 연구(제37호)가 이루어지는 한편으로 타자의 중심성 인정이라는 면에서 태평양 지역 연구의 현재와 전망(제37호)과 타자(他者)가 본 제주도(제38호)를 기획했기 때문이다.

도 이러한 맥락에서 이해할 수 있다.

IV. 제주, 철학하기의 가능성과 방향성

철학을 인간 보편적 이성에 바탕을 둔 보편학문(普遍學問, Universal Science)이라고 말하지만, 그래서인지 '철학'만큼 쓰임새가 다양한 용어도 드물다. 인간의 존재 근원을 묻는 형이상학에서부터 개인적인 실천 문제에 이르기까지 '철학'이란 말이 경계 없이 사용되기 때문이다. 물론, 철학의 사전적 의미[44]는 (1) 각각의 한정된 대상 영역을 가지는 개개의 특수과학과는 달라서, 자연 및 사회를 관통하는 가장 일반적인 법칙성을 탐구하고, (2) 자연 및 사회적인 환경에 대한 우리들의 실천적인 태도를 문제로 삼으며, (3) 단순한 직관이나 체험이 아닌 합리적인 인식에 근거하는 과학성을 갖춘 학문으로 정의된다. 이 점에서 철학은 세계관이며, 살아 있는 사상이며, 인식론·논리학이다. 그리고 이런 점에서 '철학하기'는 언제나 어느 곳에서나 가능하다.

그런데 이 원론적인 전제가 제주에서는 아직 풍부한 담론의 형태로 드러나지 않는 것처럼 보인다. 그동안 제주지역에서 행해진 분과학의 연구 결과에서 철학이란 용어가 더러 등장하기는 하지만,[45] 제주 또는 제주인의

---

43 조성윤, 앞의 논문, 94~100쪽. 해당 부분은 '4. 『탐라문화』의 활성화 방향'인데, 여기서 연구주제를 다양화할 필요가 있다는 점을 가장 먼저 손꼽는다. 그에 따르면, "『濟州島研究』가 보여준 최대의 강점은 제주도의 동 식물, 기후, 농업, 축산업 분야 등 다양한 연구 주제를 다루면서 자연과학자들이 인문·사회과학자들과 소통했다."는 점인데, 상대적으로 『탐라문화』는 자연과학분야의 참여가 거의 없었다는 점을 되짚고 있다. 이 문제의식은 인문사회학분야의 제주학 연구자들이 공통적으로 가지고 있다고 해도 과언이 아니다.

44 尹明老 감수, 『最新哲學辭典』, 日新社, 1991, 428R.

세계관과 그 실천적 태도를 본격적으로 다룬 연구에 참여하는 철학자들이
많지 않기 때문이다. 여기에는 여러 가지 이유가 있겠지만, 제주학 연구의
발전 방향을 모색해온 연구자들은 이렇게 말한다.

> 용어 개념 문제 다음으로 제주학 총론의 쟁점이 되는 것은 주체를 어떻게 상
> 정할 것인가 하는 점이다. 제주학은 1차적으로 '제주라는 지역에 관한' 학문
> 이다. 연구 장소로는 '제주도에서 하는 학문'이라는 2차적 단계를 생각할 수
> 있다. 연구주체에서 '제주 사람들이 하는 학문'이라는 3차 단계까지 설정할
> 수 있다. 세 단계는 행복하게 일치할 수도 있고 어긋나기도 한다. …… 제주
> 인 고유의 공동체 특징으로는 '수눌음', '당'으로 대표되는 친족공동체에 대한
> 집착과 그로 인한 파당성이라 하는데, 그것은 달리 말하면 제주문화의 역사
> 적 복합성과 다층성을 지칭하는 게 아닌가 한다. …… 하지만 제주문화의 역
> 사적 복합성과 다층성을 표상하는 이중구조에 대한 논의의 결론은 이상하게
> 지역특수성에 수렴되고 만다. 제주사람의 자기정체성을 논의하면 논의할수록
> 분리주의적 속성이 강화되어 그렇지 않아도 많지 않은 연구역량과 잠재적 연
> 구자를 원천적으로 봉쇄하는 역기능도 생길 지경이다. …… 제주라는 지역의
> 출신/거주 여부가 학문적 잣대로 오해된다면 자칫 '과학적으로 접근하는 연
> 구'의 객관성을 놓칠 수 있기 때문이다.[46]

인용문의 내용은 제주학 전반에 해당되지만, '제주에서 철학하기'도 같
은 맥락에서 이해할 수 있다. 제주에서 철학을 한다면, 1차적으로 제주라
는 지역과 그곳에서 살아온 사람들의 세계관을 비롯한 사상을 대상으로
할 수 있을 것이다. 그리고 2차적으로는 제주도에서 하는 철학이, 3차적으

---

45 '허남춘, 「제주 서사무가에 담긴 과학과 철학적 사유 일고찰」, 『국어국문학』 148,
　　국어국문학회, 2008, 91~122쪽'에서는 제목에 '철학'이라는 용어를 명시했고, '최
　　병길 외, 「제주섬 정체성 변화에 관한 비교 연구」, 『濟州島研究』 제15집, 濟州學
　　會, 1998'에서는 철학적 고찰 부분이 실려 있다. '제주와 철학'을 본격적으로 다룬
　　연구물은 찾아보기 힘들지만 이밖에도 내용상 철학적 주제, 반성을 다룬 연구저
　　작물은 다수 있다.
46 김성수, 앞의 논문, 13~15쪽.

로는 제주 사람이 하는 철학이 있을 수 있다. 인용문에서처럼 이 세 단계
가 행복하게 일치하는 사례도 있지만, 그렇지 않은 경우가 더 많다. 그리
고 2014년 9월 현재 46호가 발행된『탐라문화』에 게재된 철학분야 연구논
문의 현황에서도 확인되듯이, 국내 철학전공자의 논문은 전체 게재물 462
편 가운데 12편으로 2.6%에 불과하다.[47] 이 12편 중에서 제주도외 거주
연구자의 논문은 김옥희(金玉姬)의「제주도(濟州島) 천주교(天主教)의 수
용(受容) 전개과정(展開過程)」1편뿐이다.

　　물론,『탐라문화』는 '제주도에 관한 인문·사회과학의 제영역에 걸친 연
구' 내지는 '제주도의 문화에 관한 연구'를 취지로 하는 대학 내 연구소의
학술지이므로, 제주대학교에서 철학전공자들이 차지하는 숫자를 고려하여
위의 수치를 해석할 필요가 있다.[48] 하지만 이 점을 인정한다 하더라도,

47　金玉姬,「濟州島 天主教의 受容 展開過程」,『耽羅文化』제6호, 1987, 141~178쪽;
　　윤용택,「제주인과 오름-오름의 총체적 가치평가를 위한 시론」,『耽羅文化』제 24
　　호, 2004, 153~178쪽; 김현돈,「제주를 찾은 외지 미술인-그들의 삶과 예술」,『耽
　　羅文化』제 25호, 2004, 115~132쪽; 윤용택,「21세기에 다시 모는 제주도 돗통시
　　문화-생태적 삶의 원형과 그 현대적 변형을 찾아서」,『耽羅文化』제 25호, 2004,
　　133~162쪽; 윤용택,「제주도 '신구간(新舊間)' 풍속에 대한 기후 환경적 이해」,『耽
　　羅文化』제 29호, 2006, 231~262쪽; 윤용택,「'신구간' 풍속의 축제화 가능성에 대
　　한 고찰」,『耽羅文化』제 30호, 2007, 147~178쪽; 강봉수,「제주의 '요망진' 사람
　　의 인성적 특성과 도덕적 덕성-설문조사를 통한 시론적 탐색」,『耽羅文化』제 34
　　호, 2009, 281~320쪽; 윤용택,「제주섬 생태문화의 현대적 의의」,『耽羅文化』제
　　37호, 2010, 317~352쪽; 김치완,「제주에서 철학하기 試論」,『耽羅文化』제 39호,
　　2011, 177~213쪽; 윤용택,「석주명의 제주학 연구의 의의」,『耽羅文化』제 39호,
　　2011, 215~263쪽; 김치완,「한국학의 전통에서 본 제주 바람」,『耽羅文化』제 43
　　호, 2013, 101~133; 김치완,「섬[島]-공간의 철학적 접근」,『耽羅文化』제 45호,
　　2014, 119~146쪽.
48　2014년 9월 현재 제주대학교 인문대학 철학과 교수는 5명으로, 서양고중세철학 1
　　명, 서양근대철학 1명, 과학철학 1명, 사회철학 1명, 동양철학 1명이다.『탐라문화』
　　에 실린 12편 가운데 윤리교육학과 교수 1명과 도외지역 철학전공자 1명을 제외
　　한 10편의 논문은 철학과 소속 교수들이 게재하였다.

462편 가운데 0.22%에 해당하는 도외 철학전공자의 논문 한 편은 '제주에서 철학하기'란 주제의식과 관련하여 많은 점을 시사한다. 사실, '제주도의 문화에 관한 연구'를 대상으로 한다하더라도, 제주의 특이성을 드러내는 데 주안점을 두거나 제주 출신 연구자들이 연구를 수행하여야 할 필요는 없다. 하지만 현실적으로 그렇지 못하다는 것은 다음과 같은 주장에서도 확인해 볼 수 있다.

> ……제주에 관련된 연구물을 필요로 할 때 많은 이들의 우선 관심이 제주대학교에 쏠리게 된다. 사실 그 지역에 대한 학술적 관심이 그 지역대학에 쏠리는 것은 너무나 당연하다. 문제는 그 실질적인 내용이 무엇이어야 하느냐 하는 것이다. 이 문제를 해결하지 않고 바로 연구에 들어가면 어떻게 보면 당연하게도 제주의 특이성을 드러내는 데 집중할 수밖에 없게 된다. …… 제주도에서 산출되는 제주 관련 자료는 제주와 아무 관련이 없는 사람이라도 파악할 수 있게 가공되어야 한다. …… 연구의 문제로 들어가면, 대상에 대한 직관적 인식이 곧 연구의 질을 보장하지는 않는다는 사실을 명심할 필요가 있다. 제주에 관한 인문학 연구 논문의 문제점을 육지사람(?)이 지적했을 때, 제주 사람이 직관적 인식을 들이대며 '너 제주에 대해서 잘 알어'라고 나오면 그 다음 대화가 막힌다. 일반인도 참석한 학술대회에서 곧잘 등장하는 것인데, 육지의 사회과학자가 이렇게 저렇게 이야기하면, 손들고 하는 말이, '내가 그 동네 사는데……'이다. 이렇게 전제하면 그 다음 할 말이 없다. …… 제주도는 굉장히 특이하다. 그래서 좋은 것이다 라는 전제는 논리적 귀결을 맺기 어렵다. …… 지역 연구의 경우, 특수성을 그 기반으로 하는 것은 분명하지만 그것이 직관적 특수성으로 끝나서는 곤란하며, 보편적 인식이 균형을 이루어야 하는 것이다.[49]

서양학 전공자들은 곧잘 '동양학이 직관적 방법론을 취한다.'라고 비판하고, 동양학 전공자들은 '그러한 비판은 서구 중심의 오리엔탈리즘적 사

---

49 한창훈, 「제주학 정립의 방향과 과제」, 『耽羅文化』 제33호, 제주대학교 탐라문화연구소, 2008, 36~40쪽.

고에 근거한 것에 불과하다.'라고 반박한다. 같은 맥락에서 제주 출신 제
주학 연구자들은 보편적 인식을 강조하는 주장이 불편할 수도 있다. 하지
만 제주학 각 분과 영역에서 이루어진 연구성과들이 지역의 특수성을 강
조하는 직관에서 한 단계 더 나아가려면, 철학적 탐구를 통해서 보편성을
확보할 수 있어야 한다. 그리고 어느 지역 출신이건, 어느 지역에 거주하
건 제주에 관심을 가진 철학분과 연구자들이 그런 과정에 적극적으로 참
여해야만 한다. 왜냐하면 그런 작업을 각 분과에서 전담할 때 다음과 같은
한계에 부딪힐 수도 있기 때문이다.

> 보편적 진리나 추상성을 위주로 하는 철학을 형상성 위주의 신화에서 찾는
> 것도 어려운 일이다. 본고에서 찾아내 규명하려는 것을 철학이라고 하지 않
> 고 '철학적 사유'라 한 이유는 이 글이 보편 진리나 지혜, 지성, 철학 원리 등
> 에는 미치지 못하므로, 인간 사유의 본원적 측면을 주체적으로 살핀다는 차
> 원에서 그렇게 말하였다.[50]

오늘날 학문간 경계를 허무는 융복합이 이상적 상황으로 제시되고 있을
뿐 아니라 실제로 추구되고 있다. 그런 지금, 제주학 연구에 철학 전공자
가 꼭 참여해야 하는 이유는 탈중심성을 원리로 하는 보편성이 확보되어
야 하기 때문이다. 물론, 사정이 이러한 데도 불구하고 제주학 제반 분과
및 연구 주제에 대해 적극적인 관심을 보이지 않는 철학전공자들이 더 문
제라고 할 수도 있다. 하지만 그렇기 때문에, 제주 출신이 아니라 제주에
거주하지 않더라도 제주에 관심을 가진 철학전공자들이 제주학 담론에 참
여할 수 있는 제반 여건이 마련되어야 한다.

철학전공자의 입장에서 제주학은 아직 미개척지이면서 그만큼 학문적
호기심을 자극하는 분야이기도 하다. 예컨대 이미 사회과학 분과에서 상
당한 논의가 진행되었지만, 제주 사회를 통해서 중심/주변, 사회/개인, 권

---

50 허남춘, 앞의 논문, 116~117쪽.

력/소외의 문제를 진단하고 검토해볼 수 있다. 그 뿐만 아니라, 그동안『탐라문화』에 게재된 논문들의 면면을 대충 살펴보더라도, 어문학 분과에서 상당한 논의가 진행된 제주 방언 연구를 기초로 언어분석철학 분야의 연구를, 민속학과 문화학 분과에서 논의되었던 신화·무속과 해녀 연구를 기초로 한국철학 분야의 연구를, 역사학 분과에서 논의되었던 동아시아 역사 속의 제주 연구를 기초로 역사철학 분야의 연구를 할 수도 있다.[51] 그리고 그런 연구를 통해 각 분과의 제주학연구자들과 담론이 촉발되면, 관련 연구자들의 담론으로 확산되어 제주가 아닌 곳에서도 제주를 소재 또는 주제로 한 연구들이 확산될 것으로 기대된다.

이런 기대를 바탕으로 제주에서 철학하기의 방향성을 동양철학 전공 분야에 제한해서 말한다면, 시기적으로는 (1) 지금까지 관심이 집중되었고 많은 연구 성과가 축적된 신화·무속적 측면과 연계한 상고시대, 곧 탐라국 1천 년 간의 제주와 제주인, (2) 고려 숙종 10년(1105) 이후의 제주와 제주인, (3) 조선시대의 제주와 제주인, (4) 근현대의 제주와 제주인을 연구 대상으로 삼을 수 있을 것이다. 실제로 신화·무속은 민속학 분야만이 아니라 한국고대철학을 정립하는 데 있어서 중요한 자료적 가치가 있을 뿐더러, 제주와 제주인의 입장에서 이 시기는 제주인의 정체성을 확인하는 데 중요한 자료가 된다. 그리고 삼별초 항쟁과 원제국과의 관계 속에서 제주와 제주인이 어떤 역할을 했는지, 조선시대에 유배지, 말의 산지로 자리매김 되고 급기야는 출륙금지령까지 겪으면서 제주와 제주인이 어떤 사유(思惟)를 했는지, 지방관으로 부임하거나 유배 온 조선 지식인들이 타자로서 제주를 어떻게 이해했는지를 확인하는 것도 각 시기 한국철학 분야의

---

51 최경섭은 「엄밀한 학이 아닌 엄연한 지역학으로서 철학 제1부-후설의 후기현상학에서 생활세계개념의 지역학적 개진」(『철학』 제103집, 한국철학회, 2010)과 「엄밀한 학이 아닌 엄연한 지역학으로서 철학 제2부-학문과 예술의 초월론적 근간으로서 '지역'과 철학의 근본문제들」(『철학』 제104집, 한국철학회, 2010)을 발표한 바 있는데, 현상학을 기초로 한 지역연구도 가능할 것이라는 전제 하에서 세부전공을 넘어선 제안을 해 본 것이다.

담론을 풍성하게 하는 데 한 몫 할 수 있다. 아울러 조선시대말기 민란과 일제강점기의 도일(度日) 과정에서 제주인들이 공유했던 세계관을 확인하는 것도 상당한 의미가 있을 것이다.

한편, 지리적인 고립성 때문에 동양철학의 주류를 차지하는 유교와 도교, 불교 어느 분과에 한정하여 한국철학 내지는 동양철학에 뚜렷한 족적을 남긴 연구대상을 제주에서 찾기는 어렵다. 하지만 (1) 민속학적 접근을 통한 동아시아 도교와 제주의 무속, 또는 민란 등 저항의식의 기초로서 동아시아 도교와 제주 고대 사상의 비교 분석, (2) 무가에 나타난 불교적 신화소의 연원과 불교 전래, 태고종 중심의 제주 불교와 한국 선불교의 분석, (3) 입도(入島) 외지(外地)학자들의 유학, 제주인의 문집 속에 나타난 유학 등을 주제로 하면, 제주와 관련된 유(儒)·불(佛)·도(道) 연구가 다층적으로 이루어질 수 있을 것이다.

이상에서 간략하게 살펴본 바와 같이 제주에서 철학하기는 동서양 철학 어느 분과에서도 가능할 뿐더러, 로컬리티 담론이 확산되고 있는 오늘날의 상황을 고려하면 꼭 필요한 작업이다. 왜냐하면 한국이라는 큰 로컬을 대상으로 할 때보다는 제주라는 작은 로컬을 대상으로 할 때, 그것이 미시적 접근이므로 한계가 분명히 드러난다는 점을 전제로 하더라도, 결과적으로 한국이라는 로컬이 글로벌화할 수 있는 주요 주제가 일목요연하게 선정될 수 있을 것이기 때문이다. 아울러 제주인의 관점에서는 한국이라는 국가적 중심과 맺어온 주변부 관계를 반성하고, 이를 바탕으로 세계적 중심으로 도약할 수 있는 방안을 모색할 수 있을 것이기 때문이다.

V. 제주, 철학하기의 전제조건

동·서양 할 것 없이 철학은 반성(反省)의 학문으로 인식되어왔다. 외계

사물을 인식하고 그것에 대한 놀라움으로부터 철학이 비롯되었다고 하는 서양은 물론, 인류질서가 무너지는 힘의 논리 앞에서 인간다움을 회복하려는 데서 도학(道學)이 비롯되었다고 하는 동양도 결과적으로는 그 중심에 인간인 자기 자신과 자신을 둘러싸고 있는 세계에 대한 반성과 이해를 두고 있기 때문이다. 그리고 이런 의미에서 철학은 인간학이며, 인문학 (humanitas)이다.

> 이처럼 인문학은 인간다움을 왜곡하거나 억압하는 삶의 모든 조건에 대한 비판과 극복을 목적으로 하고 있다. 그러므로 인문학은 시간 속에 자리하고 있는 역사적 좌표와 공간 속에 자리하고 있는 사회적 좌표를 입체적으로 고찰하는 과정 속에서 생명력을 지닌다. …… 인문학은 보편성을 지향하되 구체성을 지니고 있어야 한다.[52]

'제주에서 철학하기'라는 주제도 사실은 '반성'에서 출발한 것이다. 제주를 거쳐 갔거나 생활하고 있는 지식인들은 2천년이라는 시간과 한·중·일 지역의 중앙부라는 공간 속에 자리하고 있는 제주에서 다양한 형태의 반성을 했을 것이고, 다양한 방식으로 실천의 족적을 남겼을 것이다. 그리고 그것은 언제나 시시각각으로 변화하는 구체적인 시공간 속에서 요청되는 현실적인 문제들에 대한 구체적이면서도 보편적인 대답이었을 것이라고 생각한다. 실제로 1998년 제주대학교에 철학과가 설치된 이래, 철학전공자들이 '대중의 철학화, 철학화의 대중화'를 목표로 제주지역 사회에 적극적으로 참여하고 있는 것은 이런 반성에서 비롯된 것이다.

특히, 2006년과 2008년 두 차례에 걸쳐 개설된 제주희망대학 인문학과정[53]은 제주의 소외계층을 위한 대중 철학교육이라는 점에서 상당한 의미

---

52 김석수, 「구체적 보편성과 지방, 그리고 창조학으로서의 인문학」, 『사회와 철학』 제8호, 사회와 철학연구회, 2004, 209~210쪽.
53 "제주희망대학 인문학과정은 2006년, 2008년 두 차례에 걸쳐 진행되었다. 2006년에는 '2006년도 교육인적자원부 소외계층 평생교육프로그램'의 일환으로 6개월간

를 가진다. 이 과정에는 철학만이 아닌, 역사, 문학, 글쓰기, 예술 등 인문학 분야 11강좌가 개설되었는데, '인간과 철학, 철학과 현실, 동양사상의 이해, 문화와 예술' 등 철학 관련 강좌가 기초였다. 그런데 이 강좌를 수강한 제주인들이 "철학을 통해서 사회를 보는 맑은 눈과 밝은 귀, 그리고 불의를 보면 외칠 수 있는 입을 가지게 되었다고 이야기하고 있다."[54]고 하는 만큼, 제주에서 철학하기는 상당히 성공적으로 수행되는 것으로 평가할 수 있겠다.

그런데 한 가지 '아쉬운' 점은 제주희망대학 인문학 과정의 보고서를 겸한 논문에도 '왜 하필 제주지역인가' 하는 문제의식이 명확히 드러나 있지 않다는 것이다. 물론, 소외계층이나 일반시민을 대상으로 하는 인문학 프로그램이 꼭 지역적 문제의식에 기초할 필요는 없다고 할 수도 있다. 하지만 개설된 강좌 가운데 하나인 '인간과 철학' 강좌의 목표를 보면, '제주에서 철학하기'가 현실적으로 겪는 초점불일치가 드러난다.

따라서 어렵고 힘들게 살아가는 이들이 왜 자신의 삶을 돌아봐야 하는지, 왜 열심히 일해야 하는지, 진정한 행복이란 어디에서 오는지, 우리가 어떻게 살아가고 있고 자본주의 사회가 어떻게 변화하고 있는지, 돈 없이 살 수 있는 방법은 없는지, **자신들의 삶의 토대인 지역의 환경과 역사와 문화를 통해 자신들의 정체성과 삶의 방식을 이해하는 게** 필요하다.
그리고 그것들을 논의하는 과정에서 우리가 얼마나 무반성적이고 무비판적으로 살아왔는지를 깨닫고, 잘못된 언어(言語), 사고(思考), 관습(慣習), 제도(制度) 등으로 인한 질곡에서 벗어나 스스로 **건강한 삶의 목표와 방법을 터득할 수 있도록** 돕는다.[55]

(2006.6.22.~12.29) 서귀포시 지역에서 행해졌고, 2008년에는 '2007 한국학술진흥재단 시민인문강좌 지원사업'의 일환으로 8개월간(2008.2.28~10.30) 제주시 지역과 서귀포시 지역에서 진행되었다."(윤용택·하순애, 「소외계층을 위한 대중 철학교육의 의미-'제주희망대학 인문학 과정'의 사례를 중심으로」, 『철학윤리교육연구』, 한국철학윤리교육연구회, 24권 40호, 2008, 101쪽.)
54 윤용택·하순애, 위의 논문, 117쪽.

인용문의 첫 단락에서는 제주의 지역성에 기초한 제주인의 정체성과 삶의 방식에 대한 이해를, 둘째 단락에서는 보편학으로서의 철학 교육 목표를 제시하고 있으므로, 구체성과 보편성이라는 우리 시대 인문학 내지는 철학의 과제를 정당하게 제시하고 있는 것으로 볼 수 있다. 하지만 보기에 따라서는 근대의 기획에 기초한 계몽주의를 답습하는 것이 아닌가 하고 비판할 여지도 있다.

> 우리가 최근 몇 년 동안 인문학 위기 담론을 많이 언급해왔지만, 인문학의 위기는 위기 담론 그 자체에서 극복되는 것이 아니라 전통과 현대, 안과 바깥의 비판적 종합을 통해 우리의 인문학사를 작업해나갈 때 극복 가능하듯이, 지역 인문학의 위기 역시 이런 관점에서 접근되어야 할 것이다. 저항의 시대와 건설의 시대를 거치면서 단절되거나 버려진 지역 인문학의 자산을 발굴·정리·분류하고 분석·평가하여 단절된 인문학의 역사를 복원하고 오늘의 현실과 관계 속에서 반성적으로 비판하여 세계의 보편성으로 발전시켜나갈 때, 우리는 비로소 우리의 인문학사를 제대로 구축할 것이며, 아울러 지역 인문학의 '구체적 보편성'을 마련할 수 있을 것이다.[56]

제주에서 제주인으로서, 또는 제주인과 함께 철학한다는 것은 '구체성'을 내세워, '제주는 특이하다. 그러므로 좋다.'는 식의 결론을 끌어내거나, 그 이론적 근거로서 제주에만 통용되는 세계관을 제공하는 것이 아니다. 동시에 '보편성'을 내세워, '철학은 보편적이다. 그러므로 좋다.'는 식의 결론을 끌어내는 것은 물론, 그 이론적 기초인 글로벌의 세계관을 제주지역 사회에 확산시켜 일방적으로 계몽시키는 것도 아니다. 그것은 언제나 그래왔듯이 분열주의나 전체주의를 옹호하는 지배이데올로기로 변질되어버릴 수 있기 때문이다.

---

55 윤용택·하순애, 위의 논문, 107쪽. 강조 표시는 이 연구의 논지와 관련하여 임의로 표시한 것임.
56 김석수, 앞의 논문, 225쪽.

지금까지 '제주에서 철학하기 시론(試論)'이라는 주제의식에 기초하여 그동안 제주학 연구가 어떻게 이루어져왔는지를 검토해보았다. 제주와 제주인은 2000년이라는 시간과 앞으로 얼마 동안일지 모르는 시간 속의 한 좌표인 '지금'과 한반도 서남단의 도서라는 공간과 한·중·일 중앙부에 위치한 지정학적으로 중요한 지역이라는 공간 속의 한 좌표인 '여기'에 놓여 있다. 지금까지 그래왔던 것처럼 이 좌표는 고정불변한 것이 아니라 시시각각으로 변화하는 중이지만, 그와 동시에 언제나 '지금, 여기'인 좌표이기도 하다. 그래서 시공간의 경계를 기반으로 한 구체성도, 시공간의 경계를 무너뜨린 보편성도 모두 '지금 여기'에서 성취될 수 있고, 성취되어야만 한다. 그리고 그것을 가능하게 하는 엄밀한 반성과 구체적 실천이 곧 제주에서 철학하기의 목표이자, 글로컬(Glocal)의 이상이다.

제2장 대안적 패러다임론과 오리엔탈리즘적 접근에 대한 비판

오늘날 우리는 서구산업사회가 초래한 다양한 역기능을 해소할 방안을 찾고 있다. 그리고 그렇게 된 이유가 서구근대과학의 패러다임, 더 나아가서는 그것을 뒷받침해온 철학적·신학적 맥락, 곧 인간중심주의(antropocentrism)와 도구적 자연관에 있다는 인식이 자리 잡으면서, 동양과 동양적 사유가 새롭게 주목받게 되었다. 그런데 동양학 전공자들 사이에서는 '동양적 생태담론', 또는 '동양적 생태주의'가 대안적 패러다임론 및 오리엔탈리즘적 접근이라는 부정적 시각 아래 이른바 '기생담론(寄生談論)'의 성격을 띤다는 생각이 일반적이다. 이런 현실을 감안한다면 동양적 사유를 대안적 패러다임 혹은 오리엔탈리즘으로 접근하는 지금까지의 접근방식을 지양하고, 동양적 사유도 본래 인간중심주의로 규정될 수 있다는 점을 이해해야만 동양적 생태담론이 가능하다.

Ⅰ. 문제제기

장회익은 러브록(James Lovelock)의 '가이아' 가설이 주로 지구물리 및 지구화학적인 측면을 강조하기 때문에 인간의 정신세계까지 함축하는 견해로서는 부족하다는 문제의식에서 출발해서, 지구를 항상성 유지라는 기능을 가진 하나의 살아 있는 유기체로 새롭게 파악하는 '온생명사상'으로 우리 시대 생태담론을 이끌고 있다.[1] 그런데 그와 함께 우리 시대 생태담

---

1 안건훈, 「한국에서의 환경철학(1)」, 『환경철학』 제3집, 한국환경철학회, 2004,

론의 한 축을 차지하는 김지하의 율려론에 대해서 문화연구가 조흡은 이
렇게 말한 일이 있다.

> 여기서 아주 자연스럽게 한 가지 커다란 의문이 제기된다. 김지하의 율려론
> 에서는 결국 가장 서구적인 개념들을 정리하기 위해 **한국학과 동양학이 들러
> 리**를 선 꼴이 아니냐는 의혹을 떨칠 길이 없다. 굳이 없어도 별 탈 없고, 있
> 으면 심심하지 않을 허수아비 관점이 아니냐는 말이다. 실제로 김지하의 논
> 리 전개 과정을 살펴보면 이런 서구사상의 이해 하에서만 동양적 개념들이
> 등장한다는 사실이 흥미롭다. 다시 말해, 그가 아주 어렵게 에둘러 온갖 동양
> 이론에서 도출한 동양적 개념들이 그 자체가 독립적인 것으로 결론까지 존재
> 하는 것이 아니라, 실제로는 **서구이론의 개념 이해를 바탕으로 애시당초 발
> 굴되고 이용**되고 있는 헛수고의 오류를 범하고 있는 셈이다. 아직까지는 그
> 렇게 보인다는 말이다.[2]

이 신랄한 비판은, "지식인의, 지식인에 의한, 지식인을 위한 율려운동
은 도가 통한 시인들의 모순을 이해할 수 없는 凡人에게는 이해될 수 없
을뿐더러, 우주를 바꾸려는 생각이나 5만 년 후의 세상을 걱정하는 일처
럼 거대담론으로서 한국이라는 좁은 무대에서는 성공할 수 없을 것이기
때문에 김지하를 수출하자"는 독설로 이어진다.[3] 그런데 이 독설보다 우리
의 눈길을 끄는 것은 오늘날 진행되고 있는 생태담론에서 '동양'과 '한국'
이 차지하는 자리에 대한 신랄한 문제제기이다.[4]

21~23쪽.

2 조흡, 「누구를 위한 율려 운동인가?」, 『인물과 사상』 18호, 인물과 사상사, 1999,
   64~65쪽.

3 조흡, 위의 논문, 65~68쪽.

4 민경숙은 "1970년대 자신의 개인적 고통을 감성적 연대로 확대하여 누구보다도
   민중을 앞세운 저항운동에 매진"했던 것으로 평가받는 김지하 "정치운동의 한
   계에서 벗어나기 위해서 생명사상에서 돌파구를 찾고, 90년대 후반에는 80년대와
   90년대 초반에 걸친 사회운동의 한계를 극복하기 위해 율려사상으로 뻗어나간"것
   에 대한 일종의 배신감이 있을 수 있다는 점을 시사한 바 있다(「김지하의 율려사

오늘날 우리는 서구산업사회가 초래한 다양한 역기능을 해소할 방안을 찾고 있다. 그 중에서도 특별히 '자연과 인간관계'에 주목하는 까닭은 '근대 서구의 이성주의·과학주의가 분명 유사 이래 최대의 물질적 풍요로움을 가져왔지만, 그 과정에서 진행된 그 생태계의 파괴로 말미암아 인간 생존의 위협이라는 대가를 치러야 하기'에 이르렀다는 데 오늘날 우리들 대부분이 공감하기 때문이다. 특히 그렇게 된 이유를 서구근대과학의 패러다임과 그것을 뒷받침해온 철학적·신학적 맥락, 곧 인간중심주의(人間中心主義, antropocentrism)와 도구적 자연관에서 찾으면서, 동양과 동양적 사유가 새롭게 주목받게 되었다. 왜냐하면 동양의 전통사상은 서양근대과학과는 달리 유기체적, 생태론적, 자연주의적 요소들을 풍부하게 가지고 있다고 보기 때문이다.[5]

하지만 심층생태학자들과 생태시인들의 동양에 대한 이런 관심이 "동양을 지배하거나 통제하려는 식민주의적 기도 아래 동양을 마음대로 분석하고 재단하여 서양의 '궁극적 타자'로서 정립한 것과는 확연하게 구분된다."[6]라고 하는 점을 전제하더라도, 조흡의 지적대로 김지하를 포함한 생태담론에서 여전히 오리엔탈리즘의 우려를 느낄 수밖에 없는 것이 또한 사실이다. 신과학운동의 주창자이면서 생태운동가인 카프라(F. Capra)만 하더라도 그렇다. 그는 뉴턴역학을 바탕으로 한 기계적 결정론과 고전역학적 세계관으로는 현대물리학, 상대성이론, 양자물리학의 세계를 이해할 수 없으며, 차라리 동양적 사고가 그러한 것들을 잘 설명해준다고 주장했

상-문화비평이론으로의 가능성 탐색」, 『인문사회과학연구』 제4호, 용인대학교 인문사회과학연구소, 2000, 99쪽, 105쪽). 개인으로서 김지하에 주목하면 이런 분석도 가능하겠지만, 이 논문에서는 조흡의 문제제기를 좀 더 거시적인 면에서 수용하고자 한다.

5 김세정, 「동양사상, 환경·생태 담론의 현주소와 미래」, 『오늘의 동양사상』 제14호, 예문 동양사상연구원, 2006, 146쪽.

6 김원중, 「생태문학과 동양사상 : 또 다른 "오리엔탈리즘"인가?」, 『미국학논집』 36권 3호, 한국아메리카학회, 2004, 74~75쪽.

다. 하지만 동양학 전공자들에게는 이런 주장이 달갑지만은 않다. 카프라가 말하는 동양적 사고가 무엇인지도 모호할뿐더러, 카프라의 주장에 열광하면서도 정작 다음과 같이 그의 한계를 지적하는 이들도 있기 때문이다.

> 카프라가 동양적 사고를 차용하는 이유는 서구의 근대주의(modernism)의 한계를 넘어서려는 데 있다. 그리고 그가 근대주의를 비판하는 것은 탈근대주의(postmodernism)로 나가려는 것이지 전근대주의(premoderniam)로 돌아가려는 것이 아니다. 카프라는 환원주의와 선형적 인과론에 빠진 속좁은 합리주의를 넘어 시스템적 사고와 비선형적 인과론이라는 폭넓은 합리주의를 취하려는 것이다. 물론 간혹 그의 저서에 직관주의적이고 신비주의적 대목들이 들어 있다. …… 이원론과 형식논리에 바탕을 둔 속좁은 합리주의로 설명할 수 없는 것에도 두 가지가 있다. 하나는 아직 속좁은 합리주의에도 도달하지 못한 '비논리적' 내지는 '비합리적'인 것이요, 다른 하나는 이원론과 형식논리를 넘어선, 다시 말해서 속좁은 합리주의를 넘어선 것이다. 여기서 비논리적이고 비합리적인 것은 학문적으로 논할 가치가 없지만, 형식논리와 속좁은 합리주의를 넘어선 부분에 대해서는 폭넓은 합리주의를 위해 신중하게 수용할 필요도 있다. 그러나 애매모호한 '신비주의'라는 이름으로 둘 사이를 혼동하게 해서는 안 된다. 카프라가 우리에게 끼친 해악이 있다면 바로 그 점이다.[7]

인용문의 주장대로 카프라가 말한 동양적 사고가 "애매모호한 신비주의"라면 카프라는 오리엔탈리즘을 넘어서지 못한 것임에 분명하다. 만일 카프라가 말한 동양적 사고가 그렇지 않다면, 카프라에 열광하는 이들조차도 여전히 오리엔탈리즘적 인식에 기초하여 동양적 사고를 이해한다는 말이 된다. 그러므로 '동양을 멀리서, 말하자면 위에서 관찰하는 정치적 오리엔탈리즘을 벗어났고, 자신이 처한 서구 문명에 대한 진지한 반성을 전제로 하고 있으며, 동양의 혜안에 비추어 자신의 문제를 점검하고 자연

---

7 윤용택, 「패러다임의 전환과 정교화 사이 : 카프라(F. Capra)의 과학사상을 중심으로」, 『과학사상』 제1권, 범양사, 2005, 83~84쪽.

과의 공존과 상존의 새로운 삶의 양식을 모색하려는 진지함이 그 속에 담겨 있기 때문에[8] 오리엔탈리즘의 위험이 없다는 것은 지나치게 낙관적이다. 실제로 '동양의 장점인 자연과 인간 영혼에 대한 성찰과 서구의 장점인 사회적 운동과 혁명을 결합하여 생태작가들은 생태적 사유와 삶을 서구 사회의 주도적인 삶의 양식에 대한 한 대안으로 제시하려 한다.'[9]라는 주장에서는 서양제국주의 침탈시기에 동양의 선각자들이 제시했던 동도서기론(東道西器論) 수준에 머물러 있는 것이 아닌가 하는 우려를 떨쳐내기가 어렵다.

국내에서도 진교훈이 1987년에 「생태학적 위기와 그 극복방안에 관한 연구(『자연과 인간과 신』, 한남대 동서문화연구소 편)」, 「환경윤리학과 그리스도교 윤리학의 만남(『현대사회와 종교』, 그리스도교 철학연구소 편)」을 발표한 이래, 생태담론과 관련된 연구 성과가 상당히 많이 축적되고 있다. 특히, 2000년대 들어서는 서구의 환경철학 또는 생태철학을 소개하는 데 그치지 않고, 그 한계를 비판적으로 검토하거나 유가와 불가, 도가사상의 자연과 인간 관념을 오늘날의 생명 위기 문제와 관련하여 재해석하는 데까지 이르고 있다.[10] 이런 연구들 가운데서 특이한 경향으로 손꼽을 수 있는 것들로는 '이분법이라는 분리주의 사유와 우열에 근거한 지배논리에 대한 비판', '지구와 관련된 온생명사상', '한반도와 관련된 기(氣)생태주의', '환경문제해결을 위한 심의적 의사결정모델' 등이 있다. 그런데 이들 연구의 공통점은 동양사상이 유기적이고 전체적이며 시스템적인 세계관으로 이해될 수 있으며, 따라서 인간중심주의를 바탕으로 하는 지배적 패러다임을 대체하는 대안이 될 것이라는 기대를 드러내고 있다는 것이다.

이렇게 동양사상이 환경·생태담론의 대안으로 부상되고 있는 것은 분명히 고무적인 일이다. 하지만, (1)동양과 서양이 서로 다른 패러다임을 가

---

8 김원중, 앞의 논문, 75쪽.
9 김원중, 위의 논문, 75쪽.
10 안건훈, 앞의 논문, 2004, 1~27쪽.

지고 있고, (2)이 둘이 서로 대척점을 가지고 있어서, 하나의 패러다임이 초래한 문제 상황을 해결하는 대안으로 다른 하나가 소용될 수 있으며, (3) 특히 그런 관점에서 찾을 수 있는 이른바 '동양적 사유가 유기적이고 전체적이며 시스템적인 세계관을 주된 내용으로 하고 있다'는 생각은 그 자체가 이분법적 사유에 근거하는 지배논리를 담고 있다. 아울러 (4)우리가 포기할 수 없는 인간중심주의의 패러다임을 확장하고 정교화 하는 일에 동양적 사유가 일조할 수 있고, (5)우리가 처한 생명의 위기가 서양만의 문제가 아니므로 동서양 할 것 없이 그 대안을 수립하는 데 적극적으로 나서야 한다는 당위가 있더라도, "한국학과 동양학이 들러리를 선 꼴"이 되지 않으려면 "서구이론의 개념 이해를 바탕으로 애당초 발굴되고 이용된" 것들을 바로 잡는 일이 선행되어야 한다. 그러므로 이 장에서는 지역학 연구로서의 제주학 담론에서 자주 거론되는 '동양적 생태담론의 가능성'을 근대 서구산업사회가 직면한 대안적 패러다임이나 오리엔탈리즘이라는 면으로 접근하려고 하는 기존의 방식을 비판적으로 검토하고자 한다.

Ⅱ. 동양적 사유와 자각주재(自覺主宰)로서의 인간

무엇을 동양적 사유라고 부를 것이냐에 대해서는 논란이 있지만,[11] 오

---

11 2001년 5월 28일자 교수신문 203호에 김진석 교수가 「동양담론의 허구성」이라는 제하의 기사를 통해 '유가적 가치가 신분에 의거했으며 이기·심성을 중심으로 한 형이상학이 봉건적 현실을 왜곡하는 가상임에도 이런 점이 대부분 은폐되었다.'고 주장한 이래, 교수신문을 통해 김성환 교수와 정세근 교수가 각각 「동양담론의 성격-김진석 교수에 대한 반론」과 「김성환-김진석 논쟁을 보며, 다름이 철학을 만든다.」는 기고문을 실음으로써 논란이 벌어진 일이 있다. 이 지면 논쟁은 '오늘의 동양사상'에서 계속 되어서 무려 2년 동안 10명이 넘는 관련학자가 이 문제를 두고 갑론을박을 벌였지만, 시각의 차이가 좁혀지지는 않았다.

늘날 우리는 (1)동아시아지역에 광범위하게 유포된 (2)유교(儒教)와 불교 (佛教), 그리고 도교(道教)에 기초하거나 (3)영향 받은 일체의 사상을 대개 동양적 사유라고 한다. 이렇게 범주가 상당히 넓기 때문에 동양적 사유의 실체를 정확하게 지시한다거나, 그 속에서 일관된 하나의 패러다임을 찾아내는 것은 사실상 불가능하다. 곧 (1)한 묶음으로 묶을만한 지역적 공통성이 없고, (2)세 가지 이상의 상이한 이론체계를 기본으로 하고 있으며, (3)각각의 이론체계가 복잡 다양한 방식으로 전개되었기 때문에 이것들을 동양적 사유라는 한 마디 말로 특정(特定)할 수 없다는 말이다. 그럼에도 불구하고 이들 동양적 사유를 관통하는 하나의 특징을 찾는다면, 생태담론에서 제시되고 있는 이른바 '확장된' 인간중심주의[12]라고 해도 좋겠다.

지금까지 우리는 동양적 사유의 특징을 서양의 개념과 용어로 분석하고 연구해왔다.[13] 그러다보니 동양적 사유체계 바깥에서 평가하는 사람들은 동양적 담론이 실체 없는 허구에 불과하다고 신랄하게 비판하거나,[14] 동양

---

12 윤용택은 「환경철학에서 본 확장된 인간중심주의」에서 생태계 위기를 해결하기 위해서는 생명중심주의로 패러다임 전환이 필요하다는 주장을 비판하면서, 그러한 주장들을 뒷받침하는 이론적 근거로 사용된 장회익의 온생명론, 불교의 연기론, 그리고 시스템 이론 등이 근대적 세계관 중에서도 특히 편협한 인간중심주의를 비판하는 중요한 근거가 될 수 있지만, 그와 동시에 확장된 인간중심주의를 위한 이론적 근거가 될 수 있다고 주장했다(『철학·사상·문화』 제3호, 동국대학교 동서사상연구소, 2006, 53쪽). 여기서 말하는 확장된 인간중심주의란 '편협한', '속 좁은' 인간중심주의에 상대되는 것을 지시하는 윤용택의 용어로서, 동양적 사유의 특징을 가리키는 것이 아니다. 하지만 서구의 생태주의자들이 동양적 사유를 代案으로 보는 이론적 근거가 확장된 인간중심주의의 근거가 될 수 있다면, 동양적 사유를 '확장된 인간중심주의'라고 부를 수 있을 것이다.

13 노사광은 『중국철학사(고대편)』에서 동양적 사유(중국철학)를 분석하고 연구하는 일에 서양적 방법론을 도입할 수밖에 없는 이유와 그 한계를 분명히 지적한 바 있다(노사광, 앞의 책, 탐구당, 1991, 18~21쪽).

14 환경철학계로 국한시켜서 말하면, 사회생태론자 머레이 북친(Murray Bookchin)이나 온생명론을 주장하는 장회익, 생태중심주의를 주장하는 토마스 베리(Thomas Berry) 등은 동양의 전통사상들이 덧없는 공허함이나 신비주의적인 외형을 가지는

의 세계관이 일원론적이고 순환적인 형이상학과 자연 중심적이며 유기적
인 자연관의 결합으로 기술될 수 있을 뿐 아니라, 미학적·감성적 사고를
내포한다고 긍정적으로 평가하기도 한다.[15] 하지만 정작 동양학 전공자들
은 동양적 사유의 특징이 서양의 인문주의보다 더 인문주의적인 특성, 곧
'인간을 중심으로 한다'는 데 있다고 생각한다.[16]

지금까지 동양철학사를 서술하는 연구자들은 동양적 사유의 '차축시대
(車軸時代, die Achsenzeit)'를 서양의 그것과 마찬가지로 인간이 자신을
자각주재(自覺主宰)로 깨닫고 인식하게 되었다는 데서 찾았다. 예컨대 붓
다는 자연현상은 물론 인간 삶의 양식 깊숙이 들어와 있는 베다적 신관
(神觀)에서 탈피하려고 했던 자유사상가의 한 사람으로서, 개인의 주체적

경향(Bookchin)이 있고, 자연현상에 대한 객관적 이해를 도모하기보다는 인간의
심성론에 치중해왔고 지식에 대한 실험적 검증 방식을 채택하지 않았으며(장회익),
신비한 용어들로 표현된 직관적 통찰로 이루어져 있으므로 과학적 탐구의 시대에
는 더 이상 충분하지 못하다(Berry)고 비판했다(김세정, 앞의 논문, 156~157쪽).

15 박이문은 『문명의 미래와 생태학적 세계관』에서 현재 인류가 처한 위기는 근대
문명에 깔려 있는 이원론적 형이상학과 인간 중심적 가치관으로 규정할 수 있는
서양적 세계관에서 비롯된 것인데, 서양 근대철학과의 대비적 입장에서 동양철학
의 생태론적 특성을 '일원론적이고 순환적인 형이상학과 자연 중심적이며 유기적
인 자연관의 결합으로 기술할 수 있다.'고 말한 바 있다(당대, 1997, 93쪽).

16 김세정의 「동양사상, 환경·생태 담론의 현주소와 미래」에서는 '동양철학 전공자들
의 환경·생태 담론'이 어떻게 진행되고 있는지를 정리하고 있는데, 유가철학에 한
정해서 말하면 동양의 인간관은 자연주의적 인간 혹은 생태론적 인간을 지향하며
(이효걸, 「생태론의 빛과 그림자-환경 생태 문제에 대한 동양철학의 대안」), 자연
친화적 인간주의나 인간 주체적, 또는 인간 우위의 자연중심주의로서 인문주의적
생태주의라고 부를 수 있고(이동희, 「한국 성리학의 환경철학적 시사」), '생생불식
의 유기체적 자연관과 천지만물의 중추적 인간관, 親民의 생태론적 실천관'을 특
징으로 하는 것(김세정, 「생태계 위기와 유가생태철학의 발전 방향-서구 환경철학
과의 비교를 중심으로」)으로 파악된다. 물론, 이동희나 한예원, 김세정처럼 양명
학이 주자학적인 인간중심주의를 탈피하여 '자연중심주의적' 자연관을 취하는 경
우도 있지만, 인간중심주의를 근본으로 한다는 점에서는 일치하고 있다(김세정,
위의 논문, 150~155쪽).

자각을 통한 해탈의 중요성을 강조하는 동시에 인간의 가치는 계급, 출생, 가문, 직업에 의해 결정되는 것이 아니라, 그의 행위가 표준이 된다고 주장했다.[17] 주대(周代)의 인문질서를 회복하자는 문화운동을 일으킨 공자도 마찬가지다. 그가 건립한 유학이론이 중국 선진(先秦)철학 중의 일파에 지나지 않음에도 그를 최초의 중국철학가로 손꼽는 이유는 제일 먼저 하나의 계통적인 이론을 제출했고, 가치 및 문화 제반 문제에 대해 확실한 관점과 주장을 가지고 있었기 때문이다. 하지만 인간을 자각주재로 인식하여 객관제한의 영역에서 분리해냈기 때문이라는 점이 우선적으로 고려된 것으로 볼 수 있다.[18] 신화적으로 묘사되는 인물인 노자(老子)도 마찬가지다. 그는 진(秦)나라 이후에 도교(道敎)의 조종(祖宗)으로 신화화되었고, 인의예(仁義禮)와 같은 현실적 규범을 부정했던 인물로 평가된다. 하지만 변하지 않고[常] 반복하는[反] 도(道)의 작용을 깨달아서 무위(無爲)하라는 그의 선언은 인간과 인문(人文)의 부정이 아니라, 오히려 더 적극적으로 인간의 자각심을 회복하기를 호소한 것으로 이해되는 경우가 더 많다.[19]

물론 이런 분석과 서술이 근대 이후 동양적 사유의 특징을 서양의 개념과 용어로 분석하는 과정에서 서양적 사유의 특징이라고 할 수 있는 인간중심주의에 억지로 꿰맞춘 결과가 아닌가 하는 의구심이 드는 것도 사실이다. 그런데 우리가 스스로를 인간이라고 자각하는 한에 있어서는 '인간중심적 사유' 외에 다른 것을 사유한다는 것 자체가 불가능하기 때문에, '인간중심적'이라고 하는 것은 동서양을 막론한 특성으로 보아야 한다.[20]

---

17 조수동, 『인도철학사』, 이문출판사, 1995, 65~71쪽.
18 노사광, 앞의 책, 53쪽, 99~105쪽.
19 노사광, 위의 책, 215~233쪽.
20 에머리히 코레트(Emerich Coreth)는 『철학적 인간학』에서 이것을 '인간학적 순환'이라고 불렀다(에머리히 코레트, 진교훈 옮김, 앞의 책, 종로서적, 1986, 3~18쪽). 그에 따르면, 인간은 그 자신의 본질에 관해서 묻는 존재이므로, 스스로를 자신의 본질에 관해서 묻는 존재로 규정한다는 것이다. 그러므로 인간의 질문은 언제나 자신과 자신의 본질에로 향하고 있으며, 그것은 언제나 '되묻는 것'이다.

그렇기 때문에 '인간중심적 사유'를 서양적 사유의 특성으로 한정하거나, 여기서 한 걸음 더 나아가서 서양적 사유의 특성에 비추어 본 동양적 사유의 특성으로 한정하는 것은 서양 중심의 사고를 벗어나지 못한 것으로 볼 수밖에 없다. 하지만 동양적 사유에서 오늘날 우리가 문제 삼는 '속 좁은 인간중심주의'보다는 좀 더 확장된 인간중심주의를 찾을 수 있다는 것이 또한 동양철학사가들의 공통된 인식이다.

예컨대, 힌두교 전통에서 인간은 개별적 자아(個我)인 아트만(ātman)과 우주적 자아인 브라흐만(Brahman)으로 설명되었다. 이 세계의 창조자인 브라흐만은 본래 객관적 중성적 원리로서 베다의 기도문이나 거기에 내재하는 신비적인 위력을 나타내는 말이었는데, 우파니사드 시기에 들어서면서 베다시기에 우주 전개의 근원으로 생각되었던 중성어 엑캄(Ekam)이나 브라흐마나시기에 최고신으로 생각되었던 프라자파티(Prajāpati)의 위치를 차지하게 되었다. 개별적 자아와 우주적 자아의 관계에 대한 논의는 이 우파니사드 시기에 구체화되었지만, 이미 브라흐마나시기에 인체가 브라흐만의 보루로서 그 안에 아트만이 존재하며 그것이 긍정적으로는 소박한 범아일여(梵我一如) 사상이 나타난다. 물론 인간 존재 그 자체 주목한다면, 베다 시기에는 인간으로 시조인 마누(Manu)가 등장하고, 브라흐마나 시기에는 인간이 불사(不死)의 정신과 가사(可死)의 육체를 가진 존재라고 이해되었다. 하지만 본래 기식(氣息, 호흡)이라는 의미를 가진 아트만이 경험적 자아와는 구별되는 진정한 자아로서, 우주적 자아인 브라흐만과 같기 때문에 주체적 인간적 원리로 이해될 수 있다는 점에 힌두교 전통이 인간 이해가 가진 특징이 잘 드러난다.[21]

그럼에도 불구하고, 철학적 진리와 현실적 삶의 목표가 일치하는 인도 사유의 특성상 다신교적 신앙이 생활 전반을 지배하였기 때문에, 그것의 이념적 근거가 되는 베다의 권위에 도전하는 반(反)베다적 자유사상가들이 등장하게 되었다. 불교경전에서 육사외도(六師外道)라고 표현되는 이

---

21 조수동, 앞의 책, 19~49쪽.

들 자유사상가들은 세계의 근원적 실재를 지수화풍(地水火風) 등의 원소로 보아 인간도 이러한 원소들이 집적(集積)된 존재로 이해했다. 이들이 이렇게 세계와 인간을 유물론적인 관점에서 이해한 이유는 당시의 지배이데올로기였던 베다의 권위에 도전하려고 했다는 데 있다. 그리고 이들에 비해서 개량적 입장이었다고 할 수 있는 붓다(Buddha)도 사실상 자유사상가들과 같은 맥락에서 이해할 수 있으며, 그런 점에서 개인의 주체적 자각을 중시한 인간중심주의를 그 사상의 핵심이라고 말할 수 있다.[22] 물론, 붓다 이후로 그의 가르침은 소승부파불교와 대승불교로 수없이 분기(分岐)하면서 교차했고, 인간 존재에 대한 해명도 그만큼 다양하게 이루어졌지만, 그 모두를 붓다의 가르침[佛敎]이라고 하나로 묶을 수 있는 것은 베다적 전통에서부터 이어지는 '자각적 주재가 다름 아닌 인간임을 깨닫고 현실의 계박(繫縛)에서 벗어나서 온전한 자유를 성취하는 것'이라고 할 수 있다.

한편, 중국이라는 지역적 특성을 공유하는 유가(儒家)와 도가(道家)는 그 출발점부터 인간중심적 사유를 그대로 드러내고 있다. 『상서(尙書)』「여형(呂刑)」의 "절지통천(絕地通天)", 곧 인간과 하늘의 교통(交通)을 끊어버렸다는 고사[23] 이후로 공자의 인문주의적 문화운동을 거쳐 신유학(新儒學)의 인간 본성에 대한 해명에 이르기까지, 중국적 사유는 언제나 인간에 주목했다. 그런데 그들이 주목하고 있는 인간은 생리 및 심리 욕구를 지닌 형구아(形軀我)가 아닌 가치자각(價値自覺)의 주체로서의 덕성아(德性我),

---

22 조수동, 위의 책, 50~92쪽.

23 『尙書』「呂刑」 "乃命重黎 絕地通天 罔有降格"; 『國語』「楚語」 "小皡氏之衰 九黎亂德 民神雜揉 不可方物 夫人作享 家爲巫史 無有要質 …… 乃命南正重司天 以屬神 命大正黎司地 以屬民 使復舊常 無相侵瀆 是謂絕地天通." 이 기사는 周나라 사람의 관점에서 주변 민족들을 폄하하고 복속시킨 것을 정당화하려는 의도를 담고 있어서 오히려 反인문주의적이라고 평가될 수도 있다. 하지만 신화의 시대에서 인문의 시대로 옮겨오는 과정에서 '인간'의 영역을 독자적으로 확보하려고 했다는 점에서 인문주의적 정신의 소산이라고 할 수 있을 것이다.

혹은 그것에 대한 문제제기로서 생명력 및 생명감, 곧 인간의 본래적 모습으로서의 정의아(情意我)이다.[24] 물론 노자에게 있어서는 인(仁)·의(義)·예(禮)를 내용으로 하는 덕성아(德性我)가 부정되고 '순수한 생명의 정취(情趣)'인 정의아(情意我)만이 긍정되지만, 이것 역시 현실적 가치에의 집착을 끊어버리고 만상(萬象) 및 도(道)의 운행을 살펴보는 경계상이라는 면에서는 덕성아(德性我)와 같거나 그것을 뛰어넘는 순수 자각적 자아경계라고 할 수 있다.[25] 그러므로 이들도 인도철학사상의 반(反)베다적 자유사상가들과 마찬가지로 인간 존재의 특징을 자각적(自覺的) 주재(主宰)에서 찾았고, 그것을 통해 인간중심주의를 전개했던 것으로 평가할 수 있다.

같은 맥락에서 신도가(新道家)와 신유가(新儒家)의 복잡다단한 인간 존재에 대한 해명도 인간중심주의적 관점으로 이해할 수 있다. 한대(漢代) 이후로 중국적 사유는 정치적 요구에 따라 일시적으로 신학화 되고, 외래 종교인 불교의 도전에 직면하여 본체론적인 면에서 인간 존재에 대한 해명이 복잡한 양상을 띠게 되었지만, 이들의 인간 이해는 언제나 선진 제자백가 시대의 인문주의적 해명의 전통을 근간으로 했다. 물론, 도교의 내외단술(內外丹術)에서 인간 존재는 때때로 물화(物化)되기도 했고, 신유학의 성즉리(性卽理) 체계에서 인간 존재는 기(氣)의 소산(所産)으로서 외계 사물과 동일한 존재양식을 가진 존재로서 그 본래적 가치에 심각한 도전을 허용할 상황에 놓이기도 했다. 하지만 이들이 인간 존재를 정기신(精氣神), 혹은 심성정(心性情)의 존재로 파악하고, 그 본래적 가치가 외계사물과는 달리 자각적 주재를 회복하려는 실천의지에 있다고 본 것은 오히려 더 확장된 인간중심주의를 지향한 근거로 볼 수 있는 것이다.

---

24 노사광은 『중국철학사(고대편)』에서 자아경계를 形軀我와 認知我, 情意我, 그리고 德性我로 나누었고, 유가에서 주목한 도덕주체로서의 자아경계를 德性我, 그러한 유가의 현실적 지배이데올로기화에 반발하여 인간의 본래적 자아경계를 강조했던 도가의 그것을 情意我로 분류했다(노사광, 같은 책, 107쪽).
25 노사광, 위의 책, 229~232쪽.

Ⅲ. 천지자연(天地自然)과 천도(天道)의 세계

앞서 살펴보았듯이 오리엔탈리즘(Orientalism)이 가장 우려되는 부분은 동양적 세계관을 신비주의와 생태주의로 해석하는 것이다. 그럼에도 불구하고 오늘날 대안적 패러다임으로서 동양적 사유에 매료된 이들은 대부분 동양적 세계관이 신비주의나 생태주의로 해석될 수 있다는 데 주목한다. 실제로 힌두교의 다신적(多神的) 또는, 다층적(多層的) 세계관이나 중국적 사유를 관통하는 천인합일(天人合一)과 도(道)의 세계관에는 신비주의적으로 해석될만한 요소들이 있다. 아울러 오늘날 생태담론에서 주목하고 있듯이 각 개별자와 세계 자체가 긴밀하게 관계 맺으면서 생생불식(生生不息)하는 다층적 순환운동을 하는 유기체로 세계를 이해하고 있음직한 여러 단서들도 찾을 수 있다. 하지만 이런 관점들을 허용한다고 하더라도 그것은 동양적 사유의 일면에 불과한 것이다. 따라서 신비주의나 생태주의 일면에 너무 집중하면 동양적 세계관을 총체적으로 파악하지 못할 수 있다.

우선 이런 오해가 가장 극심한 자연(自然)의 개념부터 살펴보자면, 노장(老莊)가 자주 언급한 자연(自然)이란 용어는 오늘날 우리가 환경(環境) 혹은 생태(生態)라고 부르는 것만을 가리키는 것이 아니다. 노장(老莊)사상에 있어서 무위(無爲)의 경험적 근거로서[26] 자연(自然)은 말 그대로 '있는 그대로[自己如此, 自然而然]', 곧 본질적 존재 양식을 가리키는 말이다.[27] 하지만 그것을 쉽게 표현하면 "솔개가 하늘을 날고 물고기가 물속에

---

[26] 노사광은 노자에게 있어서 無爲而無不爲의 역설을 가능하게 하는 근거가 곧 自然이라는 뜻으로 "無爲의 경험효과는 만물의 자연스러움을 따라서 한 말"이라고 말한 바 있다(『중국철학사(고대편)』, 224쪽). 여기서 자연을 무위의 경험적 근거라고 한 것은 노사광의 주장을 따른 것이다.

[27] 禹種模와 劉炳來는 「老莊의 '自然'철학과 현대 환경문제」에서, "老子에서 비롯되는 자연이란 글자 그대로 저 스스로 그러하여 그렇게 있는 것을 뜻한다."고 하면서, 도가에서는 자연을 無爲와 道와 함께 사용하는데, 여기에서의 자연은 그 상위 개

서 뛰노는 것[鳶飛淚天 漁躍于淵]"[28]이 되기 때문에, 종종 우리는 인간을 둘러싼 환경과 생태가 노장(老莊)의 자연이라고 이해한다. 이렇게 이해하면 노장의 자연이야말로 유가의 인문질서를 비판하는 주요 근거가 되기 때문에 오늘날 서구의 '속좁은 인문주의'를 넘어서도록 요구하는 경험적 근거로 여겨질 수도 있다. 하지만 노장의 자연 개념은 그러한 경험적 근거들을 통하여 도(道)의 존재와 작용, 그 의미를 드러내고자 했던 '술어(述語)'로 볼 때 비로소 그 진면목을 파악할 수 있다.

우리는 자연을 환경 생태로 생각하면서도, "도법자연(道法自然)"[29]이라는 말 때문에 도(道)보다 상위 개념인 초월적인 경계로 생각하기도 한다. '법(法)'이라는 글자가 '모범을 따르다', '본받다'라는 용례를 가지고 있으므로, 초월적인 도(道)마저도 자연을 본받는 것이라고 생각하기 때문이다. 그런데 사람과 땅, 그리고 하늘이 각각 땅과 하늘, 그리고 도(道)를 본받는다고 할 때는 '본받다'라고 해석할 수 있지만, '도법자연(道法自然)'이라고 할 때의 법(法)은 그렇게 해석하기 어렵다. 도(道)는 "누구에게서도 명령을 받는 일 없이 스스로 그러한 것[自然]"[30] 그 자체이기 때문이다. 그러므

념을 허용하지 않는 궁극적이고 최종적인 개념으로서 사실상 '道'라고 말했다(같은 글, 『長安論叢』제17집, 1997, 44~45쪽). 그런데 『도덕경』 64장에서, "이것으로 萬物의 自然을 보충하면서도 감히 행위하지 않았다(以輔萬物之自然而不敢爲)."라고 한 것으로 보건대 自然이 곧 道라고 말하기는 어렵다. 왜냐하면 노사광의 말처럼 "道 자체는 만물의 하나가 아니"며, "경험계에 속해있지 않으나 하나의 형성의 미의 결정력으로 경험계를 지배"하는 것이기 때문이다(『중국철학사』(고대편), 224쪽). 하지만 作爲하기를 그만두고 변화하는 道의 되돌아오는(反) 작용을 관찰하여 常하는 道를 깨닫는 것이 또한 '인간의 自然'이라고 한다면, 自然과 道를 사실상 같은 맥락으로 이해할 수도 있을 것이다.

28 이 구절은 본래 『詩經』大雅 旱鹿에 나오지만, 『莊子』「齊物論」 등에서도 人爲와 상대되는 관념으로서 自然을 말할 때 이와 유사한 표현을 사용한다.

29 『道德經』25장, "人法地 地法天 天法道 道法自然."

30 『道德經』51장, "夫莫之命而常自然." 이 앞의 구절이 "道生之 德畜之 物形之 勢成之 是以萬物莫不尊道而貴德 道之尊 德之貴"이고, 王弼과 『帛書老子』에 따르면 '命'자와 '爵'자를 바꿔 쓸 수 있다고 하므로, "道를 존중하고 德을 귀하게 여기는

로 도(道)가 본받는 자연(自然)은 결과적으로 동어반복으로서 도(道)를 가리키는 말이기 때문에 "도법자연(道法自然)"은 곧 "도즉자연(道卽自然)"이고, 이때 '자연'은 객관적으로 존재하는 세계 또는 환경이 아니다.[31]

노장(老莊)은 끊임없이 천지만물(天地萬物)의 세계를 말하고, 그것을 근거로 유가(儒家)의 인륜질서와 도덕을 비꼰다. 이렇게 유가의 이항(移項)에 노장을 두면, 천지만물의 세계는 인륜질서와 도덕과 대립되는 것이 된다. 그래서 우선은 경험 대상으로서의 우주를 말한 것으로 생각하기가 쉽다. 그런데 여기서 말하는 천지만물의 세계는 우리가 경험할 수 있는 경험세계이지만, 도(道)는 그 세계를 넘어선다. 그러면서도 이 경험세계를 완전히 초월해서 떠나버리지 않고, 오히려 경험세계가 이것에 의지하여 만든 법칙이 된다. 그렇기 때문에 "상도(常道)는 대상(對象)이 되지 않으나 만유(萬有)를 범주(範疇)로 만든다."[32]라고 말할 수 있는 것이다. 따라서 노장(老莊)의 자연을 우리가 경험할 수 있는 세계 또는 우주로 한정해버리면, 경험세계를 가능하게 하는 내재적 초월법칙으로서의 도(道)는 '자연과학의 원리법칙'과 같은 것으로 오해될 우려가 있다.

이 점은 노장(老莊)이 무위(無爲)의 도(道)를 통해 겨냥하고 있었던 것이 무엇인가 하는 점에서 좀 더 분명하게 드러난다. 노장(老莊)은 인륜질서에 근거하여 주(周)나라 건국 당시의 인문주의를 부흥하려고 하는 유가적 발상이 결국은 경험세계의 한계에 부딪힐 것이라고 생각했다. 경험세계에서의 자아(自我)는 유한한 존재이기 때문에 도덕가치의 상대성, 가변성을 체험할 수밖에 없다. 그런데도 도덕가치의 절대성, 불변성을 추구하고, '그것이 여기에 있다.'고 제시하는 것은 인간 본래의 가치[生]를 손상시

것은 (도와 덕이) 지배하거나 간섭하지 않으면서도 (만물이) 항상 그러하도록 하기 때문이다."라고 해석할 수 있다. 그런데 왕필의 주석이 착오라는 주장이 있고, "길이 높고 덕이 귀한 것은 (누군가가) 명령을 내리지 않아도 늘 스스로 그런 것이다."라고 해석하기도 한다.

31 禹種模, 劉炳來, 앞의 논문, 48~49쪽.
32 노사광, 『중국철학사(고대편)』, 217쪽.

키는 이상적인 구호에 불과하다. 그러므로 그러한 작위(作爲)를 버리고 온
전히 자신에게로 집중할 때[養生] 비로소 자연스러운 생명정의(生命情意)
가 구현될 수 있을 것이라고 역설했던 것이다.[33] 이렇게 본다면 노장의 자
연은 사실상 유가의 역사에서 늘 관심을 기울였던 성(性), 곧 "타고난 그
대로"를 가리키는 것으로서, 노장과 유가는 이항대립하고 있는 것이 아니
라, 같은 것을 다르게 표현하고 있는 것이다.

　불교의 중생(衆生, sattva) 관념도 같은 맥락에서 이해할 수 있다. 우리
는 흔히 중생(衆生)이라는 관념을 연기론(緣起論)에 입각하여 해석하고,
그것이 오늘날의 시스템 이론[34]과 맞아떨어진다고 생각한다. 이것과 관련
해서는 불교 내부에서도 다양한 견해가 있지만, 대승불교에서 말하는 상
호의존적 인과율, 곧 연기론의 관점에서 보면 모든 현상은 그물처럼 얽혀
있어서 전체를 부분으로 분할하는 것은 불가능한데, 같은 관점에서 중생
(衆生)도 동일한 구조를 이루고 있다고 할 수 있다.[35] 불교학자들이 이러
한 견해를 가지고 있었다는 것은 신역(新譯)에서 유정(有情)으로 번역하기
도 하는 'sattva'를 굳이 중생(衆生)으로 번역한 데서도 드러난다. 곧, 한자
어 중생(衆生)이 "생명의 무리"를 가리킨다는 점에서, 부분보다는 전체를
강조하고자 하는 의도로 볼 수 있다.[36]

---

33 노사광, 위의 책, 229~233쪽.
34 카프라는 "모든 나무의 뿌리들은 서로 연결되어 하나의 조밀한 지하 연결망을 이
　루며, 그 연결망 속에서 개별 나무들의 정확한 경계를 긋기란 불가능하다. 한 마
　디로 요약하자면, 우리가 나무라고 부르는 것은 우리가 관찰과 측정의 방법을 과
　학이라고 부르는 것과 마찬가지로 우리들의 지각에 의한 것이다. …… 지금까지
　짧게 요약한 시스템적 사고의 특성들은 모두 상호의존적인 것들이다. 여기에서 자
　연은 서로 연결된 관계의 그물망으로 간주된다. 그리고 그 속에서 특정한 패턴을
　'대상'으로 식별해 내는 것은 인간관찰자와 그의 앎(인식)의 과정에 달려있다."라
　고 말한다(프리쵸프 카프라, 김용정·김동광 역, 『생명의 그물』, 범양사, 1998,
　63~64쪽).
35 이중표, 「불교에서 보는 인간과 자연」, 『불교학연구』 제2호, 불교학연구회, 2000,
　93~98쪽.

하지만 부파불교에서 세계를 현대의 원자론과 유사하게 해석한 것이 붓다의 연기설을 왜곡한 것[37]이고, 초기불교에서 부정적으로 보았던 중생관념이 대승불교에서 낙관적으로 변하여 중생(衆生)과 부처가 둘이 아니라는 불이론(不二論),[38] 곧 시스템 이론과 비슷한 형태를 띠었다는 점을 고려하더라도, 불교의 연기론적(緣起論的) 세계관은 '세계는 인간의 감각 지각 기억의 구조물'이라는 슈뢰딩거의 주장과 유사하다.[39] 왜냐하면 불교에서 말하는 '세계'란 존재들이 가득 한 실제 세계라기보다는 인간의 감각기관에 의해 지각되는 것이기 때문이다. 곧, 세계가 존재하는 방식 보다는 인간에 의해 인식되는 부분에 초점을 맞추고 있는 것이다. 바꾸어 말하면, 불교의 세계관에서는 세계가 실재하지 않는다고 말해도 좋을 만큼 인간에게 주목하고 있는 것이다. 이 점에서 불교의 사리정신(捨離精神)은 실재하는 세계에서 벗어나야 한다는 것이 아니라, 인간에게 집중해야 함을 뜻하는 것이라고 할 수 있다.

당대(唐代)에 유학을 제창하고 불교를 배척한 사람들은 이러한 불교의 사리정신을 이해할 수 없었다. 그들은 불교가 고차원적인 심성론(心性論)을 중심으로 하여 객관적으로 존재하는 실제 세계를 부정하는 태도를 가졌다고 보았고, 이것을 반박하기 위해 상당한 노력을 기울였다.[40] 그런데 역설적이지만 불교가 고차원적인 심성론을 중심으로 하고 있다는 점 자체가 이들에게 위기의식을 심어준 것으로 볼 수도 있다. 이 점에서도 명백히 드러나지만, 불교는 인간 존재를 둘러싸고 있는 모든 것에 집착하는 것이 인간 존재가 괴로움을 겪게 되는 근본 원인으로 파악했다. 그리고 이렇게 원인인 집착을 없애면 그 결과인 괴로움에서 벗어날 수 있다는 점을 설명

---

36 김종인, 「衆生개념에 투영된 불교의 인간관」, 『동양철학연구』 제46집, 동양철학연구회, 2006, 310~320쪽.
37 이중표, 앞의 논문, 91~93쪽.
38 김종인, 앞의 논문, 326~329쪽.
39 이중표, 앞의 논문, 89쪽.
40 노사광, 『중국철학사(송명편)』, 탐구당, 1988, 4~5쪽.

하는 방법론 가운데 하나가 초기불교의 연기설(緣起說, paṭiccasam-
uppāda)이었다. 그러므로 연기설은 삼연(森然)한 존재의 세계에 대한 해명
을 목적으로 한 것이라기보다는 인간 존재가 우선적으로 해결해야 할 문제
의 원인 분석과 해결 방안 제시를 목적으로 한 것이라고 볼 수 있다.[41]

　실제로 불교의 연기설에서 다루고 있는 것이 "인간과 자연이 상호의존
적으로 연기하고 있는 관계의 그물망을 이루는 패턴들"이라고 하더라도,
사리정신을 "인간과 자연을 실체시해서는 안 된다."라고 하는 것으로 이
해한다면,[42] 결과적으로 그 '관계' 내지는 '시스템'조차도 실재하는 것이 아
니라는 말이 된다. 또한, 이렇게 인간과 자연이 상호의존적인 관계이면서
도 그와 동시에 식(識)이나 업(業)의 소산(所産)으로서 실재하지 않는 것
이라면, '타인과 자연에 대하여 어떻게 행동해야 할 것인가라는 문제에서
동체자비(同體慈悲)의 실천이라는 윤리적 삶의 토대가 되는 것'[43]은 결과
적으로 인간의 실존적 결단을 요구하는 데 집중하는 것이지, 타인과 자연
세계를 긍정하는 것은 아니라고 할 수 있다. 그렇기 때문에 불교의 세계관
을 유기체적 세계관으로 파악하는 것은 전체 담론 체계 가운데 그 일면만
을 본 것이다.

　한편, 동양적 사유 가운데서 현실의 세계를 긍정하는 특징을 명확히 드
러내는 것은 유가적 전통이다. 특히 불교(佛敎)의 도전에 직면한 송유(宋
儒)가 세계를 긍정하는 태도를 통해서 불교의 사리정신을 배척하고자 했

41　연기설은 붓다 당시 정통 바라문들의 세계 성립에 관한 설명, 곧 유일한 원리인
　　브라흐만으로부터 브라흐만이 스스로 질료인이 되기도 하고 동력이 되기도 하여
　　전 세계가 생겨났다는 轉變說과 독립된 원소들이 결합하여 인간과 세계가 생겨났
　　다는 유물론자들의 積集說을 모두 부정하는 이론이다. 이 이론을 통해 붓다는 자
　　연적 일반 현상계를 설명한 것이 아니라, 인간의 고뇌가 어떤 인연조건에 의해 생
　　겨나고 어떤 인연 조건에 의해 소멸되는가를 설명하려고 했다. 곧 인생의 고락 운
　　명에 관한 관계를 밝히는 데 목적이 있었던 것인데, 그 때문에 연기설은 有支緣起
　　說로 발달한 것이다(조수동, 앞의 책, 77~78쪽).
42　이중표, 앞의 책, 97쪽.
43　이중표, 위의 책, 같은 쪽.

다는 점에 주목할 수 있다. 송유(宋儒)는 그 이전까지 유가에서 중요하게
여기던 문화세계, 곧 가치의 세계를 인정하는 데서 한 걸음 더 나아가서
자연세계, 곧 존재의 세계를 인정하려고 했다. 곧 추상적인 세계와 현실적
인 세계를 인정하면서, 이들이 상호참조적인 관계를 가지고 있다는 점을
해명함으로써 추상적인 세계의 존재를 증명하고자 하였다. 그래서 그동안
당위적인 면에서 논의되던 가치에 대해서 존재론적 의미로 해석(Ontolo-
gical Interpretation)하는 한편, 이것에 근거하여 '실제적인 세계'도 가치를
가지고 있는 것이라고 주장했다.[44]

　그런데 가치에 대해서 존재론적 의미로 해석하면, 만유(萬有) 중에 실제
로 운행하고, 존재 세계의 전체 방향을 설정해주는 하나의 형이상학적 원
리가 필요하다. 유가의 전통에서는 이 원리를 천도(天道)라고 하는데, 전
통적으로 천도(天道)는 반드시 실질적인 의미의 내용을 가지고 있어야 하
고, 형이상학적으로 실재하는 것이면서도 가치의 근원이 되어야 하는 것
으로 여겨졌다. 그렇기 때문에 천도(天道)는 공자 이후로 신비주의의 혐의
를 벗고 형이상학적이지만 구체적인 원리로서 자리매김할 수 있었다. 하
지만, 이렇게 천도가 실재한다면 현실적 악의 문제를 어떻게 해명할 것인
가라는 문제에 직면하게 된다. 송유(宋儒)는 이 문제를 해결하려고 천리
(天理)와 인욕(人欲)이라는 두 가지 대립하는 개념을 만들어냈지만, 만유
가운데서도 하필이면 인간의 정서만이 천도(天道)를 어길 수 있는 까닭을
설명하기는 어려웠다.[45] 더구나 경험세계 속에서 생명의 유지와 파괴가 동
시에 일어나는 이율배반(二律背反)의 문제를 해명하는 데는 가치표준과
도덕실천의 문제로 치환할 수 없는 한계를 경험했다.

　그래서 송유(宋儒)는 자연스럽게 천도(天道)를 대신하여 현상세계 이면

---

44 노사광, 『중국철학사(송명편)』, 61쪽.
45 노사광이 『중국철학사(송명편)』에서 말했듯이 이 문제는 '자유의지' 또는 '주체자
　유'로 해결될 수 있지만, 天道를 중시했던 초기의 宋儒들은 이 문제에까지 나아가
　지 못했다(노사광, 같은 책, 63쪽).

에 있는 초경험적이면서도 구체적으로 실재하는 원리[理], 곧 본성(本性)에 주목했다. 그런데 본성은 경험대상이 아니어서 실제세계나 자연세계 중에서 발견할 수 있는 것이 아니다. 그러므로 불교와 달리 세계를 긍정한다고 할 때 그것은 눈앞의 실제세계를 긍정한다는 것으로 볼 수는 없다. 유가 전통에 따르면, 우리가 경험하는 실제세계는 천도(天道)의 지배를 받는 세계가 아니라, 다만 만물의 원리[萬理]가 실현되는 그 자체의 장소에 불과하다. 그런데 이렇게 이 세계를 개체사물들의 본성(本性)을 실현하는 장소로 본다면, 각각의 개체사물이 자신의 본성을 충실히 실현하는 것[全生]은 이른바 '본성실현 중의 충돌문제'를 일으킬 수 있다. 예컨대 육식으로 살아가야 하는 개체가 그 본성을 충실히 실현하는 것은 그 먹이가 되는 개체가 본성을 충실히 실현하는 것과 충돌하게 된다. 아울러 만유를 초월한 원리[理]가 있고, 그것이 만유 속에서 실현된다고 할 때, 이 원리는 그것을 자각하고 실천하는 인간이라는 주체의 자유성을 전제로만 존재할 수 있는 것이다. 그렇기 때문에 송유(宋儒)의 문제의식은 세계를 긍정하는 문제에서 다시 인간을 긍정하는 문제로 돌아가게 되는 것이다.[46]

이렇게 동양적 사유는 다양한 체계를 가지고 있지만, 이 다양한 체계에서 언급되는 자연(自然)이나 세계는 '인간'을 중심에 둔 상태에서 설명되고 있다는 공통점을 가진다. 곧, 도교에서 말하는 자연은 인간이 상대적이고 경험적인 현실세계의 한계를 직관하고 그것을 뛰어넘어야 한다는 점을 강조하려고 쓴 술어(述語; 道法自然)이며, 불교에서 말하는 세계는 인간이 처한 한계상황의 원인으로서 결과적으로는 인식과 실천에서 분리되어야 하는 대상을 가리키기 위해 쓴 술어[衆生世間]이다. 그리고 세계를 긍정하는 유교의 관점에서도 이 세계는 이념적 가치와는 균열을 일으키는 장(場)으로서 인간의 실존적 결단을 요구하는 공간이 된다[天道自然]. 그러므로 동양적 사유에서의 자연을 '생태적 시스템'이나 '생생불식(生生不息)하는 생명력으로 가득한 공간'으로 한정하는 것은 인간과 자연을 대척점으로 둔

---

46 노사광, 위의 책, 64~71쪽.

데서 비롯된 것이라고 볼 수 있다.

IV. 동양적 사유에서의 생명과 대안적 패러다임론

오늘날 우리는 '생명'에 집중하고 있다. 그러다보니 "인간중심적(anthro-pocentric) 윤리로부터 우주중심적(cosmocentric) 윤리로, 그리고 자아중심적(egocentric) 윤리로부터 생태중심적(ecocentric) 윤리로의 전환"[47]이 강조되고 있다. 그런데 그 문제제기가 "현대문명의 문제점, 그리고 현대사회가 이제껏 추구해 온 발전의 맹목적성이 바로 현대가 당면하고 있는 환경파괴문제라는 '거울'에 비추어 봄으로써 가장 극명하게 노출될 수 있음"[48]에 있다면, 오늘날 우리가 집중하는 '생명'이 '현대문명'이나 또는 그것이 초래했다고 하는 '환경파괴'와 대척점에 있는 것으로 국한된다. 여기에서 한 가지 의문이 드는 것은 오늘날 우리가 집중하고 있는 '생명'이 과연 이렇게 한정되어도 좋은가, 또는 과연 '생명'이란 무엇인가 하는 것이다.

앞서 살펴보았듯이 노장(老莊)도 유가(儒家)의 인(仁)·의(義)·예(禮) 관념 위에 건립된 문화를 비판하면서 '생명'을 이야기했다. 그래서 오늘날 우리들은 흔히 노장(老莊)의 자연(自然)을 생태계로 이해해서, 노장(老莊) 사상이야말로 우주 중심적, 생태 중심적 윤리의 요청에 적절히 대응할 수 있는 대안이 될 수 있는 것으로 여긴다. 그런데 유가의 유위지치(有爲之治)가 초래한 폐해가 현실적인 생명의 위협으로 묘사될 수 있고, 그것이 오늘날 우리가 겪고 있는 여러 환경 혹은 생태적인 위협과 같은 것으로 여겨질 수 있다고 해도, 앞서 살펴보았듯이 노장(老莊)이 말하는 생명은

---

47 김성진, 「철학·인간·그리고 환경-Nairobi 세계 철학자 대회 참관기」, 『철학』36권 1호, 한국철학회, 1991, 201쪽.
48 김성진, 위의 논문, 같은 쪽.

오늘날 우리가 이해하는 그것과는 다르지 않나 하는 의구심을 떨쳐버리기 힘들다.

중국사상사를 살펴보면 노장(老莊)이 말한 '생명'을 오늘날 우리가 주목하고 있는 차원에서 이해하고 해명한 이들이 있었다. 하지만 오늘날 대부분의 동양학 전공자들은 그들이 노장(老莊)의 진면목을 보지 못했다고 평가한다. 예컨대 한대(漢代)의 도교(道敎)는 초월적 자아를 육체로 이해하였기 때문에 육체적 한계를 넘는 불사(不死)와 신통(神通)을 추구했다고 평가받는다. 이에 비해 도덕적 자아와 이성적 자아를 부정하는 것으로 이해하였던 한대말기(漢代末期) 위진초기(魏晋初期)의 학자들은 방탄(放誕)한 삶을 이상적인 것으로 여겼고, 이러한 태도는 한대초기(漢代初期)에 수유(守柔)와 무위(無爲)의 관념을 잘못 이해하여 황로지술(黃老之術)이라는 처세술로 전락한 것과 같은 맥락에서 이해할 수 있다고 평가된다. 이러한 평가들에 따르면 이들 모두는 노장(老莊)이 말한 생명을 오해한 것으로서, 말 그대로 '도가사상에 관한 변칙적 해석'에 불과한 것이 된다.[49]

노장(老莊)이 주목한 생명은 육체, 곧 현실적 생명을 초월하는 '정감적이며, 아울러 온전히 인간을 향한 것[情意我]'이다. 춘추전국시대의 인물인 노장(老莊)이 이렇게까지 고차원적인 수준의 생명을 논할 수 있을까 하는 의구심이 들 수도 있지만, 이들이 말하는 '생명을 기름[養生]'이라든가 '생명을 온전히 함[全生]'이라는 것은 육체적인 삶이 아닌 순수한 삶[生]의 영역을 가리키는 것이다. 가령 이들이 말한 생명을 육체적인 삶으로 국한해 버린다면, 그 사유체계 전반의 취지가 어그러지기 때문에 이들이 이렇게 오래도록 철학사상 그 생명력을 유지할 수는 없었을 것이다. 실제로 장자(莊子)가 "물에 들어가도 젖지 않고, 불에 들어가도 뜨겁지 않다.",[50] "죽지도 않고 낳지도 않는다."[51]라고 한 것이나, 노자(老子)가 "육지에서 다녀

---

49 노사광, 『중국철학사(한당편)』, 탐구당, 1988, 28~34쪽.
50 『莊子』「大宗師」, "入水不濡 入火不熱."
51 『莊子』「大宗師」, "不死不生."

도 무소나 호랑이를 피하지 않고 군에 들어가도 갑옷을 입고 병기를 들지 않는다."[52]라고 한 것은 육체를 초월하여 경험세계의 영향을 받지 않는 자아를 말하기 위한 것으로서, 여기서 말하는 생명은 육체적인 것과는 다른 차원에서 이해되어야 한다.

같은 맥락에서 유가의 유위지치(有爲之治)나 그것의 밑바탕에 깔린 인간중심주의도 오늘날 우리가 파국에 이르렀다고 비판하는 그것과는 다른 관점에서 접근해볼 수 있다. 노사광은 『중국철학사』에서 이렇게 말한 바 있다.

> "이것은, 즉 발생적 의미와 본질적 의미에서의 차이를 말한다. 어떤 일이 어떻게 발생하였는가 하는 문제와 어떤 일이 어떤 내용의 뜻을 가지고 있는가 하는 것은 또 별개의 문제이다. …… 이제 周人이 禮를 제정한 데 대하여 말한다면, 중앙의 통치권력을 강화하려고 한 것은 발생조건이었다. 그러나, 이러한 禮制의 내용 의의는 '인간의 지위의 긍정'을 드러낸 것이다 이러한 긍정은 문화 발전상에서의 의의이지, 역시 周人이 중앙권력을 강화하려는 동기의 영향을 받는 것은 아니다."[53]

공맹(孔孟)이 추구한 유위지치(有爲之治)와 인간중심주의는 당시 몰락의 길을 걷고 있었던 주(周)문화의 재건립, 또는 양주(楊朱)·묵적(墨翟) 등의 제자백가를 반박하는 도통(道統)의 확립을 목적으로 한 것이다. 이 목적은 노사광의 분석과는 달리 분명히 혼란스러운 정치체제를 문화적으로 재정립하고자 하는 요구에서 비롯된 것이었다. 그러므로 예제(禮制)의 확립은 사실상 중앙권력을 강화하려는 동기의 영향을 받은 것으로 볼 수 있다. 그러나 현실적인 요구가 어떠했든지 철학적으로 말하면 이것은 '인간주재성(主宰性)의 자각적(自覺的) 긍정'을 하였다는 데서 그 의의를 찾아볼 수 있다. 곧 그것이 포장된 것에 불과하더라도 문화로 포장된 예제(禮

---

52 『老子』 "陸行不避兕虎 入軍不被甲兵"
53 노사광, 『중국철학사(고대편)』, 57쪽.

制)는 이제 정치논리에서도 인간의 지위를 긍정한다는 것이 주요한 관건
이 되었음을 의미하는 것이다. 따라서 공맹(孔孟)의 유위(有爲)와 인문(人
文), 노장(老莊)의 무위(無爲)와 자연(自然), 그리고 붓다의 해탈(解脫)과
연기적(緣起的) 세계관은 사실상 그것이 추구하는 본질적 의미는 같은 것
이다.

　동양적 사유의 이런 본질적 의미는 우리 시대의 문제점에 대한 진단과
처방의 전면을 새롭게 헤집어보게 한다. 이 절의 처음에서 "현대문명의
문제점, 그리고 현대사회가 이제껏 추구해 온 발전의 맹목적성이 바로 현
대가 당면하고 있는 환경파괴문제라는 '거울'에 비추어 봄으로써 가장 극
명하게 노출될 수 있음"을 말했다. 그런데 흥미로운 것은 그것과 함께 "소
리높이 외쳐진 논지"가 "철학부재, 내지는 철학적 지혜의 상실"이라는 것
이다.[54]

　　…… 이들은 과학적 지식과 기술 그 자체만으로는 결코 인간의 삶을 위한 지
　혜가 될 수 없음에도 불구하고, 반성적 지혜는 근대 이후 현대에 이르기까지
　의 지식과 기술의 빠른 성장과 변화에 함께 보조를 맞추어왔다기보다는 오히
　려 등한시되고 도외시되었음을 지적한다. …… 이제 철학은 인간다운 삶을
　위한 지혜로서 지식과 기술의 밑에도, 또 옆에도가 아니라 그 위에 자신의 본
　래의 위치를 확보해야 하며, 과학적 지식이나 기술 그 자체는 제기하지 않는
　문제, 즉 그것의 목적과 의미, 그리고 가치의 문제를 철학은 제기해야 하며,
　따라서 이론적 지식과 도구적 기술은 실천을 위한 반성적 지혜, 또 의미와 가
　치의 문제와 반드시 연계시켜져야 한다는 것이다.[55]

　인용문에서도 언급되고 있듯이, 우리 시대가 당면한 문제점은 현대문명

---

54 김성진은 앞서 언급되었던 「철학·인간·그리고 환경-Nairobi 세계 철학자 대회 참
　관기」에서 현대가 당면하고 있는 환경파괴문제에 대한 문제제기를 정리하면서,
　이어서 "이러한 문명비판과 함께 역시 소리높이 외쳐진 논지는 철학부재, 내지는
　철학적 지혜의 상실을 고발하는 것이었다."라고 말했다(위의 논문, 201쪽).
55 김성진, 위의 논문, 같은 쪽.

에 의한 환경 내지는 생태계 파괴가 아니다. 그렇기 때문에 동양적 사유에서 현대문명에 의해 초래된 문제점의 해결 방안을 찾으려고 할 것이 아니라, 그보다 더 시급하고 본질적인 문제를 올바로 인식해야만 한다. 오늘날 우리가 당면한 문제를 환경 파괴, 또는 "생태파괴의 막다른 골목(ecological deadlock)"이라고 표현하는 까닭은 그것이 시급하고 본질적인 문제여서가 아니라, 그것이야말로 우리가 경험할 수 있는 경험세계의 현상이기 때문이다. 하지만 그러한 현상을 초래한 근본적인 문제는 '바로 우리들 자신'인 인간에 대한 자각적 긍정의 부재, 그 이념적 근거의 상실, 그리고 실천과 참여의 의지 상실에 있다. 이것은 마치 주(周)나라 사람이 예(禮)를 제정하는 데 중앙의 통치 권력을 강화하려는 것이 발생적 조건에 불과한 것으로서 문화발전 상의 의의와는 별개인 것과 같다. 그러므로 동양적 사유가 가령 대안적 패러다임이 될 수 있다고 하더라도, 그 이유는 오늘날의 문제점을 해결할 수 있는 신비주의나 생태 중심적 패러다임을 유지해왔기 때문이 아니다.

그렇다면 과연 동양적 사유의 패러다임이 이러한 문제점들을 제거할 수 있을 것인가? 역설적이지만 이 문제에 대한 해답은 지금까지 환경·생태주의적 관점에서 동양적 사유를 연구해온 연구자들이 이미 제시한 것으로 볼 수 있다. 이 논문의 문제제기에서 인용했던 대안적 패러다임론에 대한 우려를 상기해보자. 그것은 카프라가 동양적 사고를 차용한 이유가 서구의 근대주의의 한계를 넘어서려는 데 있다는 점을 인정하더라도, 얼핏 직관주의적이고 신비주의적으로 보이는 대목에서는 정작 그가 해결하고자 하는 문제점을 파생시킨 속좁은 합리주의에도 도달하지 못한 '비논리적' 내지는 '비합리적'인 요소가 보인다는 우려였다. 이러한 우려는 다만 카프라의 주장에만 그치지 않고, 편협한 인간 중심주의와 북친의 사회생태주의에까지 미친다. 그래서 그 대안으로 제시된 것이 '확장된 인간중심주의'로, 그 구성론에 있어서는 연기론(緣起論), 존재론에 있어서는 홀론주의(holonism), 방법론에 있어서는 시스템적 사고, 인식론에 있어서는 확장된 합리주의가 특징으로 제시되었다.[56] 그런데 이러한 우려의 과정을 살펴보면, 사실상 우리들 인간 자신에 대한 자각적 긍정의 부재, 그 이념적 근거의 상실, 그리고 실천과 참여의 의지 상실을 논의하고 있기 때문에, 결과적으로는 직관주의적이고 신비주의적인 것이 아닌 '동양적 사유 그 자체'를 통해서 이러한 것들이 제거될 수 있을 수도 있다는 점이 엿보인다.

예컨대 유가(儒家)만 하더라도 서양철학과는 달리 정치(精緻)한 이론상의 구분은 부족하지만, 위에서 언급된 것들을 담아내고 있다. 지금까지 연구된 것들을 중심으로 간략하게 정리하면, (1)유가에서는 세계 내 존재들이 성장하고 변화하는 동적(動的)인 과정, 즉 하나의 연속체이며 각각의 구성 요소들이 내적으로 연결되어 있다고 하는 관계성의 면에 주목한다. 관계성 중심의 이런 세계관은 '생생불식(生生不息)의 자기-조직성', '기(氣)에 의한 존재의 연속성', 그리고 '인간과 자연의 호혜성(互惠性)'이라는 특징을 지닌다. 자연을 파괴할 수 없는 윤리적 당위성은 바로 여기에 있다. (2)유가에서는 세계를 단순한 집합으로 보는 것이 아니라 각각의 개체가 자신의 층위에서 생명력을 발휘하는 일종의 공동체적 관점에서 파악하고 있는데, 여기서 인간은 '천지만물(天地萬物)의 마음', 즉 하나의 공동체적 세계 가운데 '중추적 존재'로 평가된다. 그런데 인간이 가진 이 계층적 차별성은 군림하고 지배하는 권리의 부여가 아닌 자연을 보살피고 양육해야 하는 인간의 천부적 사명으로 확대된다. (3)유가에서는 삶의 지도 원리라는 차원에서 인간의 욕구 충족 구조와 자연의 순환적 재생산 구조를 일치시킬 것을 강조한다. 이런 생태학적 감수성은 『대학(大學)』에서 제시된 바 있는 친민(親民)의 원리를 통해서 적극적이고 주체적으로 생명의 본질을 구현해야 한다는 실천 활동으로 귀결된다.[57]

유가의 사례에서도 알 수 있듯이 동양적 사유가 현실 문제의 해결방안

---

56 윤용택, 「환경철학에서 본 확장된 인간중심주의」, 49~50쪽.
57 김세정, 「환경윤리에 대한 동양철학적 접근」, 『범한철학』 제29집, 범한철학회, 2003, 70~82쪽.

을 제시할 수 있다면, 그 근거는 바로 인간 자신에 집중한다는 것에 있다. 우리는 지금까지 우리가 직면하고 있는 문제의 원인을 '인간 자신에 집중함', 곧 인간중심주의에서 찾았다. 그래서 인간중심주의를 해결하는 것을 해결방안으로 생각하고, 그 해결방안을 동양의 신비주의와 직관주의에서 찾으려고 하였다. 하지만 동양 전통의 세계관과 인간관에서는 인간과 자연이 궁극적으로는 구분될 수 없지만, 그 실천면에서는 인간의 적극적 참여를 요청한다.[58] 그러므로 동양적 사유는 서양의 그것보다 훨씬 더 인간중심주의라고 할 수 있다. 이렇게 본다면 오늘날 우리가 속 좁은 인간중심주의 혹은 편협한 인간중심주의라고 부르고 그것을 비판하는 것도 인간을 중심에 두지 못한 탓이라는 사실을 이미 인식하고 있다는 반증이 된다. 그리고 이렇게 본다면 동양적 사유를 인간 중심에서 밀어내어 우주중심적, 생태중심적 윤리관으로 짜 맞출 이유도 없다. 왜냐하면 동양적 사유는 지금까지 그래왔던 것처럼 자각과 요청, 그리고 참여의 인간중심주의요, 그런 점에서 서양의 근대가 초래한 문제를 해결하는 대안패러다임이 아니라 그 자체적으로도 철학부재, 내지는 철학적 지혜의 상실이라는 문제점을 해결하는 데로 좌표를 설정해야 할 것이기 때문이다.

---

58 예컨대, 황종환은 「환경윤리학의 비교철학적 근거」에서 "불교의 종교철학에서는 인간과 자연을 개념적으로 구분하는 것은 아무런 의미가 없다. 인간이 자연과 타인을 속일 수 있는 것은 자신을 속일 때에만 가능하다."라고 했는데(『범한철학』 제27집, 2002, 308쪽), 이 말에 따르면 우주중심적, 생태중심적 윤리의 실천자는 물론 그러한 윤리의 중심에 들어가는 우주·생태 역시도 인간 자신이라고 할 수 있다.

V. 동양적 생태담론의 가능성과 전제조건

밖에서 보이는 뜨거운 관심에 비해, 정작 동양학 전공자들의 환경 혹은 생태주의에 대한 관심은 생각만큼 강렬하지 않다. 그 원인은 어디에 있을까?

> '동양철학과 환경윤리'에 관한 주제로 논문을 발표한 동양철학 전공자들은 수십 명에 이른다. 그러나 대부분 1편, 많아야 2-3편의 연구 논문을 발표하는 정도에 그치고 있다. 이는 환경 문제에 대한 궁극적 관심과 이를 해결하겠다는 강한 의지보다는, 환경 문제를 단지 한 시대의 유행으로 바라보는 데서 비롯되었다고 보여진다. …… 그럼에도 불구하고 지속성을 상실하고 유행에 따라 1-2편으로 끝나는 연구만으로는 동양철학을 환경윤리로 재정립할 수도 없을 뿐 아니라, 궁극적으로 환경 위기 문제 해결에 있어 아무런 도움을 주지도 못한다. 예컨대 동양철학은 유기체적이고 생태론적인 성격이 풍부하다고 주장하는 것만으로는 환경 위기의 문제를 해결할 수 없다.[59]

인용문에서는 그 원인을 '한 시대의 유행으로 바라보는 것'에서 찾았다. 곧 환경문제가 우리가 살고 있는 이 시대의 유행이므로, 각각의 전공적 입장에서 이 문제를 한 번쯤 다뤄보는 것에 불과하다는 것이다. 하지만 앞서 살펴보았듯이 동양학 전공자들이 환경이라든가 생태문제에 대해 주목할 만한 반응을 보이지 않는 실제적인 이유는 지금의 위기를 '환경이나 생태문제'에서 찾고자 하는 문제제기가 잘못되었다고 생각하기 때문일 수도 있다. 좀 더 거칠게 말하면, 동양적 사유를 우주 중심적, 생태 중심적이라고 보는 데 대한 무언(無言)의 시위라고 해도 좋겠다. 왜냐하면 근대의 특징을 인간중심주의와 탈(脫)종교에 두고 그것이 초래한 문제를 해결하는 탈근대를 추구하면서도, 그 대안으로 요청하는 동양적 사유에 대해서는 여

---

59 김세정, 앞의 논문, 82~83쪽.

전히 전(前)근대적이라는 잣대를 들이댐으로써 탈근대를 추구하는 서양과
는 거리를 두고 있기 때문이다.[60] 이런 태도는 오리엔탈리즘과 별다르지
않을뿐더러, 심지어 학문세계에서는 여전히 제국주의의 망령이 살아 움직
이면서 확대 재생산되고 있음을 보여주는 것이 된다.

　오늘날의 세계는 이념적으로도 실제적으로도 동서(東西)의 구분이 없
다. 그래서 환경·생태주의자들에 의해 "소리높이 외쳐진" 경고나 고발에
서 우리도 예외가 될 수 없다는 점에는 동의한다. 하지만 동양적 사유가
신비주의적, 직관주의적, 비논리적, 비합리적으로 취급받는다는 우려가 있
는 한, 그리고 그런 것들을 요령껏 피해서 탈맥락적이고 제한적으로 인용
되는 한에 있어서 동양적 생태주의의 가능성에 대한 논의는 "기생담론"
수준에서 윤리관 이상을 넘어설 수 없다.[61] 그러므로 다행히 그런 기획이
성공했다고 해도 그것은 '동양 생태주의'가 아니라, 말 그대로 '동양풍(東
洋風) 생태주의'가 되고 말 것이다. 그러므로 오늘 우리의 동양적 생태주
의 담론이 진정으로 동양의 것 내지는 전지구적(全地球的)인 것이 되려면,

60　한면희는 「생태적 가치에 대한 동서양 철학의 인식과 평가」에서 이것과 비슷한
　　문제의식을 드러낸다. "동양의 사상사적 관점에서 평가한다면, 서양의 자연과학적
　　생태학이 생명체와 자연현상에 대한 경험적 관찰 자료를 통해 생태학적 이해를
　　제공했고, 동양의 자연관이 거기에 부합한다고 보는 것은 오히려 본말전도의 접근
　　처럼 보일 수 있다. 이런 방식의 접근보다는, 오히려 동양사상이 보는 자연에 대
　　한 이해가 선행되어 있었고, 뒤늦게 서양인이 현실 속에서 분리주의 세계관의 오
　　류와 폐해를 겪으면서 동양적 자연관에 부합하는 방식으로 학문적 체계화를 시도
　　하고 있다고 보아야 한다."(『동서철학연구』 제50호, 한국동서철학회, 2008, 19쪽).
61　이런 문제의식은 이상호의 「성리학과 생태담론」에도 드러나는데, 그는 형식적으
　　로 볼 때 유기체적 세계관인 것처럼 이해되는 세계관이 실제로는 '자연 그 자체'가
　　아니라 '도덕적으로 해석된 자연'이라는 사실을 논증하려고 했고, 이 같은 입장에
　　서 만물일체론 역시 '인간중심주의'에서 발현되고 있다는 사실을 강조하면서, 그런
　　점에서 지금의 동양 생태담론은 서양의 생태담론에 편승하여 이루어진 '기생담론'
　　으로서의 성격을 가진다고 말한다(『오늘의 동양사상』 17호, 예문동양사상연구원,
　　2007, 31~57쪽).

동양적 사유를 "있는 그대로" 보는 일이 선행되어야 한다.

> 동양에 대한 막연한 동경과 엄청난 기대는 서구의 전통적 세계관을 비판하는 이른바 초창기 환경 철학자들을 특징짓는 태도였다. 마치 서구의 기독교 문화(Christendom)에 비견되는 동양 문화라는 한 덩어리의 일원적 세계관이 있다고, 얼버무려 동양을 미화하는 일군의 서양 철학자들은 지극히 천박하고 엉성한 환경 문제 치유책을 동양철학이라 뭉뚱그려 상상한 저들 나름의 체계를 내세워 유치하게 내어놓는다. 여기에 덩달아 동양에 있는 이른바 '동양' 철학자들도 걸핏하면 물질주의 서구 문명과 정신 위주의 동양 문화를 대비시켜, 동양이든 서양이든 이 세상의 온갖 잘못을 동양의 지혜를 재생시킴으로써만 치유 가능하다고 호언장담한다. 전체적 맥락을 무시하고 환경 문제에 대한 일말의 치유 가능한 개념이 발견되면 그대로 "이거야말로 만병통치약이다."라고 주장한다. 우리는 일일이 저들 계몽적 철학자들의 장광설에 귀를 기울일 필요가 없다. 어떤 문제에 대해서건 입에 맞는 떡처럼 단번에 들어맞는 소위 '동양 철학'적 치유책은 없다.[62]

"빵 한 쪽 굽지 못하는 철학의 운명은 동·서가 다를 바 없다."면서 "동양 철학이건 서양 철학이건 철학이란 환경 문제 같은 구체적 문제를 해결할 수 없다."고 단언하는 동양철학자의 문제의식은[63] 사실상 동양적 사유를 있는 그대로 보지 않고 탈맥락적으로 인용하는 것에 대한 우려를 담고 있다. 철학이 복잡다단하게 얽혀있는 현실을 명석판명(明晳判明)해내고, 사사물물(事事物物)마다에 올바른 이름을 붙여서 실천의 좌표를 제시함[正名]으로써 현실 문제를 해결할 수 있다는 것은 분명한 사실이다. 하지만 그렇다고 해서 철학이 구체적인 현안 문제를 해결할 수 있다고 생각하면 안 된다. 그것은 철학을 도구적으로 오해하는 것에 불과하기 때문이다.

사실 오늘날 우리들이 주목하는 동양적 생태주의의 가능성이란 "서구

---

62 심재룡, 「"동양적" 환경철학과 환경문제」, 『철학사상』 15권 1호, 서울대학교 철학사상연구소, 2002, 71쪽.
63 심재룡, 위의 논문, 65쪽.

환경윤리학에서 양립할 수 없는 것 같은 인간중심주의와 생명중심주의, 혹은 생태중심주의의 접점을 찾을 수 있을 것"[64]이라는 기대에서 출발한다. 그리고 실제적으로 동양적 사유에서는 '인간중심주의'와 '생명중심주의'가 대척점에서 모순되지 않고 양립한다. 이것은 동양적 사유라고 해서 하나로 묶기에는 너무도 다른 각각의 패러다임이 동양적 사유라는 큰 틀 속에서 오늘날의 생태담론들에 다양하게 인용되고 있는 것으로도 충분히 증명된다. 하지만 그 가능성이 실현되기 위해서는 동서(東西)를 비논리 대 논리, 비이성 대 이성, 자연 대 인간이라고 구분하는 것에서 탈피하는 일이 우선되어야 한다. 그렇게 해야만 동양적 생태담론이 '대안(代案)' 혹은 '기생담론(寄生談論)' 수준에서 벗어날 수 있을 것이기 때문이다.

---

64 전병술, 「동양철학의 인간중심적 환경윤리」, 『中國學報』 47권, 한국중국학회, 2003, 748쪽.

제2부

타자의 시선으로 본 제주

제3장 석주명의『제주도수필집』에 나타난 타자적 인식에 대한 비판

석주명을 다룬 연구에서는 우리나라에서 지역 연구라는 개념이 제대로 서지 못했던 상황에서 통합적 학문으로서의 지역학을 열었다는 관점과 "우리 것과 우리 사람을 대수롭지 않게 여기고 하찮게 취급하는 풍토" 때문에 "이 위대한 조선적 생물학자"가 제대로 조명 받지 못했다는 관점이 드러난다. 여기에는 '우리의 것은 소중하다'라는 공통된 시각이 전제되어 있다. 그런데 이런 평가와 반성이 필요 이상으로 강조되면 오히려 그 전제에 대한 의문이 든다. 특히 석주명의 연구처럼 국학과 생물학, 지역성과 보편성, 물적 조건과 문화 심리적 조건 등의 요소가 대립되면서 긴장관계를 유지하는 경우는 석주명 자신은 물론, 그를 연구하고 평가하는 연구자들조차도 사실 이상의 당위를 강조하는 데서 빚어지는 혼란을 겪을 수밖에 없다.

Ⅰ. 문제제기

오늘날 세계적인 나비학자로 알려진 석주명(石宙明, 1908~1950)에 대한 평가는 대개 긍정적이다. 이런 긍정적 평가가 지나쳐 신화적으로 윤색되기도 했다는 비판에서조차도 석주명은 "일제에 강점된 최악의 상황에서, 우리보다 앞서 우리 것을 연구한 일본인 학자들을 실력으로 눌렀고, 우리의 것(國學)을 탐구함으로써 겨레의 자존심을 지켰으며, 그 방면 학문 연구에 디딤돌을 놓아 오늘날까지도 성과가 바래지 않고" 있는 "너무나 큰

별"이라는 찬사를 받을 정도이다.[1] 하지만 석주명에 대한 지금까지의 평가
가 이렇게 긍정적인 것만은 아니었다. 오히려 '나비박사'라는 별칭으로만
기억에 남아 있을 뿐, 제주의 문화를 통해서 우리 국학을 연구했다는 사실
에 대해서는 모르는 사람이 더 많다. 그러다보니 그에 대한 회고와 찬사는
그를 잊은 우리, 그리고 우리로 하여금 그를 잊게 만든 "우리 학계의 몹쓸
풍토"가 문제이므로, "자연과학도인 그가 인문과학에도 선각과 탐구로써
귀중한 기록을 남겼다는 사실"을 깨달아야 할 책임이 우리에게 있다는 당
위로 곧잘 귀결되곤 한다.[2]

석주명을 기억해내어 그의 위대한 업적을 다루는 글들에서 천편일률적
이라고 해도 좋을 만큼 자주 등장하는 이런 평가에서는 두 가지 관점을
찾아볼 수 있다. 그 하나는 우리나라에서 지역 연구라는 개념이 제대로 서
지 못했던 상황에서 통합적 학문으로서의 지역학을 열었다는 관점이다.[3]
다른 하나는 그럼에도 불구하고 우리 것과 우리 사람을 대수롭지 않게 여
기고 하찮게 취급하는 풍토 때문에 "이 위대한 조선적 생물학자"가 제대

---

1 이병철은 오봉환의 『나비연구가의 나라사랑』에 전재된, "파브르가 세상을 떠난 뒤
  그의 관 위에 곤충들이 애도하듯 날아왔다고 하지만, 석주명이 세상을 떠난 뒤에
  도 그가 사랑했던 수백 마리의 나비들이 봄철이 되면 그가 살던 유택에 날아들어
  온다는 전설적인 이야기가 전하여 오기도 한다."는 구절을 "어처구니없는 글"이라
  고 비판한 바 있다(1997, 169쪽). 하지만 이 글의 마지막 단락을 보면, 그가 '전설
  적인 이야기'라고 비판했던 오봉환과 유사한 서술방식이 드러난다. "한국의 과학
  자로서 자기 분야에서 세계 정상에 우뚝 섰던 두 과학자·석주명과 핵물리학자 이
  휘소가 석연찮은 죽음을 당한 나이는 공교롭게도 똑같이 마흔 두 살이었다."(같
  은 책, 185쪽).
2 이병철, 위의 책, 169~174쪽.
3 최낙진은 「석주명의 '제주도총서(濟州道叢書)'에 관한 연구」에서 "우리나라에서
  지역연구라는 개념이 제대로 서지 않았던 1950년대 이전 상황에서, 석주명의 제
  주도 총서는 통합적 학문으로서의 지역학 즉 '제주도학'을 열었다고 할 수 있
  다."(305쪽)라고 말한 바 있는데, 이러한 관점에서 석주명이 꾸준히 재조명되고
  있다.

로 조명 받지 못했다는 관점이다.[4] 이 두 가지 관점을 관통하는 하나의 공통된 시각은 '우리의 것은 소중하다.'라는 것이다. 여기서 한 걸음 더 나아가면 '우리의 학자 석주명은 1950년대 이전에 자연과학과 인문학의 융복합 또는 통섭을 시도한 천재적이고 선구적인 학자'라는 찬사가 뒤따를 수밖에 없다.

우리의 학자가 시대를 앞서 살았다는 평가만큼 우리를 설레게 하는 것은 없다. 그리고 그런 평가가 제대로 이루어지지 않았다는 반성만큼 우리를 부끄럽게 하는 것도 없다. 그런데 이런 평가와 반성이 필요 이상으로 강조되면 오히려 그 찬사가 온당한 것인지에 대한 의문이 든다. 이것은 그동안 정당하게 평가하지 못한 우리들 자신을 변명하기 위한 보호본능이라기보다는 오늘날 우리의 필요에 의해서 지금까지의 객관적인 평가를 넘어선 부분은 없지 않나 하는 불안감에서 비롯되는 것이다. 특히 석주명의 연구처럼 국학과 생물학, 지역성과 보편성, 물적 조건과 문화 심리적 조건 등의 요소가 대립되면서 긴장관계를 유지하는 경우,[5] 곧 논란의 소지가 많은 경우는 석주명 자신은 물론, 그를 연구하고 평가하는 연구자들조차도 사실 이상의 당위를 강조하는 데서 빚어지는 혼란을 겪을 수밖에 없다.

이 논의는 이런 전제에서 출발하지만, 그렇다고 해서 이제야 어렵게 회고된 석주명을 폄하해서 다시 망각시키자는 데 목적을 두고 있지는 않다. 오히려 지금까지 온당하게 그 업적을 인정받지 못하고 기억 속에서 사라졌다면 그 정당한 지위를 부여하는 것이 필요할 것이므로 객관적인 입장에서 그와 그의 연구 성과를 분석해보자는 데 목적을 둔 것이다. 따라서 지금까지 연구되었던 자료들을 비판적으로 검토하는 한편, 그러한 검토

4 앞서 언급했듯이, 이병철 등은 우리가 석주명을 망각하게 된 이유가 우리의 것보다 외래의 것을 더 가치 있는 것으로 평가하는 풍토에 있다고 말한다.

5 이유진은 「石宙明 「國學과 生物學」의 분석-1947년 남한에서 개별과학을 정의한 사례에 관한 연구」에서 석주명의 「國學과 生物學」을 분석하면서 석주명이 주목한 논점 자체에 "긴장 상태 혹은 갈등이 있으며, 이러한 갈등이 「국학과 생물학」이 오늘날 그것을 읽는 이들에게 주는 화두라고 생각한다."고 말한 바 있다(2005, 49쪽).

결과를 바탕으로 석주명 자신의 선행연구들과 그 공과(功過)가 오늘날 우리에게 어떤 영향을 미치는지를 객관적으로 살펴보고자 하는 것이다. 이러한 분석과 평가 과정에서 학문 융복합 또는 통섭이 가지고 있는 의의와 한계, 그리고 제주도에 대한 타자의 시선이 가지게 되는 의의와 한계를 도출할 수 있을 것으로 기대한다.

이를 위해 특별히 석주명의 ≪제주도총서≫ 가운데 그의 사후인 1968년에 발간된『제주도수필(濟州島隨筆)』을 바탕으로 그가 제주문화를 어떻게 기술했는지를 검토 분석하려고 한다. 석주명이 1936년 7월부터 세 차례 제주에 체류하면서 4·3 이전 제주도의 자연과 인문 자료를 수집한 것은 당시 제주문화의 원형을 타자의 시각에서 객관적으로 정리 분석했다는 점에서 상당히 긍정적으로 평가될 수 있기 때문이다.[6] 그런데 이 긍정적 평가에는 ① 석주명이 제주도에 체류했던 시기가 4·3 이전이어서 제주도의 문화원형이 보존되었을 것이라는 점, ② 석주명이 타자의 시각, 곧 객관적이라고 할 수 있는 입장에서 제주의 자연과 인문을 정리했을 것이라는 점, ③ 석주명이 제주의 자연과 인문을 연구한 목적이 국학(國學)의 정립을 꾀하는 데 있었을 것이고, 실제 그것을 완료하지는 못했지만 선구자로서 평가할만한 시도였다는 점 등이 전제되어 있다. 그러므로 석주명의 제주도자료에 나타난 제주문화를 논의하려면, 위의 전제들을 비판적으로 검토한다는 입장에서 타자(他者)에 의한 제주문화인식의 의의와 한계를 찾고, 그것을 바탕으로 타자에 의한 제주문화인식의 가능성을 모색하는 과정이 필요하다.

---

6 윤용택, 「석주명의 제주학 연구의 의의」, 『耽羅文化』제 39호, 제주대학교 탐라문화연구소, 2011, 220~221쪽.

II. 석주명의 제주도 자료 구조 분석

석주명의 ≪제주도 총서≫는 저자 생전에 서울신문사에서 간행된 『제주도방언집(濟州島方言集, 1947)』, 『제주도(濟州島)의 생명조사서(生命調查書)-제주도인구론(濟州島人口論, 1949a)』, 『제주도관계문헌집(濟州島關係文獻集, 1949b)』, 그리고 저자 사후에 미발표 원고와 신문과 잡지 등에 발표되었던 원고를 모아 보진재(寶晉齋)에서 발간한 『제주도수필(濟州島隨筆-濟州島의 自然과 人文, 1968)』, 『제주도곤충상(濟州島昆虫相, 1970)』, 『제주도자료집(濟州島資料集, 1971)』 등 총 6권으로 이루어져 있다.[7] 이 6권에서 다루는 주제는 제주의 자연과 인문인데, 특히 네 번째 권인 『제주도수필』에는 '제주도(濟州島)의 자연(自然)과 인문(人文)'이라는 부제가 달려 있다. 그러므로 『제주도수필』은 ≪제주도 총서≫의 핵심 내용을 담고 있는 자료라고 해도 과언이 아니다.

실제로 『제주도수필』의 서(序)에서 석주명은 제주도에 관한 자료 가운데 제주도 방언에 관한 것을 제외한 나머지와 그 뒤에 모인 것들을 정리한 것임을 밝혔다. 그러다보니 일관된 체계가 부족하다는 사실을 인정한다.

「濟州島」는 나의 硏究테에마의 하나이다. … 蓄積된 카아드 中에서 濟州島方言에 關한 것만은 뽑아서 벌써 拙著「濟州島方言, 第 3 輯 隨筆」에서 整理하였다. 이제 그 나머지의 것과 그 뒤에 모인 것들을 整理한 것이 이 册인데, 便宜上 旣著「濟州島關係文獻集」의 內容順으로, 곧 카아드의 가나다 順으로 配列해보았는데, 各 項目의 平衡을 爲하여 項目을 늘렸다. 그러나 若干의 排列의 非科學性과 內容의 重複을 避할 수가 없었다.

---

7 서명(書名) 이하의 부제는 『제주도자료집』의 서(序)에 저자 자신이 밝혀 놓은 것을 옮겨 놓은 것이다.

인용문에서 석주명이 『제주도수필』보다 앞서 발간했고, 그 순서를 따랐다고 한 『제주도관계문헌집』은 총 5장으로 구성되어 있는데, 제1장은 저자명순, 제2장은 내용순, 제3장은 주요문헌 연대기 순으로 제주도 관련 문헌자료들을 정리했다. 그리고 제4장 서평에서는 제주도 관련 문헌자료 가운데 27권의 문헌에 대해 간단하게 평했고, 제5장 총괄에서는 제주도에 관한 주요 논저자들에 대해 평가했다. 후기에 해당하는 총괄편에서는 제주도를 월등하게 많이 다룬 학자로 스스로를 가리켜 '제주도학(濟州島學)의 석주명'이라고 표현하고 있는 만큼,[8] 『제주도관계문헌집』은 지역학으로서 제주학의 범주를 설정하고 체계적으로 분류한 책이라고 할 수 있다. 그리고 이 기준에 따라 이른바 '석주명의 제주도학'을 체계적으로 서술한 것이 『제주도수필』이다. 그러므로 『제주도수필』의 서문에서 '『제주도관계문헌집』의 2장인 내용순에 따라 항목을 정리 배열했음에도 어느 정도 비과학적이고 중복되는 배열상의 문제점을 가지고 있다'라고 밝힌 것은 겸양의 표현일 뿐, 사실상 『제주도관계문헌집』에서 이미 시도되었던 일관된 기준을 가지고 있었음을 알 수 있다. 이 점은 『제주도관계문헌집』과 『제주도수필』의 구성에서도 확인된다.

『제주도관계문헌집』의 제2장 내용순은 제1절 총론부, 제2절 자연부, 제3절 인문부로 구성되어 있다. 이 구성에 따른 『제주도수필』도 제1장 총론부, 제2장 자연, 제3장 인문 등 3장으로 구성되어 있다. 『제주도관계문헌집』의 제2절과 『제주도수필』의 제2장의 하위 구성은 기상, 해양, 지질광물, 식물, 동물, 곤충 등으로 동일하다. 그런데 인문분야의 구성에 있어서는 『제주도수필』이 좀 더 세분화되고 확장되어 있다는 점에 주목해볼 수 있다.

『제주도수필』의 각 절은 최소 3쪽(13.지도)에서 최대 19쪽(3.역사) 분량으로 해당 항목의 자료량에 따라 자유롭게 구성되어 있는데, 평균 7~8쪽 분량으로 서술되어 있다. 최소분량인 3쪽으로 서술된 〈13.地圖〉에서는

---

8 석주명, 1949b, 244쪽.

〈표 2〉『제주도 관계문헌집』과 『제주도수필』의 인문분야 목차 비교

제주도관계문헌집	제주도수필			
1. 언어	1. 전설·종족	2. 방언		
2. 역사	3. 역사	4. 외국인과의 관계	5. 관계인물	
3. 민속	6. 민속	7. 식의주	8. 일상생활	
4. 지리	9. 지리 10. 도읍·부락 11. 산악 12. 도서 13. 지도 14. 교통·통신			
5. 농업(임축수산 포함)	15. 농업	16. 임업	17. 축산	18. 수산
6. 기타산업	19. 기타산업			
7. 정치·행정	20. 정치·행정			
8. 사회	21. 사회	22. 인구·특수부락		
9. 위생	23. 위생			
10. 교육·종교	24. 교육·종교			
11. 문화	25. 문화			

〈1892年(日本明治 25年)頃의 地圖〉에서부터 〈解放된 해에 出版된 地圖〉에 이르기까지 총 7편의 지도에서 제주와 부속섬의 위치가 어떻게 표기되고 있는지를 간략하게 정리하고 있다. 이에 비해서 최대분량인 19쪽으로 서술된 〈3.歷史〉에서는 〈柑橘科斂의 弊〉에서부터 〈皇(黃)龍寺九層塔〉에 이르기까지 80개 항목을 통해 역사 속에서 제주가 어떻게 기록되고 있는지를 간략하게 정리하고 있다. 그리고 각 절의 세부 항목은 석주명이 밝힌 대로 가나다순으로 정리되어 있으므로, 구성면에서도 '수필식 백과사전'이라는 평가에 어울린다.[9]

그런데도 석주명이 『제주도수필』의 서문에서 "若干의 排列의 非科學性

9 최낙진은 「석주명의 '제주도총서(濟州道叢書)'에 관한 연구」에서 "…앞의 자연 편에서와 같은 서술을 보여주고 있다. 이 책은 가히 제주도의 자연과 인문에 관한 '수필'식 백과사전이라고 할 만하다."(앞의 논문, 2007, 317쪽)라고 한 바 있고, 윤용택은 최낙진의 이런 견해를 수용하여 「석주명의 제주학 연구의 의의」에서 "이 책은 제목만 보면 수필집으로 착각하기 쉬우나 내용으로 볼 때, 제주도의 자연과 인문사회에 대한 다양한 자료들이 들어 있어 작은 제주백과사전이라 할 만하다."(앞의 논문, 2011, 244쪽)라고 한 바 있다. 이렇게 제주의 인문과 자연을 통괄한다는 점에서도 백과사전이라고 할 수 있겠지만, 오히려 그 자료의 구성, 집필 면에서 백과사전적 특성이 잘 드러난다고 하겠다.

과 內容의 重複을 避할 수가 없었다."고 말한 이유는 〈Ⅱ. 自然〉에 비해서 〈Ⅲ. 人文〉의 하위 분야가 상대적으로 구분하기 쉽지 않을뿐더러, 각 절의 세부 항목을 기술하는 과정에서 항목별로 상호 참조할 수밖에 없는 부분이 있었기 때문인 것으로 짐작된다. 그러다보니 〈표 1〉에서 확인할 수 있듯이, 〈1. 傳說·種族〉과 〈7. 食衣住〉, 그리고 〈8. 日常生活〉처럼 『제주도관계문헌집』의 목차를 따르지 않은 부분도 있고, 『제주도관계문헌집』에서는 〈5. 農業〉 한 절로 기술한 것을 〈15. 農業〉, 〈16. 林業〉, 〈17. 畜産〉, 〈18. 水産〉으로 세분화한 부분도 있다. 하지만 그렇다고 해서 『제주도관계문헌집』에 비해 비과학적으로 서술되었다고 볼 수는 없다. 왜냐하면 석주명은 제주도관계문헌자료를 나름대로의 원칙에 따라 분류하고, 이를 바탕으로 제주도학의 기초로서 『제주도수필』을 서술하고자 하였기 때문이다. 따라서 분량이나 체계 면에서 다소 차이를 보인다고 해서 비과학적이라고 말할수 없을 뿐만 아니라, 오히려 인문분야에서도 동일한 방법론을 적용하고자 한 시도만으로도 충분히 긍정적으로 평가 받을 만하다.

이상에서 살펴본 바와 같이, 『제주도수필』은 석주명이 생전에 탈고한 상태로 남겨 놓은 ≪제주도총서≫ 시리즈의 완결된 저작물들로서, '제주도'를 대주제로 하여 이를 여러 분야로 세분화했다는 특징을 가지고 있다. 그리고 오늘날의 총서와 비교해볼 때, ≪제주도총서≫는 다음과 같은 점에서 특별한 가치를 지닌다. 곧, 오늘날에는 일반적으로 총서출판이 출판의 전문화로서, 전문화되고 세분화된 독자가 있음을 알리는 지표라고 말한다.[10] 그런데 석주명의 ≪제주도총서≫는 전문화되고 세분화된 독자층

---

10 吳慶鎬는 「韓國 叢書出版의 通時的 研究」에서 총서를 文庫나 全集과는 다른 것으로 구별하면서, 내용별로 家叢과 專叢, 그리고 雜叢 등으로 세분화한 바 있다. 그러면서 총서출판이 출판의 전문화를 가리키는 지표라고 말하였다. 그런데 일제강점기의 우리나라 엘리트 계층이 교육과 생활 면에서 상당한 수준에 이르렀으나, 親日과 抗日, 양반과 신흥세력의 대립과 같은 내부적인 요소, 그리고 文盲과 貧困이 지배하는 사회 분위기와 일제의 武斷統治 등과 같은 사회·정치적인 요소 때문에 출판 미디어 전반이 제자리를 찾기 어려웠다고 진단하였다(1986, 96~99쪽).

이 있었다는 사실을 증명한다기보다는 저자 개인의 연구역량과 제주도의 자연과 인문을 통해서 국학의 정립을 꾀한 저자의 기획의도를 드러내는 것으로 평가[11]되고 있다. 이 점은 오늘날 석주명을 융복합의 선구자, 또는 국학연구의 선구자라고 평가하는 데 있어 주요한 논거가 되기도 한다.

한편, 석주명의 제주도 연구는 곤충학과 나비분류학에서 사용한 연구방법론을 차용하였다는 데서 그 연구방법론상의 특징을 찾아볼 수 있다. ≪제주도총서≫의 제1집인 『제주도방언집』과 제2집인 『제주도생명조사서』에서는 제주도 방언과 인구지표를 곤충학에서 사용하는 방법인 '지방 곤충상 상호간의 유연관계(Affinities)를 숫자로 연구하는 방식'을 차용해서 연구했다.[12] 생물학자인 그가 제주의 인문분야에로 관심을 확장시킨 것도 실제로 그가 제주의 인문분야에 대해 관심을 가졌기 때문이라기보다는 제주의 곤충학 연구 방법론을 확장시키고자 했기 때문이라고 할 수 있다. 이 점에 대해서 그는 다음과 같이 말한 바 있다.

> 그러나 학문이 아무리 분리되었다고 하더라도, 一科目의 권위자는 타 과목에도 통하는 데가 있다. … 나비의 학문이라도 깊이 들어갈려면 地質鑛物學을 포함하는 博物學(Natural History)도 바라보아야 하며, 더 나아가 박물학에 상대되는 물리, 화학도 최소한도로는 알아야 자기의 나비의 학문을 자연과학(Natural Science)의 계통에 갖다 맞출 수가 있다. 동시에 Natural History(자연역사 즉 박물학)에 또 한번으로 상대되는 Human History(인문역사 즉 협의의 역사)에도 손이 뻗어야 인생과의 관계에까지 가져가서, 철학적 경지에 들어가 나비로서, 나비의 학문도 계통이 서게 되는 것이다.[13]

---

11 최낙진은 「석주명의 '제주도총서(濟州道叢書)'에 관한 연구」에서 오경호의 주장을 빌려 총서출판이 출판의 전문화 및 전문화되고 세분화된 독자가 있다는 증거가 되기도 한다는 점을 밝히면서, 석주명의 ≪제주도총서≫는 저자의 연구역량과 기획의도라는 점에서 의의가 있다고 주장하였다(앞의 논문, 2007, 319~321쪽).
12 최낙진, 위의 논문, 2007, 322~324쪽.
13 석주명, 1949b, 85~86쪽.

인용문에 따르면, 한 분야의 권위자가 되기 위해서는 타과목에도 통하는 데가 있어야 한다. 이렇게 생각했기 때문에 그는 '나비'를 연구하는 학문적 계통을 수립하기 위해서 제주의 인문역사에 관심을 가지게 되었던 것이다. 물론 이것을 오늘날에는 통섭, 또는 융복합이라고 말한다. 그런데 이런 면에서 융복합의 선구자라는 점을 인정한다고 해도, 그를 본격적인 융복합의 선구자로 평가하기는 어렵다. 왜냐하면 그가 다룬 인문역사는 당시 제주도에 국한된 것으로서 통시적인 관점에서의 접근이 부족할 뿐만 아니라, 그 결과물인 ≪제주도총서≫도 완결된 구조를 갖춘 출판물이라기보다는 일종의 보고서나 자료집에 가깝기 때문이다.[14] 그럼에도 불구하고 그의 독특한 연구방법론 덕분에 ≪제주도총서≫는 제주도학 연구를 위한 기본 원재료로서 상당한 가치가 있는 것으로 평가되는 것이 일반적이다.[15] 곧, 석주명의 ≪제주도총서≫는 자연과학적 탐구방법론을 인문사회분야에 확장시켰다는 점에서 당시로서는 드물게 자료적 가치가 있는 주목할 만한 성과로 평가할 수 있지만, 본격적인 국학분야의 연구나 융·복합적 탐구의 선도적 성과물로 보기는 어렵다.

III. 석주명의 제주도 자연 환경 인식

『제주도수필』의 총론 가운데 첫 번째 항목은 〈「까치와 포플라」〉이다.[16] 이 항목부터 〈헬만·하우텐자하(H. Lautensach)博士〉에 이르기까지의 다

---

14 최낙진, 앞의 논문, 2007, 327쪽.
15 최낙진은 이 점에서 석주명의 총서가 제주도학의 '도너 리서치(donor research)' 곧 다른 연구를 위하여 재료, 원래의 자료, 전제, 자극으로서 무엇인가 도움이 되는 연구성과라고 평가한다(위의 논문, 2007, 328쪽).
16 이하 본문과 각주에서 『제주도수필집』을 인용하는 경우에는 출전을 (쪽수)로만 표기한다.

섯 항목은 총론의 개요로 볼 수 있다. 왜냐하면 여섯 번째 항목이 〈舊韓末境의 産物〉인데, 여기서부터 다시 가나다순으로 28개 항목이 정리되고 있기 때문이다.[17] 그러므로 총론에 해당하는 이 부분을 "한반도에는 있지만 제주섬에는 없는 당시 풍경(風景)으로 까치와 포플러를 들고, 반대로 육지부에는 없고 제주섬에만 있는 풍태(風態)로 밭밟기와 해녀를 들고 있다. 하지만 제주도가 한반도의 다른 지역과 다르기는 해도 동식물의 성립 분자를 놓고 볼 때 일본보다 한반도의 분자가 많을 뿐 아니라 중요 분자의 대부분이 한반도와 공통되어 생물학상의 한국의 부속섬임을 분명히 하고 있다."라고 정리한 것은 전체의 개요라는 면에서 타당한 분석이라고 하겠다.[18]

이 부분을 총론의 개요로 본다면, 여기에서는 석주명이 제주도를 기본

---

17 〈舊韓末境의 産物〉에서부터 〈「버스」에서 보는 風景〉, 〈400年前의 濟州島産物〉, 〈400年前의 濟州島産物 一覽表〉, 〈山海珍味의 雙璧〉 등 숫자까지도 가나다순으로 배열하였다. 그런데 이 원칙에 맞지 않는 항목도 있다. ①〈1880年頃의 濟州物産〉이 〈1880年頃의 大靜物産〉과 〈1880年頃의 旌義物産〉보다 앞에 나오고, 뒤이어 다시 ②〈1880年頃의 濟州島物産 種類一覽表〉 항목이 나온 뒤에 〈1771年頃의 濟州島物産〉과 〈1295年頃의 濟州島産物〉, ③〈李朝末頃의 日本에 輸出하던 産物〉, 〈1297年頃의 特産品〉이 이어지기 때문이다. 추정컨대 ①은 조선시대부터 제주와 대정, 정의 순으로 행정구역이 연칭되었기 때문이고, ②는 근세에서 조선 전기까지 시기를 거슬러 올라가며 생산물의 차이를 비교분석했기 때문이며, ③은 ②에 이어 조선 말기와 저자 당시의 특산품을 비교 분석했기 때문으로 판단된다. 특별히 주목할 필요가 없다고 할 수도 있겠지만, 기본적으로는 백과사전식의 구성을 가지고 있으면서도, 내용상 필요에 의해 순서가 바뀐 경우도 있음을 강조하기 위해 분석해보았다. 위 ①②③의 구분은 '석주명, 1968, 7~9쪽'에 실린 항목을 논의의 편의상 연구자가 임의로 붙인 것이다.
18 윤용택은 「석주명의 제주학 연구의 의의」에서 "제1장 총론에서는 제주도의 과거와 현재 모습을 이야기하고 있다."라고 하면서 본문의 인용문과 같이 분석했다(위의 논문, 2011, 244~245쪽). 그 뒤의 분석 내용으로 보건대 이 부분이 총론의 개괄 내지는 도입부라는 사실을 명확하게 인지하지 못한 것으로 보이지만, 도입부의 핵심은 정확하게 정리 분석한 것으로 보인다.

적으로 어떻게 인식하고 있는지를 찾아볼 수 있다. 그는 먼저 〈「까치」와 「포플라」〉에서 우리나라를 대표하는 동식물이 제주도에는 분포하지 않는다는 사실을 밝힌다.[19] 곧이어 〈踏田과 海女〉에서는 육지에는 없는 제주도의 대표적인 풍태(風態), 곧 인문적 요소를 밝힌다.[20] 이렇게 해서 제주는 한반도와 별개인 섬으로 규정된다. 이러한 정의는 앞서 살펴보았듯이 오늘날의 제주도 연구에서도 공통적으로 나타나고 있다. 그런데 석주명의 나비 연구 방법론에 따르면 제주가 한반도가 아닌 다른 곳과 비교하여 얼마큼의 유사성이 있는지에 따라 제주도가 변이(變異)를 일으킨 것인지 이종(異種)인지를 밝힐 수 있다. 곧, 제주도가 본래 한반도에 속하는 것인지, 아니면 한반도와는 별개의 지역인지를 알 수 있다는 것이다. 그래서 세 번째 항목인 〈섬의 計劃의 大略〉에서는 일본인들이 1924년에 발표한 제주도(濟州島)의 계획을 검토하고, 다음 항목인 〈動植物의 成立分子〉에서는 제주도가 자연환경의 구성 요건에서 일본과 우리나라 가운데 어느 쪽에 더 가까운지를 밝혔다.[21]

　그리고 이 주장을 뒷받침하려고 〈헬만 라우텐자하(H. Lautensach)博士〉 항목에서는 제주도를 조사한 지질학자 가운데 한 사람인 헬만 라우텐자하 독일 기이센(Giessen)박사가 1933년에 10개월 반 동안 우리나라를 여행하고 『울릉도와 제주도』라는 저서를 냈다는 사실을 소개했다. 선행연구자를 소개하는 것이기도 하지만, 일본인이 아닌 서양학자가 제주도를

---

19 "「까치」와 「포플라」이 兩者는 우리 半島를 대표하는 動植物이다. 이 兩者가 다 本島에는 없으니 그 點으로 半島風에서 떠난 風景을 못한다. 까치는 까마귀가 많은 이 섬에 不適할 것이고 포플라같은 높게 되는 나무는 바람이 많은 이 섬에는 不適할 것이다."(5쪽).

20 "踏田과 海女 馬群으로 踏田하는 狀況과 海女의 風態는 濟州島風俗의 代表로 볼 수 있을 것으로 印刷物에는 大槪 이 寫眞이 揭載되어있다."(5쪽).

21 "日本分子가 勿論 섞이기는 했지만 斷然 半島의 分子가 많을 뿐 아니라 重要分子의 大部分이 半島와 共通되어 生物學上으로도 濟州島는 斷然 韓國의 屬島임을 알겠다."(5쪽).

울릉도와 비교분석했다는 점을 주의환기시킴으로써 제주가 한반도에서 떨어진 섬이지만, 우리나라의 부속도서라는 점을 강조하려고 한 것으로 볼 수 있다.[22] 그러므로 석주명의 이러한 논리를 재구성하면 이렇다.

제주에는 자연 환경적 특징으로 한반도의 대표적인 동식물이 없으므로 제주를 독립된 섬으로 보아야 한다. 이 사실은 밭 밟기와 해녀 같은 독특한 인문적 요소를 가지고 있는 데서도 확인될 수 있다. 한반도와는 다른 특성을 가지고 있는 만큼 일본과 얼마나 유사성을 가지고 있는지를 확인해보아야 한다. 그런데 제주에는 한반도의 대표적인 동식물이 없고 오히려 일본적인 요소도 어느 정도 있지만, 한반도의 요소가 많을뿐더러 특히 중요한 것들에 있어서는 한반도와 공통되기 때문에 한반도의 부속 섬이다. 이 점은 헬만 라우텐자하 박사가 한반도의 또 다른 부속섬인 울릉도와 제주도를 비교한 저서를 낸 사실에서도 확인된다.

그런데 이 개요 부분에서도 이른바 '일본분자(日本分子)'와 '반도분자(半島分子)'가 명확하게 제시되지 않기 때문에 결과적으로 제주가 변종인지 이종인지를 분명하게 결론 내리지 않는다. 이러한 태도는 백과사전식으로 제주의 자연과 인문적 요소를 소개하는 제2장 자연과 제3장 인문에서도 그대로 이어진다. 물론 제주도가 조선은 물론 일본과 연결되어 있던 시기가 있었을 것이라는 선행연구를 소개하면서 식물지리학이나 동물분포상에서 그 근거가 될 자료들을 제시한다거나, 우리나라와 공통되지만 일본과는 다른 요소들을 제시함으로써 제주도가 우리나라 섬이라는 점을 강조하기도 한다.[23]

---

22 이 항목에서는 헬만 라우텐자하 박사가 우리나라에 체류한 시기와 저서에 대해 밝히고 있지만, 〈土地의 割當과 景觀〉에서는 라우텐자하 박사의 조사내용을, 〈濟州島를 調査한 地質學者〉 항목에서는 라우텐자하 박사가 지질학자 가운데 한 사람임을 밝힌 바 있다(5, 10, 15쪽).
23 윤용택은 「석주명의 제주학 연구의 의의」에서 『제주도수필』의 제3장 인문이 제2장 자연보다 분량이 많다는 점을 강조하면서, "그리고 '자연'분야에서는 선행연구

하지만 이런 태도들과는 달리, 다음과 같이 제주도에서만 찾아볼 수 있는 것들을 빼놓지 않고 기록한다. 이것이야말로 석주명이 주목하고 강조하려 한 것이기 때문이라고 짐작된다.

水成岩 濟州島唯一의 것. … (14쪽).

녹나무(樟) 植木秀幹氏(1941年)에 의하면, 韓國에서는 濟州島에만 自生한다고 한다. 濟州語로는 「롱낭」, 「농방」 혹은 「우박」.(21쪽).

染井吉野 櫻花中 가잔 고흔 品種인 染井吉野 一名吉野櫻의 原産地는 이 濟州島로 되어 있다. … (27쪽).

예반초 … 韓國産으로는 兎島의 것뿐이니 珍奇하다고 할 수가 있다.(27쪽).

까마귀 濟州島는 까마귀의 섬이라고 할만큼 까마귀가 많고 群飛할 때는 壯觀인데 더우기 鳥群 飛下時의 騷音은 凄然해서 이를 부람까마귀(風鳥)라고 한다. … (32쪽).

삼천발이(三千足) … 他藥物과 合하여 强壯劑로 쓰는데 韓國의 産地는 濟州島로 되어 있어 每年 서울方面에 移出된다.(35쪽).

濟犬 濟州島在來種이고 現在는 純種은 極稀하다. … (37쪽).

濟馬와 才馬 濟馬가 濟州馬의 뜻임은 곧 알 수가 있다. … (37쪽).

이런 점으로 보건대, 『제주도수필』의 〈2장 자연〉은 제주의 자연생태를 백과사전식으로 구성한 제주도자료집 또는 제주도보고서적 성격을 띤다. 이 많은 자료를 모으고, 비교분석하여 정리했다는 것이 『제주도수필』의 긍정적인 점이라면, 저자의 기획의도와 결론에 해당하는 논지가 명확히

자들, 특히 일본학자들의 성과를 많이 인용하였으나, '인문' 분야에서는 주로 석주명 자신이 직접 원자료를 읽고 연구한 것을 바탕으로 하고 있다는 점에서 차이가 있다."고 지적한 바 있다(2011, 246쪽). 이 평가의 논리구조를 살펴보면 석주명이 이른바 '제주도학'의 인문사회학적 부분에 대해서는 직접 원자료를 읽고 연구했던 만큼 인문사회학에 더 초점을 맞춘 듯한 인상이 든다. 그런데 〈인문〉분야에서도 직접 목격한 것 외에는 일본학자들의 성과를 인용한 사례가 있는 점으로 보건대, '〈자연〉분야에서 일본학자들의 성과를 많이 인용한 데 비해서 〈인문〉분야에서는 그렇지 않았으므로 〈인문〉분야에 더 초점을 맞추었다'고 보기는 어렵다.

드러나 있지 않다는 점은 한계라고 할 수 있다.[24]

물론 『제주도자료집』의 첫 번째 글인 〈韓國의 姿態〉에서는 『제주도수필』의 기획의도 또는 논지에 해당하는 내용이 나온다(1971, 7쪽).

> 우리는 어느덧 期치 않았던 國際生活을 하게 되었다. 우리의 日常生活을 反省하여도 韓國固有의 要素가 도무지 몇 %가 않됨을 알 때 우리는 놀라게 된다. … 濟州島에서는 言語·風習·習慣·其他에 있어서 古來로 陸地와는 相異하다고 하여 왔지만, 자세히 살펴보면 韓國의 옛날모습 乃至 眞正한 모습을 말해주는 資料가 많다. 眞正한 韓國의 姿態를 찾으려면 濟州島에서 그 資料를 많이 求할 수가 있겠다. 왜 그러느냐하면 濟州島는 孤島이므로 陸地서와 같이 外來文化에 浸潤받을 機會가 적었고, 그리 작지 않은 面積과 人口는 固有文化를 보존할 수가 있었기 때문이다.

위 인용문에 따르면, 석주명은 우리의 것이 사라져가는 시대상황을 개탄스러워하면서, 시대상황이 우리가 남으로부터 영향을 받을 수밖에 없는 상황이라면 거꾸로 우리도 남에게 영향을 줄 수 있지 않겠느냐고 말한다. 그러려면 우선 우리의 것이라고 말할 수 있는 '고유(固有)한 것'을 알아야 하는데, 이미 육지에서는 우리의 것이 많이 변한 데 비해 제주도는 외부의 영향을 덜 받은 섬이므로 고유한 것이 많이 남아 있다. 그러므로 제주도에 남아 있는 고유한 것을 발굴 기록하고, 계통을 세워 한국의 자태(姿態)를

---

24 이 점에 대해서는 『제주도수필』 이하의 제주도총서가 석주명 사후에 동생인 석주선에 의해 발간되었다는 점을 들어 대응논리를 펴나갈 수도 있다. 하지만 석주명이 밝힌 바 있듯이 ≪제주도총서≫는 이미 석주명 당시 출판원고 형태로 완성되어 있었으므로, 그의 생전에 출판되었더라도 지금의 형태와 그다지 차이는 없을 것이라고 생각된다. 그러므로 본문에서 '기획의도와 결론에 해당하는 논지'라고 말한 것이 명확히 드러나려면 지금처럼 '도너 리서치'로서 가치를 지니는 백과사전식 서술이 아니라, 하나의 완결된 연구저작 형태가 되어야 하는데, 석주명이 생전에 출판을 완료했다고 하더라도 그렇게 되지는 않았을 것이라는 점에서 한계가 드러난다고 하겠다.

드러낼 수 있어야 한다는 것이 석주명의 생각이다. 그런데 이런 생각은 오늘날의 관점에 따르면, 환경결정론을 비롯하여 지역학으로서의 제주학에 접근하는 기본적인 시각에 있어 몇 가지 위험한 요소를 지적할 수 있다.[25] 하지만 사라져가는 우리의 것을 기록하고 계통을 세우려고 했다는 점에서는 오늘날 여느 문화인류학자에 비해도 부족함이 없다고 할 수 있다.

IV. 석주명의 제주도 인문 환경 인식

석주명은 〈III. 人文〉의 시작을 문화인류학 또는 민속학 분야인 〈1. 傳說·種族〉으로 잡았다. 그리고 그가 상당히 중요하게 생각했던 〈2. 方言〉에 이어서, 〈3. 歷史〉를 배치했다. 이것은 〈II. 自然〉에서 각 항목별로 한반도와 일본 사이에서 제주가 어떤 관계를 맺고 있는지를 검토한 것과 다르다. 곧, 앞서 살펴본 바와 같이 〈II. 自然〉에서는 기상, 해양, 지질·광물이라는 제주의 자연환경과 그 속에 생존하는 생물, 곧 식물과 동물(곤충)의 분포를 통해, ① 제주가 한반도와는 떨어진 섬이라는 점, ② 하지만 일본과도 근본적으로 구분되므로 한반도에 부속하는 섬으로 보아야 한다는 점, ③ 그럼에도 불구하고 한반도의 고형(固形)을 간직한다고 볼 수 있을 만큼 변이가 덜 이루어진 형태가 많다는 점을 드러내었다. 그런데 〈III. 人文〉에서는 곧바로 제주만의 특성이 드러나는 주제를 배치함으로써 앞 장의 서술

---

25 대표적인 위험 요소를 손꼽자면, 자연환경이 인문환경에 직접적이고 결정적인 영향을 미친다고 하는 환경결정론의 우려가 있지 않나 하는 점이다. 그밖에도 지역학에서는 중심/주변론을 벗어나지 못한 우려가 있다는 점, 제주를 고립된 섬으로 ~~~~~~~~~~~ 외래문화의 교섭이 활발하게 이루어지기도 했다고 말함으로써 논리적 모순을 범하고 있다는 점 등을 들 수 있다. 이 점에 대해서는 이 논문 결론부에서 비교적 상세하게 다루기로 한다.

과 대비시킨다. 이것이 석주명의 의도적인 구성이라는 점은 뒤따르는 주
제들에서도 확인된다.

1절에서 3절이 제주만의 특성을 드러내는 요소를 다루었다면, 4절에서
는 〈外國人과의 關係〉, 5절에서는 〈關係人物〉을 다루어서, 제주도의 인문
학적 환경에 영향을 미친 내외부의 요인들을 제시한다. 그리고 〈6.民俗〉
에서부터 〈8.日常生活〉에 이르기까지는 전통적 문화 요소를, 〈9.地理〉에
서 〈14.交通·通信〉까지는 제주의 인문지리적 환경을, 〈15.農業〉에서 〈19.
其他産業〉까지는 산업경제부문을, 〈20.政治·行政〉에서 〈24.敎育·宗敎〉까
지는 제주의 사회지리적 환경을 제시한다. 그리고 마지막으로 〈24.文化〉
항목을 제시하는데, 특히 〈代表的民謠〉 항목에 서술된 「오돌똑」은 이 책
의 저자 서문 다음 쪽에 악보와 함께 가사가 실려 있다. 그런데 〈Ⅲ.人文〉
의 〈代表的民謠〉 항목에 따르면 「오돌똑」은 "陸地의 「아리랑」에 該當하
는데"(225쪽), "아리랑과 같은 맛이 있는 哀調를 띤 노래다."(227쪽). 이렇
게 아리랑이 한국을 대표한다면 오돌똑은 제주를 대표하는데, 이 둘의 정
서가 비슷하다고 표현한 데서 그가 제주를 연구한 취지가 사실상 수미일
관하게 드러난다고 평가할 수 있다.

물론 〈Ⅲ.人文〉의 〈25.文化〉 항목에서는 제주적인 것에 대해서 다음과
같이 부정적으로 평가하는 논조도 찾아볼 수 있다(225쪽).

> **島民의 趣味** 島民의 大部分은 역시 農民이다. 農村娛樂이 殆無하다는 것보다
> 全無한 곳이요 民度가 낮으니 迷信이 많고 酒草는 過用한다. 海邊에서 「쟈리
> 회」에 燒酒나 먹으면 最上의 行樂이라 하겠다.

이긴 부정과 느고느 닉7명시 프민믹 생물먹을 통해시 국력을 민풍이느
데 일조해야 하겠다고 하는 책임의식을 가지고 있는 지식인이었다는 점을
고려하면 이해할 수 있는 부분이기도 하다. 곧, 그는 이 부분에서 당시 지
식인이 가질 수 있었던 계몽주의적 시각을 노출시킨 것일 수 있다. 그리고

그가 제주도민이 아닌 타자(他者)로서 제주문화를 인식하는 데 한계를 가지고 있었던 것일 수 있다. 그런데 그가 이렇게 부정적인 논조를 드러내는 것에서조차도 한국문화의 고형이라는 점에서 수집과 기록의 대상으로 삼았다는 점에 주목할 필요가 있다. 오돌똑 민요만 하더라도, 석주명은 민요가 중앙집권의 형태에서는 잔존할 수 없는 것이어서 육지에서는 많이 사라졌지만, 제주도에는 아직도 민요가 많다는 점을 긍정적으로 평가했다(226쪽).

그 뿐만 아니라, 〈Ⅲ.人文〉의 첫 절에서 석주명은 제주도의 기원을 담은 전설에 대해 객관적이고 역사적인 입장을 취한다. 그는 "始祖 3神人의 전설로는 固有島民이 있는 것으로도 생각할 수 있겠지만 諸處에서 들어온 사람이 모인 것일 것이다."라고 하면서, 그 근거를 "多少나마 存在가 있다는 사람을 보면 大槪는 二十二三代祖가 入島하였으니 麗末期라 그러니 亡命온 사람, 定配온 사람들의 子孫들이라고 解釋이 되고 그 外에 漂流해온 사람의 子孫도 적지 않을 것이다."(44쪽)라고 기록하였다. 이렇게 원주민과 육지에서 들어온 사람들의 혼혈이 제주도민의 유래일 것[26]이라고 보았지만, 〈濟州魂〉이라는 항목에서는 특별히 최남선의 주장을 빌려 제주도민의 성향을 다음과 같이 기록하기도 했다(47쪽).

> **濟州魂** 崔南善氏가 말한 바로는 濟州人은 冒險과 遠征과 堅忍과 機敏만이 그네에게 不足한 自然의 恩澤을 보낼 수가 있어서 男子는 널조각을 타고 海外로 나가고 女子는 뒤웅박을 차고 바닷속으로 들어가게 되었다고 한다. 그동안에 어느덧 他地方에서는 볼 수 없는 겁기 있고도 영악스러운 濟州島民의 성격을 만들었다고 한다.

석주명은 최남선의 주장을 소개하는 형식으로 제주도인의 성격을 두 가

---

26 〈種族〉, 〈耽羅族〉 등의 항목에서는 耽羅 기원 대지는 朝鮮族의 기원 등의 관련된 학설을 소개하고 있는데(47, 48쪽), 그 요지는 원주민과 이주민의 혼혈에 의해 이루어진 것으로 볼 수 있다는 것이다.

지 측면에서 다루었다. 첫째, 환경에 영향을 받을 수밖에 없다는 점, 둘째, '모험심, 도전정신, 강인함, 민첩성' 등의 장점이 있지만, 동시에 결기 있다거나 영악스럽다는 단점도 있다는 점을 인과관계로 진술한 것이다. 그런데 본래 '결기'란 '못마땅한 것을 참지 못하고 성을 내거나 왈칵 행동하는 성미'를 가리키지만, 다른 한편으로는 '곧고 바르며 과단성 있는 성미'를 가리키기도 한다. 그러므로 결기 있다는 평가를 부정적 평가로 보기만은 어렵다. 하지만 "그네에게 부족한 자연의 은택을 보탤 수가 있어서"라고 서술한 것은 분명히 제주도의 자연환경이 인문환경에 상당한 영향을 미쳤다고 판단한 것이다. 이러한 판단은 섬이라는 제주도의 특별한 지리적 위치를 전제로 한 것으로, 앞서 살펴보았듯이 오늘날 지역학으로서의 제주학의 특성을 논의할 때도 이와 같은 전제에서 출발하는 경우가 많다. 제주도의 특별한 지리적 위치가 인문적 환경에도 영향을 미쳤다는 석주명의 생각이 방언 연구에서도 그대로 드러나는 것도 같은 맥락에서 이해할 수 있다.

석주명이 제주도방언에 몰두한 이유는 그것이 우리 옛 말의 형태를 비교적 잘 지키고 있다고 생각했기 때문이다. 중세 고어의 형태가 그대로 남아 있는 제주도방언은 제주도가 고립된 섬이라는 자연환경의 특징을 잘 드러내주는 사례로 볼 수 있다. 이 점에 착안한 석주명은 한 걸음 더 나아가서 제주 방언과 고어, 그리고 다른 지방 방언은 물론 외국어까지 비교하여 제주 방언의 계통을 분류하고, 본격적으로 계통화 하려고 하였다. 물론, 석주명은 언어학 전공자가 아니었기 때문에 이 과정에서 무리하게 그 계통을 유추하거나, 견강부회함으로써 학문적 엄밀성을 결여하였다고 평가 받기도 한다.[27] 하지만 해당 분야 전공자가 아니면서도 당시 제주 방언

---

27 예컨대 52쪽에는 〈ᄆᆞᆫ독〉 항이 나오는데, 제주어로 "그 뜻은 먼저(塵)인데 「몬독」이 타갈록(Tagaloc)語(比島語)로 「山」의 뜻이니 濟州語의 「ᄆᆞᆫ독」과 比島語의 「몬독」은 「塵合泰山」으로나 通하는 말일가"라고 하였다. '塵合泰山'은 '티끌 모아 태산'이라는 뜻이므로, 인용문에 '먼저(塵)'라고 표기된 것은 '먼지(塵)'의 오기(誤記)

을 수집, 분석, 정리함으로써 오늘날 제주 방언 연구자들에게 연구 자료를 남긴 것은 의미 있는 작업으로 평가할 수 있다.

방언 다음에 나오는 〈3.歷史〉에서는 제주와 관련된 역사기록들을 정리하였다. 눈에 띠는 것은 〈島民의 氣質과 李朝의 鎖國政策〉 항목인데, 여기서는 제주도민의 성격이 결기 있고 영악하다는 앞 절의 진술과 이어지는 내용을 담고 있다(59~60쪽).

> **島民의 氣質과 李朝의 鎖國政策** 李朝때에 外國貿易을 萬一 許했던들 島民은 勇悍有爲의 航海業者가 되어 南北支那, 琉球, 日本, 南洋間을 往來하여 巨利를 占했을 뿐만 아니라 島風도 現在와는 다를 것이고 韓國 全體의 歷史가 別途를 걸었을 것이다. 그 證據로는 韓日合倂後에 大阪等地에 있는 韓國人部落은 대부분 本島民이 形成한 것이다.

여기에 등장한 '용한유위(勇悍有爲)'라는 말은 평안도 사람들의 성정을 용한위상(勇悍爲上)이라고 표현한 이중환의 『택리지(擇里志)』를 연상시킨다. 이 점에 주목하면 석주명의 이런 표현은 앞서 제주도민의 기원을 원주민과 이주민의 혼혈로 규정한 것과 어느 정도 관련이 있는 것으로 짐작된다. 곧, 앞 절에서 서술한 원주민과 이주민의 혼혈이라는 제주도민의 기원 분석을 전제로 한 상태에서 이른바 '한반도 분자(分子)'로 볼 수 있는 자연 환경적 요소를 공통적으로 가지고 있는 지역민의 성정을 가리키는 기존의 표현을 일부러 가져다 쓴 것으로 볼 수 있는 것이다.[28] 석주명의 이런 분석은 자연 환경 조건과 인문 사회 조건이 서로 맞물리면서 상호 참조한다

로 추정된다. 음가가 비슷한 사례를 들어 이런 추정을 한다는 것은 학문적 엄밀성을 결여한 것이지만, 적어도 오늘날 우리에게 '모독'이 티끌을 뜻하는 것이고, 필리핀어에서는 유사한 음가의 단어가 산을 뜻하는 것이라는 정보를 제시하는 것이 될 수는 있다.

28 「7.食衣住」의 〈婦女의 衣裝〉 항목에서 "平安道婦人의 것과 殆同하다."(97쪽)고 한 것을 보면 '용한유위'라는 표현을 쓴 이유가 있을 것으로 추정된다.

는 전제를 확인시켜주는 것으로 볼 수 있다. 지역민의 기질은 자연 환경에서 비롯된 것으로서 그것이 지역적 특성을 반영한 형태로 잘 발현되기만 했으면 우리나라 전체의 상황이 당시보다는 훨씬 좋았을 것이라는 석주명의 논리는 단순한 원망형(願望型) 가정(假定)으로만 볼 수는 없다. 이러한 논리는 자연 환경과 인문 사회적 조건이 상호 참조되면서, 주변과 중심이 상호 참조되는 중층적 구조로 로컬리티를 분석하는 오늘날의 주장과 다를 바가 없기 때문이다. 석주명도 그의 분석이 막연한 가정이라는 점을 불식시키기 위한 근거로 일제 강점기에 일본으로 이주하여 성공적으로 정착한 사례를 들고 있다.

물론 그의 이런 논리에서는 오늘날의 국학 연구 관점에서 보면, 당시 조선시대의 폐쇄적인 대내외 정책이 근현대사의 불행을 초래했다는 일제 강점기 지식인의 공통적인 문제의식에서 벗어나지 못했다는 한계도 드러난다. 이러한 한계는 제주가 삼별초의 난 등 내우외환을 겪었던 역사적 사실과 육지에서 온 탐관오리로부터 수탈당했던 역사적 기록들을 정리하고 있는 데서도 확인된다.

> 李朝時代의 島民의 嘆歌 日出而作하고 日入而息하니 帝力이 何有於我哉 擊壤而食하고 鑿井以飮하니 帝力이 何有於我哉.

인용문은 육지와 독립된 제주도의 상황을 그려 낸 〈李朝時代의 島民의 嘆歌〉이다(66쪽). 이 노래는 석주명이 지은 것이 아니라 『십팔사략(十八史略)』에 기록된 고복격양(鼓腹擊壤)의 고사를 인용한 것이다. 본래 이 '고복격양'은 중앙권력이 미치지 않아서 서민적 삶이 잘 구현되고 있는 요순임금의 태평성대를 표현하는 것이다. 그런데 고복격양가를 그대로 옮겨 놓으면서도 제목을 탄가(嘆歌)라고 붙였다는 점에 주목해볼 수 있다. '탄가'는 말 그대로 '탄식하는 노래'를 뜻한다. 그러므로 제주 지역이 수탈의 대상임에도 불구하고, 지리적 여건 상 중앙으로부터 소외된 지역이라는 부정적인 의미를 담아 재해석한 것으로 볼 수 있다.

　한편, 〈6.民俗〉에서는 제주도에 경신숭배(敬神崇拜)가 많다는 것(88쪽), 육지에는 여성무조전설(女性巫祖傳說)이 대부분인 데 비해 제주에는 양성(兩性)의 무조전설이 다 있다는 것(91쪽), 남성들이 표류하거나 익사하는 경우가 많아서 한 남자가 여러 여자를 거느리는 습속이 남아 있다는 점(93쪽), 풍수사상이 농후하여 그 방면에 상당한 관심을 기울인다는 점(94쪽), 그래서 육지에는 없는 묘지형태가 있다는 것(95쪽) 등을 기록했다. 이런 기록들은 돌과 바람, 여자가 많은 만큼 돌을 쌓은 성소(聖所)가 많고, 풍신(風神)을 위시한 여신(女神)의 신앙이 성하다(91쪽)는 것에서도 드러나듯이, 제주의 자연 환경에 인문 환경이 영향을 받을 수밖에 없다는 관점을 드러낸 것이다.

　다음으로, 〈7.食衣住〉에서는 〈大門〉과 〈島民의 獨立性〉 항목이 눈에 띤다(96쪽).

> 大門 陸地에서 보는 大門이 아니다. 보통은 길든 짜르든 道路에서 집으로 들어가는 길 卽 「올래」가 있고 大門으로 볼 수 있는 濟州語로 「쌀문」「살채기」 혹은 「이문」이라는, 左右에 石板 혹은 木板을 세우고 「정문」이라는 막대를 揷入케된 것을 지나 집 앞마당에 들어가게 된다. …
>
> 島民의 獨立性 … 其實 親子가 同家同住이면서 別棟 別世帶生活을 하는 것은 陸地人들이 想像할 수 없는 程度이나 父母가 子女를 사랑하는 데는 相異가 없겠고 濟州島에도 孝子, 孝婦, 忠臣, 烈女가 있다.

　이 두 가지 가운데 먼저, '집으로 들어가는 길'을 가리키는 '올래(올레)'는 오늘날 제주의 대표적인 문화상품이 되고 있다. 다만 본래 의미 가운데 '걷는 길'이라는 부분만 부각되고 있어서, '집으로'라는 점이 상대적으로 약화되어 있다는 우려가 제기되기도 한다. 이런 우려에도 불구하고 카미노 데 산티아고(Camino de Santiago)의 '성지(聖地)로 가는 길'이라는 이미지를 제주의 독특한 문화 환경에 접목시켰다는 점에서 긍정적으로 평가

되고 있다. 석주명이 제주의 올레에 주목한 것도 이러한 점에 착안한 것으로 짐작해볼 수 있다. 석주명이 '도민의 독립성'에서 서술하고 있는 내용도 오늘날 외지인들에게는 제주만의 특성으로 여겨지는 부분이다. 그런데 한 집에 거주하면서도 결혼 후에는 독립된 세대로 생활하는 이유를 석주명은 독립성이라는 긍정적인 측면에서 이해하고 있다. 그래서 제주도에도 인륜질서가 있음을 진술함으로써 부정적인 관점을 미리 차단하려는 의도를 드러내었다. 그밖에 변소와 돈사를 겸하는 '돗통'은 제주도 외 한반도 지역은 물론 내몽고나 중국, 일본, 그리고 필리핀에서도 발견되는 것이라고 보고하는 데서는 제주가 우리의 고유문화를 가지고 있으면서도 또한 외부로부터 들어온 문화의 원형을 가지고 있음을 강조하고자 하려는 의도를 찾을 수 있다.

〈8. 日常生活〉에서는 다시 한 번 〈島民의 特性〉이라는 항목을 두어 1948년 조사 결과를 다음과 같은 9개 항목으로 정리하고 있다(102쪽).

> **島民의 特性** 1948年 照査에 依하면 ① 島民의 歷史的 傳說, ② 島民은 누구나 親戚關係에 있다. ③ 排他的이다. ④ 過去로부터 外地人이라면 乞人쯤으로 생각하여 都大體 相對를 잘 하지 않음. ⑤ 島民의 自尊心은 자기네의 水準이 韓國의 어느 곳보다도 떨어지지 않았다고 생각하는 것. ⑥ 中間層이라는 것은 殆無. ⑦ 傳統的 勇猛性. ⑧ 正義나 共同의 利益을 爲하여는 언제나 同一步調를 取함. ⑨ 生活力의 强盛 等이다.

9개 항목은 제주도민의 폐쇄적 공동체적 특성에 주목한 것으로 볼 수 있다. 섬이라는 폐쇄되고 척박한 공간에서 생존을 위해 배타적인 공동체 의식을 고취하기 위해 독자적인 전설을 향유하면서 전통적 용맹성에 입각한 강한 생활력을 가질 수밖에 없었다는 점을 전제하였기 때문이다. 따라서 이러한 평가는 긍정적이라고 할 수 없는데, 타자(他者)로서 석주명의 부정적인 평가는 다음과 같은 부분에서는 아주 구체적으로 드러나 있다.

勞動精神 島民에게는 勞動精神이 强하다. … 이 精神이 지극히 좋기는 하지
만 좀 지나친 點이 있어 極端의 個人主義로 되고 所謂 島人根性이란 것이 되
었다고 한다.

男權과 女權 男女의 權利는 分明히 經濟力에 並行한다. 濟州島서는 女子가
生産하며 따라서 經濟權을 가졌으니 男女의 權利는 同等이다. 그래서 離婚·
再婚의 風이 强하고 따라서 그것을 그리 흠잡지도 않는다. 翰林面 挾才里 같
은 곳에서는 初婚의 夫婦는 不過 2割밖에 않된다고 한다. 그러나 妾의 數가
적지 않은 것은 女子의 數가 많은 關係이다.

男女의 일의 區分 男子의 일로는 牛耕, 播種, 家屋建築 及修繕, 牛馬 牛馬車
의 取扱, 賦役 等이고 女子는 家事, 裁縫, 育兒 等 陸地 一般婦女의 일은 물
론 其外 家計, 農作, 潛水, 飮料水 運搬 其他 一切의 일을 하니 女子에게는
精神的으로 肉體的으로 餘裕가 없으니 밭도 人家近處에 集中되었고 떨어질수
록 값이 떨어진다. 그러니 女子의 文化面에는 보잘 것이 없고 發達할 理도
없고 內外의 風도 없다.

〈勞動精神〉 항목에서도 확인되듯이(101~102쪽) 석주명이 파악한 도민
들의 성정은 자연환경을 전제로 한 것이다. 그러므로 이전 항목의 기술 내
용과 큰 차이는 없다. 다만 노동정신이 강한 장점도 지나치면 극단의 개인
주의가 된다는 등, 자연 조건의 한계를 극복하고자 하는 노력이 부정적인
결과를 낳을 수 있다고 보는 점에 대해서는 주목할 필요가 있다. 이러한
관점은 여초현상 때문에 여성의 경제활동이 적극적일 수밖에 없어서 남권
과 여권의 평등과 내외의 풍속 부재를 낳았지만, 대신 노동에 시달리기 때
문에 문화적으로 소외당한다는 평가에서도 그대로 드러나 있다. 석주명의
이런 평가는 그가 온전히 타자(他者)의 관점을 견지하기보다는 경계인(境
界人)의 관점에서 제주의 상황을 분석하고 평가하려는 의도에서 비롯된
결과라고 할 수도 있다. 이 점은 오늘날 지역학으로서 제주학에 접근하는
연구자들도 생각해보아야 할 문제이다.

이상에서 소개한 것 외에도 제주의 인문지리적 환경, 산업경제부문, 제
주의 사회지리적 환경을 항목별로 정리하고 있다. 하지만 이미 〈Ⅱ. 自然〉

에서 제주가 한반도의 부속 섬이라는 점을 명확하게 하였고, 이를 전제로 하여 제주의 특성이라고 할 만한 것들을 정리 기록하여 보고하는 수준에 그치고 있다. 따라서 제주의 인문학적 위치를 계통적으로 정리 강조하려는 취지가 명확히 드러나 있지는 않다는 점을 한계로 볼 수 있다.

Ⅴ. 타자에 의한 제주도 문화 인식의 가능성과 한계

석주명은 『제주도수필』 제3장을 모두 25개의 절로 나누어 〈인문〉 계통으로 분류하였다. 오늘날 우리는 인문학이라고 하면 문학과 철학, 그리고 역사를 떠올린다. 그런데 『제주도수필』 〈인문〉편에는 앞 장인 〈자연〉편에서 다룬 기상과 해양, 지질·광물, 동물, 곤충 등을 제외한 모든 분야가 총망라되어 있다. 그래서 이 〈인문〉편을 평가하는 데 있어서 심심치 않게 '사회과학'이라는 용어가 등장한다.[29] 하지만 석주명은 이들 분야를 〈인문〉으로 통칭했다. 그 이유를 추론해본다면 당시 석주명이 사회과학이라는 용어에 익숙하지 않았기 때문이라고 할 수도 있다. 하지만 당시 사회학 분야가 이미 우리나라에 소개되었을 뿐 아니라,[30] 석주명도 ≪제주도총서≫의 2집을 『제주도의 생명조사서(제주도인구론)』로 출간하고, 4집 『제주도 수필』 가운데서 한 절을 〈사회〉로 이름붙인 바 있다. 그러므로 『제주도수 필집』의 3장을 〈인문〉이라고 이름붙인 이유는 따로 있는 것으로 볼 수 있 다. 이 문제를 주의 환기시키는 이유는 분류학·계통학에 능한 석주명이

---

29 윤용택, 앞의 논문, 2011, 246쪽; 최낙진, 앞의 논문, 2007, 321쪽.

30 1912년 鄭廣朝가 『天道敎月報』에 사회학에 관한 글을 2회에 걸쳐 실은 이래 꾸준 히 일본을 통해 사회학이 소개되다가, 1930년대에 이르러서는 유럽과 미국에서 직접 도입되기도 하였으며, 1946년에는 李相佰이 서울대학교에 사회학과를 설립 하기에 이르렀다.

자신의 연구 분야를 제주도학으로 분류한 일이 있기 때문이며,[31] 오늘날에도 지역학 또는 로컬리톨로지로서의 제주학 범위가 다소 모호하기 때문이다.

석주명의 제주도 연구가 기획단계에서부터 지역학(地域學)으로서의 제주도학이라고 가정한다면,[32] 그의 연구는 오늘날 주목을 끌고 있는 로컬리톨로지(Localitology)와 연결된다. 그렇다고 한다면 오늘날 로컬리톨로지 또는 로컬리티(locality) 담론이 가지고 있는 문제점을 내포하고 있거나, 지금 우리가 석주명을 긍정적으로 평가하는 것처럼 그것을 성공적으로 해결했다면 오늘날 우리의 담론이 어떤 방향성으로 나아가야 할 것인지를 제시해줄 수 있을 것이다.[33] 그런데 그의 제주도 자료들은 앞서 몇 차례 지적되었듯이 하나의 완결된 논저의 형태라기보다는 그것의 자료를 제시하는 일종의 자료집 또는 보고서의 형태를 띠고 있다. 그래서 우리가 기대하는 로컬리티 담론의 방향성을 확보하기는 쉽지 않다. 오히려 경계인으로서의 객관적이면서도 따뜻한 태도를 취하고 있었다는 점을 고려한다고 하더라도, 여전히 타자에 의한 지역학 연구의 가능성보다는 그 한계를 더 절감하게 될 수도 있다.

로컬리티 담론에서 가장 중요하게 생각하는 것 가운데 하나는 "현장의

---

31 석주명은 『제주도관계문헌집』에서 제주도 관계 문헌을 가장 많이 제공한 학자 15명을 언급하면서 자신을 "제주도학의 석주명"이라고 언급한 바 있다(석주명, 1949, 244쪽).

32 최낙진은 「석주명의 '제주도총서(濟州道叢書)'에 관한 연구」에서 석주명의 제주도 연구를 "학문적 연구대상으로서의 제주도와 연구방법론은 제주도학의 차원에서 논의되고 있었던 것이다. 제주도학은 석주명에게 총서 기획단계에서부터 '지역학(地域學)'이었던 것이다."라고 평가한 바 있다(위의 논문, 2007, 324쪽). 본래 원문에서는 "지역학(地域學이)었던 것"이라고 표기되어 있으나, 誤記로 판단하여 바로 잡았다.

33 로컬리티 담론의 기초적인 내용과 제주학과 로컬리티 담론의 연결 가능성 등에 대해서는 〈졸고,「제주에서 철학하기 試論-로컬리티 담론과 제주학 연구 현황 검토를 중심으로」,『耽羅文化』제 39호, 제주대학교 탐라문화연구소, 2011, 177~213쪽〉을 참조할 것.

실제 거주인들, 다시 말해 로컬인들의 행동범위와 특성을 파악하되, 그 접근 시각이 지배자의 담론이 아닌, 로컬인이 주체가 되는 관점"(장희권, 2009, 181~182쪽)이어야 한다는 것이다. 그러므로 스스로를 반(半)제주인이라고 부르는 그가 '도민들이 원시적 생활을 하고 있다'든지, '民度가 낮아서 미신적인 것이 많이 남아 있다'고 기술한 것은 근대의 계몽주의적 관점에서 벗어나지 못했다는 증거가 되기도 한다. 특히 앞서 여러 차례 지적한 바 있지만 석주명은 스스로를 '조선적 생물학자'라고 말할 정도로 국학 정립의 당위를 분명히 인식하고 있었다. 그러므로 '로컬인'인 도민도 여러 가지 면에서 이중성을 드러내었겠지만, 그것을 목격하고 정리하여 기록한 석주명도 한국 고유의 문화형태가 고립된 섬 제주에 남아 있다고 생각하면서도 제주의 이질적 요소들은 진취적 기상을 가진 도민들에 의해 적극적으로 수용된 결과라는 이중적 태도를 취할 수밖에 없었던 것으로 볼 수 있다.[34]

하지만 석주명의 보고에 따르면, 정작 도민들은 모든 부분에서 육지 어느 곳에서도 뒤떨어지지 않는다는 자부심을 가지고 있고, 석주명은 '제주다움'을 한국문화의 원형을 그나마 유지하고 있는 고립된 섬이라는 시각으로 접근했다. 그런데 제주를 한국문화의 원형을 찾아볼 수 있어서 고립된 섬이라고 하는 시각으로 접근한다면, "勇悍有爲의 航海業者"라고 도민의 자질을 서술한 것이나 해외지역과의 관계를 항목마다 확인해본 것 등은 말 그대로 이 책이 '학문적 엄밀성이 부족한, 붓 가는 대로 쓴 수필(隨筆)'

---

34 윤용택은 「석주명의 제주학 연구의 의의」에서 이러한 태도를 두고, "제주인들이 외지인들에게 자랑하고 싶은 것과 외지인들이 제주도에서 보고 특이하다고 느끼는 것 사이에는 상당한 차이가 있을 수 있다. 그리고 제주인들이 생각하는 '제주다움'(또는 '제주적인 것')과 외지인들이 생각하는 '제주다움'이 다를 수가 있다. 석주명은 자연과학도이자 외지인으로서, 그리고 제주도를 아끼는 반(半)제주인으로서 제주도의 자연과 문화를 좀 더 객관적으로 보면서 그것을 바탕으로 '제주다움'과 제주도의 가치를 찾으려고 하였다."라고 평가한 바 있다(앞의 논문, 2011, 248쪽).

에 불과하다는 말이 된다. 그러므로 만일 그가 자신의 계몽주의적 기획을 좀 더 분명히 드러냈다면, 『제주도수필집』을 비롯한 ≪제주도총서≫는 오늘날 우리가 되찾는다고 해도 석주명 당시의 시대적 한계를 그대로 드러내는 자료라는 제한된 가치를 가질 수밖에 없다. 왜냐하면 오늘날 인문학 분야에서는 거의 폐기되다시피 한 환경결정론(環境決定論, environment-alism)을 주요한 근거로 제시하는 듯한 서술 방식을 보였기 때문이다.

석주명의 이런 이중적 태도는 그가 제주도를 대주제로 하면서도, ≪제주도총서≫ 가운데 생전에 출간한 1~3권도 서울신문사에서 간행했다는 점에서도 드러난다. 기록에 따르면, 제주에서는 조선 태종 18년(1418) 3월 제주목에서 『예기천견록(禮記淺見錄)』을 간행한 이래, 조선시대 내내 지역민의 교육을 위한 경서류와 통치를 위한 법률관계 문헌이 간행된 일이 있다. 그리고 일제강점기 때인 1911년에는 일본인 사원승미(四元勝美)가 제주읍 본정목에 인쇄소를 개업하여 제주도민이 이 인쇄소에서 기술을 배웠고, 1924년에는 남원읍 출신 양창준(梁昌俊)이 조선인으로서는 처음으로 〈보창인쇄소〉를 개업하여 등기를 마친 후, 1925년 〈대성인쇄소〉, 1926년 〈임기호활판인쇄소〉, 1935년 〈삼광인쇄소〉, 1940년 〈岡本인쇄소〉 등이 제주도에 설립된 바 있다.[35] 특히, 1945년에는 일본군 제58군사령부에서 〈陣中新聞 濟州新報〉를 창간하여 당시 제주읍 일도리 소재의 〈四元인쇄소〉에서 인쇄한 바 있고, 미군정기인 1945년 10월 1일에는 제주도의 최초 지방신문인 〈濟州民報〉가 창간되어 〈岡本인쇄소〉에서 인쇄되었다(이문교, 1997, 101~139쪽). 이런 정황으로 보건대 1947년에서 1949년 사이 석주명이 ≪제주도총서≫를 출간하면서 제주도의 출판업계를 활용할 수도 있었을 것으로 판단된다.

물론, 오늘날에도 제주도에서 제주를 소재로 한 저서들이 제주도 소재

---

35 『濟州道誌』 제6권 제6편 문화·예술 편의 기록에 따르면, 태종 18년과 숙종 31년의 『예기천견록』 간행은 기록으로만 남아 있다(743~744쪽). 일제 강점기의 제주 출판업과 관련된 세부사항은 『濟州道誌』 제6권 745~746쪽을 참조할 것.

의 출판·인쇄소를 전적으로 활용하지는 않고 있다는 사실과 당시 석주명이 제주도민을 독자층으로 겨냥한 것이 아니라는 점 등을 고려한다면 굳이 여기에서 석주명의 이중성을 부각시킬 필요는 없다고 하겠다. 하지만 『제주도자료집』의 부록 「著者의 業績目錄 及 解說」에서도 확인되듯이 석주명이 쓴 雜記 180편 가운데 〈濟州新報〉에 실은 〈韓國의 姿態(濟州新報, 1948.2.6. 1面)〉, 〈濟州島廳論(濟州新報, 1948.10.20. 1面)〉이 있고, 『제주도수필』〈人文〉19.其他産業에서 중요금융기관과 보험회사 등을 소개하고 있음에도 문학 또는 출판 인쇄 관련 내용은 누락시키고 있는 것으로 보건대, 제주도가 한국문화의 원형을 유지하고 있다는 점에 지나치게 주목했던 것으로 볼 수 있다.[36]

이렇게 〈석주명의 제주도자료에 나타난 제주문화〉가 로컬인의 이중성과 기록자의 이중성을 그려내고 있지만, 그럼에도 불구하고 석주명이 하나의 주제의식을 가지고 객관적으로 자료를 수집 기록한 데서 그 가치를 찾을 수 있다. 그리고 무엇보다도 오늘날 로컬리티 담론이 지리학에서부터 출발하였으므로 그 범주가 사실상 제한될 수밖에 없는 데 비해서, 석주명의 제주도학은 이 모두를 〈인문〉이라고 하는 큰 범주로 설정한다는 점에서 그 의의를 찾아볼 수 있다고 하겠다.

---

36 〈濟州新報〉는 창간 당시 일제 강점기의 〈陣中新聞 濟州新報〉를 연상시킨다는 이유로 〈濟州民報〉를 제호로 했으나, 같은 해에 창간된 진보지 〈白鹿日報〉를 통합한 후인 1946년 1월 〈濟州新報〉로 제호를 바꾼 바 있다(이문교, 126~128쪽). 그리고 김동윤의 『4·3의 진실과 문학』에 따르면, 1946년 1월에 제주 최초 동인지적 성격의 잡지인 『新生』이 창간되었고, 1946년 5월에는 애월면 인민위원회와 청년동맹에서 공동으로 『新光』을 발간하였으며, 1947년 1월에는 경찰기관지인 『警聲』이 창간되는 등 석주명이 제주에 관심을 가지던 기간에 제주에서는 상당히 활발한 문학활동이 벌어졌다(2003, 257~284쪽). 제주 방언에 관심을 가졌던 석주명이 이렇게 문학과 출판에 관련된 몇 가지 중요한 기록을 누락시킨 것은 그가 '제주' 그 자체보다는 '한국 문화의 원형을 간직한 제주'에 주목했다는 사실을 반증하는 것으로 볼 수 있다.

제4장 영주십경(瀛州十景)으로 본 조선 유학자의 선경(仙境) 인식과 태도

　유산(遊山)은 소통(疏通)에 목적을 둔 유람(遊覽) 행위 가운데 하나로서, 조선 유학자들은 이를 통해 산(山)이 지닌 내재적 의미를 탐미하고, 그 계기를 통해서 성리학적(性理學的) 수양론(修養論)을 실천하려고 하였다. 그래서 유산(遊山)은 산(山)을 직접 오르는 형식만이 아니라, 선대(先代) 유람자(遊覽者)들이 남겨 놓은 유산기(遊山記)를 읽거나 그림을 보는 와유(臥遊)의 형식까지 포함했다. 본래, 동아시아의 선경(仙境) 인식은 전국시대(戰國時代)의 혼란한 상황에서 벗어나려고 하는 요구에서부터 비롯되었다. 조선후기 들어 이 선경(仙境) 인식이 새롭게 등장한 이유는 두 번의 전쟁 이후 이상향에의 동경이 극대화되었고, 동시에 당시 동아시아의 문화교류가 활발했기 때문이다. 따라서 한라산은 천혜의 자연경관 때문이라기보다는 조선 유학자들에게 낯선 공간이었기 때문에 수신(修身)과 위기지학(爲己之學), 그리고 겸선천하(兼善天下)라는 유가적(儒家的) 수양론(修養論)을 실천할 수 있는 인문학적 공간으로 창조된 것이다.

Ⅰ. 문제제기

　세계 7대 자연 경관 선정을 앞두고 제주도 내외에서 여러 가지 논란이 일었지만, 선정된 이후에도 선정과정이나 관련 기관의 신뢰성에 대한 논란 때문에 기대했던 축제 분위기가 나지는 않았다. 그리고 이제는 그 사업 추진 단계에서부터 마칠 때까지 논란이 있었다는 점을 기억하는 사람도 많지 않다. 국가사업이 으레 그렇지만, 추진 단계에서 제시되었던 다양한 기대효과가 실현되지 않더라도 책임지는 사람은 물론, 끝까지 책임을 묻는 사람도 없기 때문이다.

실제로 세계 7대 자연 경관 선정 추진에 찬성하는 쪽에서는 '제주와 대한민국에 대한 국내외 인지도가 높아져서 관광객이 증가하면, 막대한 경제 파급 효과를 가져 올 뿐 아니라, 그를 통해서 제주의 브랜드 이미지와 대한민국의 국격을 한 단계 높일 수 있다'고 주장했다.[1] 하지만 반대하는 쪽에서는 '유네스코 환경 분야 인증 3관왕[2]을 달성함으로써 제주의 브랜드 가치는 이미 충분히 인정받았으므로, 가령 생태관광적 측면에서 유형·무형의 부가가치를 창출할 수 있는 계기가 된다고 하더라도, 오히려 관광객 유인 차원에서 미미한 인지도 제고 수단에 그칠 뿐 찬성론자들이 말하는 기대효과는 없다'고 주장했다.[3] 그리고 어떻든 선정된 이후에는 추진과정

---

1 제주-세계 7대자연경관선정범추진위원회의 홈페이지에서는 선정시 기대효과로 네 가지를 제시하고 있다. "첫째는 영원히 이어질 어마어마한 경제 파급효과입니다. 둘째는 대한민국 국격과 브랜드 가치 상승입니다. 셋째는 세계 7대 자연경관이 있는 국가의 국민이라는 자긍심입니다. 넷째는 천혜자연환경을 잘 보전해온 녹색국가라는 이미지입니다." 그리고 제주개발연구원 조사를 기초로 하여 경제파급효과가 1년에 6,400억원에서 1조 3천억원 정도라고 추산하고 있다. 관련 내용은 http://www.jejun7w.com/nature/nature5.html을 참조할 것.

2 제주도는 2002년 생물권보전지역 지정, 2007년 세계자연유산 등재, 2010년 세계지질공원 등록 된 바 있는데, 이로써 "유네스코 환경 분야 인증 3관왕을 달성"했다고 말한다.

3 제주환경운동연합 이영웅사무국장은 〈7대 자연경관 선정 추진사업, 예산 및 행정력 낭비 우려된다〉는 제하의 논평문에서 이렇게 주장한 바 있다. "생물권보전지역 지정, 자연유산 등재, 지질공원 인증에 이어 세계 자연경관으로 선정되고자 하는 제주도의 입장을 모르는 바가 아니다. 하지만 좀 더 냉정하게 판단하기를 바란다. … 알고는 있지만 도민들에게 연속된 동기부여를 해 도정시책에 끌어들이려는 의도가 다분하다. 그러나 세계지질공원 인증에 이어 또 다른 지향목표를 설정할 이유가 있었더라도 이번 자연경관 선정 행사를 자연유산, 지질공원 등 그 이전의 목표와 동일시 해 추진하는 것은 분명 문제이다." 이 논평은 전국적으로 7대자연경관선정과 관련한 대대적인 홍보가 이루어지기 전인 2010년 12월 13일 제주환경운

에서 제기되었던 여러 가지 우려들이 현실로 드러났음에도 불구하고, 논란 끝에 그러한 문제제기가 있었는지도 기억하는 사람도, 책임지는 사람도 없이 선정되었다는 '사실' 하나만 남았다.

사실 이 논란은 인간과 자연에 대한 이해, 로컬(local)과 글로벌(global)에 대한 이해, 미적(美的) 주체와 객체에 대한 이해 등과 같은 철학적 주제에 대한 관점이 엇갈려 있는 데서 비롯된 것이다. "천혜(天惠)의 자연경관"을 가지고 있다는 제주도가 세계7대자연경관에 선정되었다고 해서 제주도민과 대한민국 국민의 자긍심이 새삼스럽게 높아지는 것은 아니다. 그리고 제주도가 세계적인 동시에 지역적일 수 있는 계기를 이제야 가지게 되어, 그동안 주목받지 못했던 제주의 지역성이 세계성을 수정하고 변경할 수 있는 것도 아니다.[4] 아울러 세계인들의 소유욕을 자극하고 구매충동을 일으킬 수 있는 이른바 '제주에 부여된 감각적 현상으로서의 자연미'가 이번 기회를 통해 마련된 것이라고 보기도 힘들다. 그러한 '자연미'라고 하는 것이 있다고 하더라도 그것은 제주 고유의 것일 뿐 아니라, 찬성한 쪽에서 말하듯이 그것이 잘 알려지지 않아서 그런 감각적 현상으로서 제고될만한 계기가 하필이면 이제야 마련되었다고 하는 주장은 어떻게 보아도 '이번 기회'를 강조하는 것에 불과하다고 할 수 있기 때문이다. 더 냉정하게 말하면, 합리적 의심을 넘어 '이 모두가 사기가 아닌가'하는 의혹을 낳는 지경에 이른 것이다.[5]

동연합과 제주도기자협회 홈페이지에 실린 글이므로, "제주가 세계 자연경관으로 선정되는 것을 반대할 이유는 없다."고 유보적인 입장을 취하지만 대체로 추진하자는 쪽에는 숨은 의도가 있을 것이라는 논조를 유지하고 있다.

4 박치완·김성수는 「문화콘텐츠학과 글로컬 문화」에서, 글로벌과 로컬로 구성된 글로컬이 문자 그대로는 '세계적인 동시에 지역적이며, 세계성은 지역성에 의해 수정되고 변경된다'는 내용을 함축한다고 주장했다(같은 논문, 『글로벌문화콘텐츠』 제2집, 글로벌문화콘텐츠학회, 2009, 7~35쪽).

5 이 논란은 세계 7대 자연경관 선정 전화투표가 국제전화가 아니라 국내전화였다는 사실이 밝혀진 가운데, 시민 단체들이 감사원에 감사요청을 하는 한편, 2012년 4월 13일 제주참여연대와 제주환경운동연합, 제주주민자치연대, 곶자왈 사람들, 서

우리는 철학이 본래 어떤 보편적인 원리나 이념을 추구하는 것이라고 생각한다. 그런데 오늘날을 철학 또는 인문학 위기의 시대라고 말하는 이유는 철학 전공자들의 바람과는 달리 보편적인 원리나 이념을 추구하거나, 제시하지 못한다는 철학 외적 인식이 팽배해 있기 때문이며, 좀 더 솔직하게 말하면 주목조차도 받지 못하고 있기 때문이다.[6] 물론 이러한 사정은 우리 시대 철학이 시대의 지평(地坪)을 열지 못하고, 기껏해야 "시대를 부분적으로 반영하고 추수(追隨)해 온 데"[7] 그쳤다는 철학 내적 반성을 끌어내기도 했다. 이러한 반성은 우리 시대의 철학에 대한 무관심이 충분히 그럴만한 이유가 있다는 전제에서부터 출발하는 것이다. 그런데 생각하기에 따라서는 외적 인식에 따른 내적 반성이야말로 우리시대 철학이 생명력과

귀포시민연대, 탐라자치연대 등 6개 시민단체가 제주도의회 도민의 방에서 기자회견을 열고 "7대 자연경관 선정캠페인은 대국민사극이었다"면서 제주도와 KT 등 관계 기관을 고발하고, 부당이득 반환 소송을 검토할 것이라고 하는 지경에 이르렀다.

6 자크 랑시에르, 주형일 옮김, 『미학의 불편함』, 인간사랑, 2008, 23쪽. 여기서 주형일은 「옮긴이 서문」을 통해 "인문학의 위기는 인문학이 생산적이지 못하기 때문에 발생한 것이다. 여기에서 '생산적'이란 사회적 효과를 발생시킨다는 말이다. 예를 들어 앞서간 철학자들의 글에 나타난 개념들의 차이를 밝히고 남이 모르는 차이를 찾아냈다고 주장하는 수많은 철학논문들은 생산적인가? 차이를 만들어내는 학문적 노력이 여러 철학자들이 '만렙'의 경지에 오르는 데 도움을 줄 순 있겠지만 게임에서 신의 경지에 오른다고 현실의 곤궁이 사라지지는 않는다. 게임의 공간, 게임의 벽을 깨부수고 게임과 현실을 뒤섞지 않는 한 인문학은 죽어갈 것이다."라고 한 바 있다.

7 문성원, 「철학의 기능과 이념-1980년대 이후의 한국 사회철학에 대한 반성-」, 『시대와 철학』 제20권 3호, 한국철학사상연구회, 2009, 215쪽. 이 논문에서 문성원은 "시대의 변화가 압축적이고 중첩적이어서 철학이 제대로 담고 추스르기 어려웠다는 데" 문제가 있다고 분석하면서, "철학이 애써 자신의 시각을 가다듬어 전체를 조망하고자 했으나, 그 시야에 들어온 것은 나름의 시점과 틀을 중심으로 봉합(縫合)되고 전체화한 부분이었다. 그렇기에 철학이 잡아낸 시대의 상(像)은 왜곡을 면하지 못했다."라고 주장한 바 있다.

미래를 준비하기 위해서 꼭 필요한 것이다. 그러므로 철학의 위기는 그것이 외쳐질 때마다 역설적으로 철학의 미래를 꿈꾸게 하는 전제조건이 되는 것이다.

> 철학이 현실에 대한 비판적 패러다임을 제시해 주어야 한다고 할 때, 이제 철학 앞에 구체적으로 어떤 과제가 제시되는가? 그 과제는 다름 아닌 현실 속으로 들어간다는 뜻이다. … 현실 속으로, 그것은 곧 개별 분과 속으로 들어간다는 뜻이다. 제반 과학을 알자, 그리고 기술과 문화 또는 예술을 이해하자. 그 속에서 철학적 패러다임을 찾아내자. 그 때가 비로소 진정한 의미에서 '우리의 독창적 철학'을 할 때가 아닐까?[8]

이 장(章)의 문제의식은 인용문의 문제의식과 같은 맥락에서 출발한다. 지금은 기억조차 아련한 세계 7대 자연경관 선정을 둘러싼 논란을 겪으면서 철학 또는 시대정신의 부재(不在)를 말할 때, 그러한 현실에 대한 비판적 패러다임을 제시하는 일은 철학 전공자로서가 아니라 철학하는 사람으로서 '철학자'의 몫이 되기 때문이다. 철학을 학문적 연구의 대상으로 삼는 사람을 우리는 철학 전공자라고 하지만, 이들이 모두 철학자인 것은 아니다. 그렇다고 해서 현실 비판적인 구호를 외치는 모든 이가 꼭 철학자인 것은 아니다. 왜냐하면 '언필칭(言必稱) 철학자'라면 구호를 외칠 때조차 그것이 비록 위기지학(爲己之學)에 불과할지언정 긴 호흡의 모색 과정을 통한 연구가 필요하기 때문이다.[9]

이런 문제의식을 바탕으로 이 장에서는 조선(朝鮮) 유학자(儒學者)의 선경(仙境) 인식을 살펴보되, 그 가운데서 도가(道家)의 이상향 가운데 하나인 영주산(瀛洲山)에 대한 인식들을 살펴보고자 한다. 잘 알고 있듯이 조선 유학자들은 그 누구보다도 성리학적 질서에 충실했음에도 불구하고

---

8 이병창, 「철학 운동」, 『시대와 철학』 제19권 3호, 한국철학사상연구회, 2008, 18~19쪽.
9 문성원, 앞의 논문, 232쪽, 각주 10 참조.

성리학적이라고 말하기 곤란한 선경(仙境) 인식을 가지고 있었다고 한다면 그 이유를 살펴볼 필요가 있기 때문이다. 그것을 도출해낼 수 있다면, 오늘날 세계 7대 자연경관 선정이 헤아릴 수 없을 정도의 경제 파급 효과를 가져 올 것이라는 주장에 대해 비판적으로 접근할 수 있을 것이다. 신자유주의적 지배질서에 대한 비판의식이 이미 보편화되어 있으므로, 이런 분석과정을 꼭 거쳐야 그 이유를 도출해낼 수 있는가 하는 반론이 제기될 수도 있다. 하지만, 조선 유학자들의 선경 인식 속에서 과거 제주의 자연경관과 인문 환경의 독특성을 찾아서 그것이 오늘날의 인식과 어떤 동이점을 가지고 있는지를 비교 분석하는 과정에서 오늘날의 문제점을 좀 더 분명하게 도출할 수 있을 것이기 때문이다. 특히, '현실 속으로 들어간다'는 점에서 '영주산'으로 불린 한라산(漢拏山)을 국고문헌(國故文獻) 및 사찬(私撰文獻) 등에서 어떻게 기록하고 있는지를 살펴보고자 한다. 이를 통해 오늘날 우리가 제주를 세계 7대 자연경관으로 상품화하는 것의 문제점을 학문적으로 도출해낼 수 있을 것이기 때문이다.

Ⅱ. 조선 유학자의 유산(遊山) 행위에 대한 인문학적 접근

이름 난 자연을 찾아 그곳에서 심신(心身)을 수련하거나 요양하는 행위는 특정 시대와 공간에서만 일어나는 일이 아니다. 하지만 특히 지형적으로 산악(山岳)이 많은 우리나라에서는 고대부터 산악을 신성시하는 현상이 큰 비중을 차지했다. 종교학의 관점에 따르면, 산악의 신성성(神聖性)은 하늘과 대지(大地)가 만나는 지점으로서 산(山)이 갖는 '세계의 중심(Axis Mundi)'의 상징적 구조를 내포하고 있다. 그리고 물은 인간 생명을 유지하는 기본적인 것으로서, 물에서 생명이 발생했다는 생각에서 비롯되었다. 그래서 우리나라의 고대 신화에서도 물은 생명의 여성적 원리를 상

징하는 것으로 표현되었다.[10]

산과 물, 곧 산수(山水) 뿐만이 아니다. 오늘날 자연(自然)이라고 부르는 것들은 고대(古代)로부터 인간 삶의 장(場)이라는 점에서 신성(神聖)을 가지고 있거나, 인간에 의해 어지럽혀진 세계질서를 인식하고 회복할 수 있는 계기, 대상, 그리고 공간으로 여겨졌다. 그래서 변덕이 심하고 유한한 존재인 인간이 그렇지 않은 어떤 힘이 필요하거나 계기를 마련하고 싶을 때는 어떤 형태로든 자연을 찾았다. 토테미즘이나 애니미즘, 페티시즘, 자연숭배, 그리고 성스러운 공간[至聖所]에 대한 종교적 상징은 이런 현실적 요구를 반영한 것으로 볼 수 있다.[11] 따라서 '우리가 거주하는 공간에서 벗어나 자연으로 돌아간다'는 행위는 언제나 본래 가지고 있던 생명력이나 신성함을 회복한다는 의미가 강하다.

한편 "어떤 목적을 가지고 길 떠나기와 길 가는 과정을 여행이라고 볼 경우, 모든 인간은 여행을 한다."고 할 수 있다. 왜냐하면 "인간의 삶 자체가 여행의 시간이고, 역사 자체가 여행자로서의 인간들의 자취"이기 때문

10　琴章泰,「韓國古代의 信仰과 祭儀-그 構造의 宗敎史學的 考察-」,『同大論叢』, 8권 1호, 同德女子大學校, 1978, 8~9쪽. 琴章泰는 이 논문에서 檀君神話 등 國祖神話에 나오는 自然物들의 종교사학적 상징의미를 분석하면서, 山水에 대해서 본문과 같이 서술한 바 있다. "생명의 여성적 원리"는 그 지시하는 바가 불명확하지만, 출산과 양육을 뜻하는 것으로 파악된다.

11　琴章泰는「韓國古代의 信仰과 祭儀-그 構造의 宗敎史學的 考察-」에서 神聖性의 種類와 象徵的 意味를 하늘, 해, 降神, 山, 大地와 물, 植物, 動物, 神人으로 나누어 고찰한 바 있다. 엘리아데(Mircea Eliade, 1907~1986)는『종교형태론』에서 천공신과 태양, 풍요와 재생, 성스러운 공간과 시간으로 나누어서, 종교적 상징들의 형태를 구분 정리한 바 있다. 특히 엘리아데는 여기서 우리말 聖顯에 해당하는 'hierophany'라는 용어를 쓴다. 그가 히에로파니라고 이름 붙인 것은 그리스어 hieros(聖)과 phainein(나타내다)에서 착안한 것으로서, 그의 말에 따르면, "우선 가장 기본적인 히에로파니(마나 mana, 신기한 것 등)에서 시작하여 토테미즘, 주물숭배(페티시즘), 자연숭배, 정령숭배, 그 다음으로 신이나 마신으로 이행하고 최후로 일신교의 신 관념에 도달하는 것"의 기본이 되는 출발지점이다(엘리아데, 이은봉역, 위의 책, 도서출판 한길사, 1996, 45~50쪽).

이다. 물론 여기에서 말하는 여행은 A.공간적 이동, B.시간적, 심리적 이
동으로 크게 나눌 수 있고, 그 목적에 따라 C.공무수행, D.유람으로 크게
나눌 수 있지만, 그것은 "역사적으로 변화될 뿐 아니라, 그 내적 구조도
사회문화적 맥락에 따라 차별화"되므로 실제로는 인간의 행위 전체가 사
실상 떠나는 길 위에서 벌어지는 것이 된다.[12]

　현실적으로는 이렇게 일상에서 벗어나 길을 나서는 행위가 누구에게나
가능하지만은 않다. 심지어는 "여행의 민주화"가 이루어졌다고 하는 오늘
날에도 일상에서 벗어나서 어떤 목적을 가지고 준비한 여행을 시작하고,
그 어떤 목적을 수행한 뒤, 그것을 기록으로 남기는 일이 쉽지 않다. 곧
우리는 모두 어떤 이유로든 일상적인 공간을 떠나 다른 공간으로 이동하
려고 할 뿐 아니라 실제로 그렇게 하면서 살아가고 있지만, 그것에 수반되
는 다양한 과정에 주목하지 못함으로써 실제로는 여행을 완수하지 못하고
있는 것이다. 그러다보니 과거에는 주로 지식인 계층에 의해서 여행이 이
루어지고, 기록으로 남을 수밖에 없었다.[13]

　고대로부터 지식인들은 C.공무수행, D.유람(遊覽)의 목적에서 A.공간적

12 임경순, 「여행의 의미와 기행문학 교육의 방향」, 『새국어교육』 제79호, 한국국어교
　육학회, 2009, 368~371쪽. 큰따옴표 속의 인용문은 임경순의 논문에서 인용한 것이
　며, 그 외 A-D의 구분 및 표기는 이 연구의 논지전개를 위해 편의상 붙인 것임.
13 권덕영은 「古代 東아시아인들의 國外旅行記 撰述」에서, "예나 지금이나 낯선 지방
　을 여행한 사람은 자신의 체험과 정보를 타인과 공유하고자 하는 심리적 욕구를
　가지고 있다."고 전제한 후 여행기 찬술을 통한 정보 공유가 역사적 연원이 가장
　오래되었을 뿐 아니라 시간과 공간을 초월하여 대중들에게 지속적으로 정보를 전
　달할 수 있는 효과가 있음을 주장한 바 있다(『동국사학』 49집, 동국사학회, 2010,
　1~2쪽). 이 주장을 뒤집어보면, 고대로부터 우리는 모두 B.여행 중이지만, 그것을
　기록으로 남기지 않았기 때문에 그것은 A.여행이 아니라고 생각하는 것이 된다.
　물론 일반적인 용례로서 여행이 낯선 공간으로 떠나는 행위라고 할 때, 예전에 일
　반인들이 어떤 목적으로든 낯선 공간으로 떠나는 A.여행을 하기 어려웠을 것이라
　는 점도 고려되어야 한다. 이 점은 '이상균, 「조선시대 關東遊覽의 유행 배경」, 『인
　문과학연구』 31, 강원대학교 인문과학연구소, 2011, 167~196쪽'에서도 확인된다.

이동, B.시간적, 심리적 이동을 실제적으로 행했다.[14] 특히 공무수행여행으로 말할 것 같으면, 권근(權近)이 「금교역루기(金郊驛樓記)」에서 밝혔듯이 아주 오래 전부터 있었던 일로 확인된다.

> 대개 누각(樓閣)을 설치하는 것이 왕정(王政)과 무슨 관계가 있겠느냐고 생각하겠지마는 정사의 득실을 알 수 있는 것이다. 역(驛)을 설치하여 명(命)을 전하고 여사(旅舍)를 두어서 머무르게 하는 것은 삼대(三代) 때부터 정사(政事)하는 데 모두 주력하던 바였다. 그래서 옛날에 주나라 단자(單子)가 초나라에 사신으로 가면서 진(陳)나라를 지나는데, 손님이 와도 사관(舍舘)을 내어 주지 않아서 나그네가 묵을 곳이 없음을 보고, 진나라가 망할 것을 알았다고 한다.[15]

이에 비해 돌아다니며 구경한다는 의미를 가진 유람(遊覽)은 "주로 명승지나 경치 좋은 곳을 돌아다니며 구경함으로써 '체정심한(體靜心閑)'의 즐거움을 누리는 행위"이다. 몸과 마음을 고요하고 한가하게 한다는 '체정심한'이란 말은 유람하는 주체에게 중점을 둔 것이다. 그런데 관계적 차원에서 말하면 유람은 일종의 '소통(疏通)'행위라고 할 수 있다. 곧 (1) 길을 나선 자기 자신과 소통하고, (2) 길에 함께 나선 지기(知己)와 소통하며, (3) 길 어딘가에 머물면서 그곳에 있는 누군가와 소통하고, (4) 길 어딘가에서

---

14 김병인은 「고려시대 行旅와 遊覽의 소통 공간으로서 사원」에서 단국대학교 동양학연구소 편 ≪漢韓大辭典≫ 12권 293쪽에 나오는 行旅의 정의와 『孟子』「梁.惠王」 상편에 나오는 기록을 바탕으로, 공무수행 등을 목적으로 한 여행을 "行旅"라고 표현했다(『역사와 경계』74, 부산경남사학회, 2010, 1~28쪽. 해당 부분은 3쪽의 각주 4번 참조). 하지만 오늘날 行旅라는 용어가 '緣故 없이 돌아다니는'이라는 부정적 용례를 가지고 있으므로, 엄격히 말하면 商賈는 공무수행이라고 하기 곤란함에도 불구하고 이 연구에서는 行旅라는 표현을 쓰지 않기로 한다.

15 ≪陽村先生文集≫ 卷之十四 「金郊驛樓記」: "夫樓觀之設 何係乎王政 而有可以 知政治之得失者矣 置郵傳命 旅舍寄寓 皆三代爲政之所謹也 故昔周之單子 聘楚而過陳 見其客至不授舘 羈旅無所寓 遂知陳之必亡"

만나는 자연과 소통하는 것이 바로 유람이라는 말이다.[16]

우리나라에서 이 유람의 풍조가 본격적으로 확산된 것은 조선시대로 볼수 있다. 이 점은 특히 산을 유람하고 기록으로 남기겠다는 유람자의 적극적 의식이 발현된 약 560편의 유산기(遊山記)에서도 확인되는데, 지금 남아 있는 유산기의 대부분이 조선후기에 작성된 것으로 볼 때 이때 유람의 풍조가 급격히 확산되어 유행했던 것으로 짐작된다. 특히 임진왜란과 병자호란이 끝난 17세기 후반에 들어서면 유산 풍조가 급격하게 성행하기시작해 18세기에는 일반적인 유행이 되었을 정도였다.[17]

조선후기에 지식인들 사이에서 유산 풍조가 이처럼 유행된 데는 정치, 경제, 사회, 문화 면에서 여러 가지 이유가 있다.[18] 우선은 이때가 임진왜란(壬辰倭亂)과 병자호란(丙子胡亂) 이후로서 국가재조론(國家再造論)이등장한 시점, 곧 "한국 중세사회의 해체"에 직면한 시점이었다는 것이다. 2백여 년 동안 성리학적 지배 이데올로기에 근거해서 유지되어 온 체제가이미 16세기 말부터 사회 내부의 동요를 겪는 가운데 일본(日本)과 청(淸)의 침입을 겪게 되면서 기존질서체제가 흔들리자, 지식인 사회는 당파(黨派)를 막론하고 저마다 다양한 형태와 내용의 국가재조론을 내 놓았다. 하지만 아직 완전히 성리학적 질서가 붕괴된 것은 아니었으므로 성리학에기반을 둔 재조번방(再造藩邦)에서부터 적극적인 변법적(變法的) 국가재조론에 이르기까지 기본적으로는 유가적(儒家的) 수양론(修養論)을 그 내용으로 할 수밖에 없었다.[19]

---

16 김병인, 앞의 논문, 12~13쪽, 각주 44~45 참조.

17 이상균, 앞의 논문, 170~171쪽.

18 이상균의 「조선시대 關東遊覽의 유행 배경」에 따르면, 교통의 발달, 유람 정보의 섭렵 용이, 문기 함양 등 지식인 계층의 교양 욕구 증대, 탈속과 안분의 체험 욕구 증대, 외국인들의 우리 명승지에 대한 관심, 중국에서 유입된 八景文化의 영향 등을 들 수 있다(이상균, 위의 논문, 171~190쪽).

19 이 시기 國家再造論과 관련해서는 '졸고, 「우환의식(憂患意識)의 전통에서 본 다산(茶山)의 실학적 경세관(經世觀)과 그 이념적 논거」, 『사회와 철학』 제18호, 사회

다음으로는 전쟁이라는 것이 본래 민족과 국가간의 문화교류를 촉진시킨다는 문화사적 측면에 주목해볼 수 있다. 동서문화교류사에 있어서 이질적인 문화의 급격한 전파는 언제나 전쟁을 통해서였다고 해도 과언이 아니다. 조선후기의 임진왜란도 같은 맥락에서 전쟁 당사자국이었던 조선(朝鮮)과 명(明)나라, 그리고 일본(日本)의 문화가 서로 뒤섞이는 계기로서, 동아시아의 판도를 바꾼 대사건이었다. 실제 이 당시에 명(明)나라는 가정(嘉靖)-만력(萬曆)에 이르는 문화전성기를 맞이하고 있었으므로 이후 조선의 사상 문화계에 지대한 영향을 끼쳤고, 조선(朝鮮)은 퇴계학을 비롯하여 일본의 사상 문화계에 지대한 영향을 끼쳤다.[20] 그리고 전후(戰後)에 대청사절(對淸使節) 파견이 정례화된 것은 굴욕적 사대관계라고 볼 수도 있지만, 연행사절(燕行使節)을 통해 서적과 회화가 수입됨으로써 조선 지식인 사회의 반성과 문화적 자극을 불러일으켰다는 긍정적인 점도 있다.[21]

이러한 시대 상황으로 말미암아 적극적으로 현실에 참여하려는 지식인층과 현실에서 도피하여 안분자족(安分自足)하려는 지식인층이 모두 산(山)을 동경하여 그곳에서 노닐게 하는 풍조가 유행했던 것으로 볼 수 있다. 곧, 이 시기 유산기(遊山記)를 남긴 조선 유학자들은 일종의 적극적인 목적의식을 가지고 있었던 것이다. 그것은 산(山)이 지닌 내재적 의미를 탐미하고, 그 계기를 통해 자신을 수양하려는 목적의식이었다. 유가적 전통에서는 산(山)이 맹자(孟子)가 말한 호연지기(浩然之氣)를 기르고, 사마천(司馬遷)과 같은 문기(文氣)를 갖추는 데 있어서 중요한 방법으로 여겨

와 철학 연구회, 2009, 164~171쪽'을 참조할 것. 여기서 儒家的 修養論을 그 내용으로 했다고 한 이유는 名分論에 바탕을 둔 再造藩邦을 주장한 老論이나 實事求是를 내세우면서 變法的 國家再造論을 주장한 少論과 南人이나 결과적으로는 儒家的 反省을 기조로 했기 때문이다.

20 조재곤, 「壬辰倭亂 시기 朝鮮과 明의 문화교류」, 『亞細亞文化研究』 제6집, 曝園大學校아시아文化研究所, 2002, 15쪽.

21 權政媛, 「朝鮮後期 韓國·中國間 文化交流의 一樣相-筆談을 중심으로-」, 『漢字 漢文敎育』 제11집, 한국한자한문교육학회, 2003, 219~248쪽.

졌기 때문이다. 특히 이 시대에는 중국 사신을 영접하는 데 있어서 말이 아닌 필담(筆談)의 방법을 사용했기 때문에, 유산(遊山)을 통한 젊은 인재들의 문기(文氣)와 호연지기(浩然之氣) 함양이 국가적인 요구이기도 했다.[22]

국가적 수준의 요구는 유람을 통한 인재 양성에만 그치지 않았다. 앞서 살펴보았듯이 국가재조론의 한 축을 담당하는 재조번방(再造藩邦)의 보수적 성향을 가진 계층에서는 양란 이후에 조선이 중세사회의 급속한 붕괴를 겪게 된 중대한 이유가 강상윤리(綱常倫理)의 파괴에 있다고 보았다. 그래서 이들은 항상 공맹(孔孟)의 명분(名分)을 내세우고, 주자(朱子)의 공맹학(孔孟學) 이해를 교조주의적으로 따랐다. 따라서 이들에게 있어서 유산(遊山)이라는 것은 불변하는 도체(道體)를 산수(山水)를 통해 직접 체험하는 적극적 방법이었다. 이들이 공자(孔子)와 맹자(孟子), 그리고 주자(朱子)의 유람을 본받고, 이를 통해서 유교적 이념을 재확인하려고 했다는 것은 유산(遊山)에 성리서(性理書)가 지참되었다는 사실과 유산기(遊山記)에서 중국과 조선의 유학자들의 행적을 떠올리는 기록을 공통적으로 남겼다는 사실에서도 확인된다.[23]

이렇게 국가적 요구가 유산(遊山)과 같은 개인적 행위에도 요구될 수 있었던 것은 유가적 질서가 개인을 관계 속에서 파악하기 때문이다.[24] 이

---

22 이상균은 『中宗實錄』에 나오는 魚得江의 상소 내용을 바탕으로 유람을 통해 文氣 함양이 이루어졌고, 문기 함양의 목적이 중국 사신과의 응대라는 현실적인 필요에 있음을 주장한 바 있다(이상균, 앞의 논문, 172~173쪽).

23 이상균, 위의 논문, 173~175쪽. 이상균에 따르면, 退溪도 「洪應吉上舍遊金剛山錄序」에서 "登山臨水 可以日月而效聖賢之爲者 諸君旣效之矣 知及仁守 其所以有樂於斯二者 余與諸君 盍相與終身勉之哉"라고 해서, 山水를 찾는 목적이 성현의 일을 본받는 데 있음을 밝혔다고 한다(≪退溪先生文集≫ 卷之四十二. 序). 이런 목적의 유람을 특별히 淸遊라고 한다.

24 오늘날에도 세계 속에 존재하는 개인은 다양한 대인관계 속에서 부여받은 자신의 역할 실현을 통해서 개별성을 극복하고 사회성을 획득하게 된다고 보는데, 이것이 곧 '관계 속에서 파악되는 나'인 문화적 몸이다. 유가적 전통에서 이런 생각을 대

런 맥락에서 조선 유학자는 권력에서 밀려나 '비분강개하여 음주방일(飮酒放逸)로 소일하거나 임하(林下)에 두거(杜居)하면서 평생토록 독서(讀書)하고 저술(著述)하는 것을 큰 낙으로 여기는'[25] 처지가 되었다고 하더라도 산(山)을 찾았던 것이다. 탈속(脫俗)과 안분(安分)은 개인적 수준에서는 도피일 수도 있지만, 조선에서는 그럴 때조차도 유가적 이상에 따른 실천을 요구했다. 이 점은 금정찰방으로 좌천되었던 시기에 다산(茶山) 정약용(丁若鏞)이 남긴 다음과 같은 기록에서도 찾아볼 수 있다.

> 요즘 마음을 조용하고 맑게 가지는 시간이 차츰 오래되다 보니 아침저녁으로 늘 산기운이 자꾸 더 아름다워지는 것을 느꼈다. 이따금 앞서의 시를 읊을 때마다 부끄럽기 그지없어 마침내 다시 절구 두 수를 지어 구봉산에게 사과하였다[近日習靜漸久 每日夕覺山氣益佳時誦此詩 不勝愧怍 遂更作二絶句 以謝九峯山云].[26]

천주교와 관련된 혐의로 금정역의 찰방으로 좌천되었던 다산은 이 시를 쓰기 얼마 전까지만 해도 "군화발로 구봉산을 걷어차 엎어보았으면[靴尖踢倒九峯山]"이라고 답답한 심정을 노래했다. 그러나 산(山)을 벗하여 『퇴

표하는 것이 『中庸』의 五達道이다. 『朱子語類』 권61에서 말하고 있는 "道心如仁之於父子 義之於君臣 禮之於賓主 智之於賢者 聖人之於天道"은 인간이 처한 관계망인 父子와 君臣, 賓主로서 仁義禮智를 규명한다. 그러므로 인간은 仁義禮智라고 하는 도덕원리를 개별 존재자의 主靜 공부로 성취할 수 없다. 이렇게 본다면 인간과 인간의 몸이란 肉體 혹은 形軀로 규정되는 것도 아니며, 또한 이것을 배제한 靈魂 혹은 精神으로 규정되는 것도 아니다. 그러므로 현실적으로 目睹 가능한 개별자로서의 인간은 관계 속에서 파악되는 문화적 몸이라고 할 수 있다.

25 李丙燾, 『韓國儒學史』, 아세아문화사, 1989, 422쪽. 여기서 말하는 내용은 권력에서 밀려난 南人 時派를 가리키지만, 조선시대 권력에서 밀려난 士林은 대부분 이와 비슷한 태도를 보였다.

26 ≪與猶堂全書≫ 第一集詩 文集第 二卷. 이때 지은 시는 "朝朝爽氣足怡顏 勝在芬華市陌間 安得澹如元亮者 悠然坐對九峰山 寬懷無處不開顏 海闊天空亦此間 萬物自生還自在 翰林何必劂君山"이다.

계집(退溪集)』을 읽으면서 그런 심정을 이겨낼 수 있었던 것이다.

하지만 시간적 여유가 없거나 재력, 또는 체력이 부족한 이들은 이렇게 한가로이 유람을 하지 못했다. 그래서 선대 유람자들이 남겨놓은 유산기(遊山記)를 읽거나 그림을 보는 등의 행위를 통해서 일종의 간접체험을 했는데, 이것이 '와유(臥遊)'이다. 유산기(遊山記)에는 유람의 기록을 남기는 것 자체가 훗날의 와유를 위한 것이라는 점이 자주 등장한다. 물론 이 와유에는 그곳에 다녀오기는 했으되 다시 가기는 힘들 때마다 스스로가 꺼내보는 것도 포함한다. 하지만 실경(實景)을 보지 못한 사람들을 염두에 두었으므로, 좀 더 사실적인 와유체험을 전달하기 위해 손쉽게 눈으로 볼 수 있는 산수화가 종종 와유체험에 이용되기도 했다.[27]

이상으로 보건대 공무가 아닌 유람으로 한정한다고 해도, 조선 유학자의 유산(遊山) 행위는 청유(淸遊), 와유(臥遊)를 막론하고 인문학적으로 상당한 의미를 가진다고 할 수 있다. 가복(家僕)을 대동하고, 승려들이 맨 남여(藍輿)를 타고 이동했다고 해서 말 그대로 하릴없이 소일(消日)하는 놀이로만 볼 수 없는 이유는 바로 여기에 있다. 오늘날의 관광(觀光)도 그 어의(語義)를 보면 자신의 나라가 되었던 타국(他國)이 되었건 나라의 성덕(盛德)과 광휘(光輝)를 눈으로 직접 목격한다는 것이다. 이 점에서 조선 유학자의 유산(遊山)은 그저 산(山)을 오르는 행위[以目觀物]가 아니라, 마음으로 산(山)을 대하고[以心觀物], 그것을 통해서 이치를 깨우치는[以理觀物] 일종의 수양(修養) 방법이었다고 할 수 있다.

---

27 이상균, 앞의 논문, 175~177쪽. 특히 현장을 유람하며 직접보고 그린 紀行寫景圖가 臥遊체험 도구로 각광받았다고 한다.

Ⅲ. 영주산(瀛洲山)의 성격과 공간적 특징

영주산(瀛洲山)은 봉래산(蓬萊山), 방장산(方丈山)과 함께 삼신산(三神山)으로 불리는 신산(神山)이다. 대개 동아시아에서 삼신산(三神山)의 유래는 전국시대(戰國時代)로 보는데, 사마천(司馬遷)의 『사기(史記)』「봉선서(封禪書)」에서 다음과 같이 기록하고 있기 때문이다.

제(齊)나라 위왕(威王)과 제(齊)나라 선왕(宣王), 그리고 연(燕)나라 소왕(昭王) 때부터(사a) 사람들을 시켜 바다로 가서 봉래(蓬萊)·방장(方丈)·영주(瀛洲)를 찾도록 하였다. 이 세 개의 신산(神山: 사b)은 전설에 의하면 발해(勃海) 가운데 있었고(사c), 인간 세상과 멀리 떨어져 있지 않았다. 선인(仙人)들은 머지않아 배가 도착할 것이 걱정이 되어 얼른 바람을 이용해서 배를 떠밀어 버렸다(사c-1). 일찍이 그곳에 갔다 왔던 사람이 있는데 거기에는 많은 선인들과 불사약(不死藥: 사d)이 있다고 하였다. 그리고 거기서 나오는 온갖 것들과 날짐승과 길짐승들은 모두 흰색이요, 궁궐은 모두 황금과 은으로 만들어졌다(사d-1)고 하였다. 그곳에 아직 도착하기 전에 멀리서 바라다 볼 때는 온통 운해(雲海)처럼 떨어져 있었지만, 막상 그곳에 다르고 보니 이 세 개의 신선(神山)은 오히려 물속에 가라 앉아 있었으며(사c-2), 그 안쪽으로 배를 대어 가까이 접근하면 할수록 이상한 바람 때문에 배가 떠밀려(사c-3) 끝내 그곳에 도달할 수가 없었다고 한다. … 진시황(秦始皇)은 몸소 바닷가로 가서 이를 확인하려고 하는데, 찾지 못하는 것은 아닐까 하는 두려운 생각이 들어, 사람을 시켜 동남동녀(童男童女)들을 딸려 바다로 보내어 찾도록 하였다. 그 사람들은 모두 배가 바다에 이르렀으나 바람에 떠밀려 그곳에 가 보지는 못했지만 아득히 먼 곳에서 그저 바라만 보았을 뿐이라고 둘러댔다. 다음 해, 진시황은 다시 해상을 순유하며 낭야산(琅邪山)에 도달하고, 항산(恒山)을 거쳐 상당(上党: 사c-4)에서 되돌아왔다. … 그로부터 5년 후, 진시황은 남쪽으로는 상산(湘山)까지 순유하고, 회계산(會稽山: 사c-5)에 올라 해상으로 가서 삼신산의 장생불사약을 얻기를 희망하였다. 그러나 얻지 못하고 귀경하는 도중에 사구(沙丘)에서 죽었다.[28]

우선 인용문의 내용을 a.연대, b.산의 개수, c.위치, d.특성으로 나누어 보겠다. 같은 기사가 『열자(列子)』에도 나오기 때문이다. 그런데 『열자』에는 a.이 이야기가 유포된 연대는 명확하게 나오지 않고, 그 이하의 내용은 비교적 구체적으로 서술되기 때문에 『열자』의 내용을 살펴보기 전에 연대부터 확정할 필요가 있다. 사마천의 기록에 따르면, 사람들이 삼신산을 찾게 된 것은 전국시대부터이다. 왜냐하면 제위왕(齊威王, B.C.356~B.C.320)과 제선왕(齊宣王, B.C.319~B.C.301), 그리고 연소왕(燕昭王, B.C.312년~B.C.279년)은 모두 전국시대에 속하는 인물들로, 당시 전국칠웅 가운데서도 가장 강력한 힘을 가진 군주였기 때문이다. 전국시대 제후들이 패권을 다투는 크고 작은 전쟁을 수행하는 동안 백성들과 지식인은 물론, 그런 전쟁을 일으킨 제후들조차 이상향을 동경했다는 사실은 매우 의미심장하다.

이 이상향에 대한 동경은 생몰연대가 명확하지는 않지만 B.C.400년경 정(鄭)나라에 살았던 것으로 짐작되는 도가(道家)의 인물 '열어구(列禦寇)'에게서 비롯된 것으로 짐작된다. 왜냐하면 『장자(莊子)』「소요유(逍遙遊)」에 '바람을 타고 하늘을 날았다'고 기록된 열어구의 저작이라고 하는 『열자』에 다음과 같은 기록이 있기 때문이다.

발해(渤海)의 동쪽 몇 억만 리가 되는지 알 수 없는 곳(열c)에 큰 계곡이 있다. 실로 끝이 없는 계곡으로 더 이상의 밑이 없어 '귀허(歸墟)'라고 한다. 팔굉(八紘)·구야(九野)의 물이 은하수로 흐르는데 그 흐름이 멈추지 않고 증감

---

28 『史記』「封禪書」: "自威宣燕昭 使人入海 求蓬萊方丈瀛州 此三神山者 其傳在渤海中 去人不遠 患且至 則船風引而去 盖嘗有至者 諸僊人及不死之藥皆在焉 其物禽獸盡白而黃金銀爲宮闕 未至望之如雲 及到三神山反居水下 臨之風輒引去 終莫能至云 … 始皇自以爲至海上而恐不及矣 使人乃齎童男女入海求之 船交海中 皆以風爲解 曰未能至 望見之焉 其明年 始皇復游海上 至琅邪 過恒山 從上黨歸 … 後五年 始皇南至湘山 遂登會稽 並海上 冀遇海中三神山之奇藥 不得 還至沙丘崩" 본문의 강조 표시 및 기호는 이 연구의 논지 전개 필요에 따라 임의로 붙여 놓은 것임.

(增減)이 없다. 그 가운데에 오산(五山)이 있는데 대여(岱輿)·원교(員嶠)·방
호(方壺)·영주(瀛洲)·봉래(蓬萊)(열b)이다. 그 산의 높낮이는 두루 돌아 3만
리이고, 그 정상(頂上)의 편평한 곳은 9천리(열d)다. 산과 산의 거리는 7만
리로, 이웃하고 있다. 그 위에 있는 집의 모습은 모두 金과 玉으로 되어있으
며, 그 곳의 금수(禽獸)들은 모두 순백색이다. 옥과 구슬로 된 나무가 모두
무리지어 살고, 그 아름다운 열매는 모두 맛이 좋아, 먹으면 모두 불로불사
(不老不死)한다(열d-1). … 상제(上帝)가 산(山)이 서쪽 끝으로 흘러가서 선성
(仙聖)의 무리가 거주할 곳을 잃을까 두려워하여, 마침내 우강(禺疆)에게 명
하여 거대한 자라 15마리로 하여금 머리를 들어 그것을 받치게 했다(열e). 돌
아 흐르기를 세 번 하니, 6만년에 한 번 교차한다. 오산(五山)은 처음에는 우
뚝 솟아 움직이지 않았다. 그러나 용백지국(龍伯之國)에 대인(大人)이 발을
들어서 몇 보 걷지도 않고 오산(五山)이 있는 곳에 이르러, 한 번의 낚시로
자라 다섯을 잡아서 모두 등에 지고 그 나라로 돌아가서, 점치는 용도로 자라
의 뼈를 태웠다. 이에 대여(岱輿)와 원교(員嶠) 두 산은 북극(北極)으로 흘러
가 대해(大海)에 가라앉았다.(열e-1) 선성(仙聖)이 흩어져 옮긴 자가 많아 억
(億)을 헤아린다. 이에 상제가 크게 노하여 용백지국을 점점 협소하게 만들고
그 백성의 키를 작게 만들었다. 그런데도 복희씨(伏羲氏)와 신농씨(神農氏)의
시대에 이르러(열a) 그 나라의 사람들의 키가 오히려 수십 장이었다.[29]

사마천의 기록과 『열자』의 기록을 합치면, 삼신산은 a.복희씨와 신농씨
이전부터 있었으나, 그것에 세상 사람들이 관심을 가지고 찾기 시작한 것
은 전국시대이다. 그리고 본래는 b.다섯 개였으나 e.의 내력에 의해 세 개

---

[29] 『列子』「湯問」: "渤海之東不知幾億萬里 有大壑焉 實惟無底之谷 其下無底 名曰歸
墟 八紘九野之水 天漢之流 莫不注之 而無增無減焉 其中有五山焉 一曰岱輿 二曰員
嶠 三曰方壺 四曰瀛洲 五曰蓬萊 其山高下周旋三萬里 其頂平處九千里 山之中閒相
去七萬里 以爲鄰居焉 其上臺觀皆金玉 其上禽獸皆純縞 珠玕之樹皆叢生 華實皆有
滋味 食之皆不老不死 … 帝恐流於西極 失羣仙聖之居 乃命禺疆使巨鼇十五擧首而
戴之 迭爲三番 六萬歲一交焉 五山始峙而不動 而龍伯之國有大人 擧足不盈數步而曁
五山之所 一釣而連六鼇 合負而趣歸其國 灼其骨以數焉 於是岱輿員嶠二山流於北極
沈於大海 仙聖之播遷者巨億計 帝憑怒 侵減龍伯之國使阨 侵小龍伯之民使短 至伏羲
神農時 其國人猶數十丈"

만 그 자리에 남아 있다. c. 본래 있던 그 자리는 중국의 산동(山東)반도
와 요동(辽東)반도 사이에 있는 발해(渤海) 한 가운데 또는 동쪽이다. 이
점은 여기에 관심을 보였던 진시황이 낭야산(琅邪山), 항산(恒山), 상당(上
党), 상산(湘山), 회계산(會稽山) 등을 순수(巡狩)하면서 삼신산(三神山)을
찾았던 데서도 알 수 있다. 그런데 이곳의 위치상 특징은 배를 접안하기
힘들 정도의 이상한 바람이 부는 곳으로서, 바다 속에 가라 앉아 있는 듯
이 보인다. 그리고 d.특성은 건물이 금(金)과 옥(玉)으로 지어져 있고, 그
곳에 있는 모든 것들은 백색이며, 사람들은 거인이다.

전국시대의 이러한 이상향을 조선시대 유학자인 성호(星湖) 이익(李瀷,
1681~1763)은 다음과 같이 평가하였다.

> 삼산(三山)이란 말은 연(燕)나라와 제(齊)나라의 임금에서 시작되었다. … 추
> 연(鄒衍)이란 자는 연 나라 사람이었는데, 연 소왕이 스승으로 섬겼었다. 그
> 런즉 연 나라와 제 나라에서 전해진 이 괴상한[迂怪] 이야기는 추연에게서 시
> 작되었던 것이요, 삼신산이란 전설도 시황에게서 비롯된 것이 아니었다. 이
> 미, "인간 세상과 거리가 멀지 않다." 하였고 또, "물고기를 지부산(之罘山)
> 밑에서 활로 쏘아 잡았다." 하였으니, 이 지부산은 내주(萊州) 문등현(文登縣)
> 동북쪽에 있는데, 시황이 일찍이 이 산에 올라 돌에가 글까지 새겼었다. 만약
> 멀리 동쪽 바다로 들어갔으면 길이 꼭 내주 바다를 거쳐야 할 필요가 있었겠
> 는가? 여기로 말미암아 바로 닿는 곳은 오직 조선(朝鮮)이 있을 뿐이다. 그
> 사이에 비록 섬들이 여기저기 벌여 있으나 어찌 일찍이 신선이 있어서 살았
> 겠는가? 방사가 이야기했다는 것도 이런 곳을 가리켜서 신선이 있는 듯이 속
> 여 넘긴 것임을 짐작할 수 있다. 왜인(倭人)은, "삼산은 우리나라에 있는데,
> 열전(熱田, あつた)・웅야(熊野, くまの)・부사(富士, ふじ) 이 세 산이 해당된
> 다. 서불(徐市)의 자손이 진씨(秦氏)로 되었다."는 것이다. … 조선 사람은,
> "삼산이 나라 안에 있는데 금강(金剛)・지리(智異)・한라(漢拏) 이 세 산이 해
> 당된다."고 한다. 두시(杜詩)에 "방장산(方丈山)은 삼한 밖이로구나[方丈三韓
> 外]." 하고, 그 주에 '대방국(帶方國) 남쪽에 있다.'고 하였으니, 이 시와 이 주
> 는 어디에 근거한 것인지 알 수 없다. 저도 반드시 상고한 바가 있었을 것이
> 나 정확한 증거는 아니다. … 대저 조선에서 진나라까지의 거리를 따지면 풍

마우(風馬牛)처럼 동떨어지게 먼 곳이다. 백성 중에 떠돌아다니는 무리로서
어찌 먼 바다를 건너고 오랑캐 지대를 거쳐서 동국(東國)까지 올 이치가 있
겠으며, 또 어찌 요심(遼瀋, 요녕과 심양)과 사군(四郡)의 터를 지나서 우리나
라 동남쪽 한구석까지 올 수 있었겠는가? 그 당시 형편은 추상해 보아도 바
다로 떠서 오지 않으면 능히 도달할 수 없었을 것이다.[30]

성호는 『사기(史記)』,『괄지지(括地志; 唐代 濮王泰 저)』,『통전(通典;
唐代 杜佑 저)』,『고려사(高麗史)』「조이전(趙彝傳)」,『동사(東史)』,『통고
(通考; 宋末元初 馬端臨 저)』등, 중국과 우리나라의 문헌에 근거하여 삼
신산이 우리나라 또는 일본에 있다는 속설을 비판했다. 그러면서 사실상
이것이 음양오행가(陰陽五行家)인 추연(鄒衍)에 의해 조작되었을 것이라고
추정했다. 하지만 이에 비해서 『사기』를 비롯한 중국의 기록을 근거로 우
리나라의 금강산(金剛山)·지리산(智異山)·한라산(漢拏山)이 중국의 이상
향이라고 본 조선유학자들도 있었다.

『습유기(拾遺記)』에 말하기를, "부상(扶桑)은 오만 리, 거기에 방당산(磅磄
山)이 있고, 산 위에 복숭아나무가 있으니 나무의 둘레가 백 아름이나 되며,
만 년에 한 번씩 열매를 맺는다. 울수(鬱水)는 방당산의 동쪽에 있는데, 거기
에는 푸른 연(蓮)이 있어 길이가 천상(千常)이나 된다. 그런 까닭에 만 년만
에 열매가 여는 복숭아[萬歲氷桃]니, 천 상이나 되는 연뿌리[千常碧藕]니 하는
설이 있다."고 하였다. 내 생각에는 방당(磅磄)과 방장(方丈)은 발음이 서로
비슷하다. 세속(世俗)에서 지리산(智異山)을 방장산(方丈山)이라고 한다. …

30 『星湖僿說』「經史門」徐市: "三山之說昉於燕齊之君 … 衍是齊人而燕昭王師事之則
燕齊迂怪之說衍爲之作俑而三山非起於始皇矣　旣云去人不遠而射魚于之罘山下之罘
在萊州文登縣東北始皇嘗登臨刻石若遠入東洋何必道由萊海耶　由此而直抵者惟朝鮮
在耳　其間雖島嶼羅絡曷嘗有仙居如方士所言此其所指可以彷彿識取矣　倭人言三山在
其國以熱田熊野富士當之徐市之後爲秦氏 … 是朝鮮人云三山在國中以金剛智異漢拏
當之杜詩方丈三韓外註云在帶方國南此詩此註未知何據果必有考而非之證也 … 夫朝
鮮之於秦卽風馬牛也齊民流移之徒豈有越萬里度夷貊得至東國之理又豈有過遼瀋四郡
之墟而窮到我東南之一角耶想其勢非浮海則不能達也"

또 말하기를, "원교산(圓嶠山) 위에 네모진 호수가 있으니 주위가 천리다."고 하였다. 지금 한라산 위에 깊은 못이 있다. 세상에서 한라산(漢拏山)을 원교(圓嶠)라고 하는 것은 대체로 근거가 있는 것이다.[31]

『지봉유설(芝峯類說)』은 광해군 6년(1614)에 이수광(李睟光)이 편찬한 일종의 백과사전이다. 주로 고서와 고문에서 뽑은 기사일문집(奇事逸聞集)인데, 여기서 이수광은 『습유기(拾遺記)』를 인용하여, 우리나라의 산들이 삼신산이라는 속설이 있음을 소개하였다. 이수광이 인용한 『습유기』는 후진(後晉, 10세기)시대의 왕가(王嘉)가 지은 책으로, 삼황오제부터 서진말까지의 중국에 전하는 여러 가지 전설을 모은 것이다. 오늘날에는 원본이 없어져서, 양(梁)나라 때의 소기(蕭綺)가 다시 편찬한 것이 ≪한위총서(漢魏叢書)≫에 수록되어 전해지고 있다. 그런데 이수광은 이 이야기에 근거하여 우리나라에 삼신산이 있다는 설이 있음을 전하면서, 『열자』에서 "이에 대여(岱輿)와 원교(員嶠) 두 산은 북극(北極)으로 흘러가 대해(大海)에 가라앉았다."라고 한 것과는 달리 한라산을 원교산(圓嶠山)이라고 부르는 것까지도 증거로 내세웠다.[32]

전국시대에 유포되었던 도교의 이상향이 조선시대 우리나라에서 새롭게 주목되고 있다는 점은 이즈음에 우리가 중국과 활발한 교류를 하고 있었다는 사실을 방증하는 것이기도 하다. 특히 삼국시대와 고려시대에 우리나라와 중국 양쪽에서 모두 우리나라를 해동(海東), 곧 발해(渤海)의 동

---

31 『芝峯類說』卷二「地理部」〈山〉: "拾遺記曰扶桑五萬里 有磅磄山 上有桃樹百圍萬歲一實 礜水在磅磄山東 生碧藕長千常 故有萬歲氷桃 千常碧藕之說 余意磅磄 與方丈音相 近俗謂智異山爲方丈山 … 又曰圓嶠山上有方湖 周廻千里 今漢拏山上有深池 世謂漢拏山爲圓嶠者 盖有據矣"

32 영조 27년(1751)에는 실학자 淸潭 李重煥(1690~1756)이 『擇里志』에서, "智異山在南海上 是爲白頭之大盡脉 故一名頭流山 世以金剛爲蓬萊 以智異爲方丈 以漢拏爲瀛洲 所謂三神山也 地志 以智異山爲太乙所居 羣仙所會"라고 해서 이수광과 마찬가지로 한라산을 영주산이라고 소개한 바 있다.

쪽이라는 뜻으로 불렀던 것은 당시 중국과 해상교류가 많았던 근거로 손꼽힌다. 그러던 것이 조선 광해군과 영정조시대의 백과사전류에 다시 소개된 것은 이 당시에 유산기(遊山記)가 활발하게 나왔다는 사실과 무관하지 않다.

물론 이런 추론과는 반대로 오히려 이 삼신산에 대한 기사가 출세를 뜻하는 용례로 쓰인 경우도 있다. 조선시대 유학자들의 문집에는 "등영(登瀛; 영주에 오르다)"이라는 시구(詩句)가 자주 등장하는데, 이것은 등영주(登瀛洲)의 준말로 옥당(玉堂), 곧 한림원(翰林院)에서 벼슬하는 것을 가리키는 말이었다. 앞서 살펴보았듯이 영주는 원래 삼신산(三神山)의 하나로서 신선이 산다고 전하는 곳이지만, 당(唐) 태종(太宗)이 문학관(文學館)을 짓고는 천하의 영재(英才)를 모집하자 여기에 뽑힌 사람들을 선망해서 사람들이 '영주산에 올랐다[登瀛洲]'라고 한 이래로 등영주는 동경하던 자리에 올랐다는 뜻을 가지게 되었다.

대표적인 예로 양촌(陽村) 권근(權近, 1352~1409)이 쓴 시를 들 수 있다. 그는 「사국(史局)에 입직하면서 또 목은(牧隱)의 시에 차운하다」라는 시[33]에서 공자의 춘추필법(春秋筆法)과 송대(宋代) 이정(李程)을 팔전학사(八磚學士)라고 부른 고사, 사마광(司馬光)의 「간원제명기(諫院題名記)」의 글귀, 『열자』의 기우(杞憂) 고사와 함께 당나라 때의 등영주(登瀛州) 고사를 함축적으로 표현해냈다. 이것은 그가 유학자로서 상당한 교양을 갖추고 있었음을 짐작할 수 있는 근거가 된다. 이외에도 삼신산 가운데서 특히 영주산과 관련하여 등영주(登瀛州)가 시구에 등장한 용례는 많다.

그런데 영주산(瀛洲山)이라는 명칭은 한라산 외에도 지금의 전라북도

---

33 陽村은 「史局에 입직하면서 또 牧隱의 시에 차운하다」라는 제목의 다음과 같은 시를 남겼다. "春秋書法詩編年 貶絶姦回責備賢 我以不才參載筆 頻來直宿但欺天 八磚風味似當年 樂聖銜杯摠世賢 曾是登瀛人所羨 違顏咫尺九重天 叨居諫院已經年 忠詐評題畏後賢 抗疏未能除弊事 愚如杞國謾憂天"-『陽村先生文集』 卷之三 「詩」 入史直 又次牧隱詩韻.

부안군 변산면 대항리 415-24번지에 소재한 변산(邊山)과 제주특별자치도 서귀포시 표선면 성읍1리에 위치한 오름에도 붙여진 일이 있다.

> 변산(邊山)은 [일명 영주산(瀛洲山)이라 한다] 부안(扶安)에 있는데, 여러 겹으로 높고 크며, 바위로 된 골짜기가 깊고 으늑하며, 전함(戰艦)의 재목이 많이 이곳에서 난다.[34]

『세종실록(世宗實錄)』「지리지(地理志)」에서는 변산(邊山)을 영주산(瀛洲山)으로 소개하고 있다. 이 기사는 『신증동국여지승람』에서 제주의 한라산 동쪽에 위치한 측화산을 영주산(瀛洲山)이라고 하는 것[35]과 동일한 관점으로 이해할 수 있다. 곧 변산이나 한라산, 또는 영주산이 발해의 동쪽에 있다고 할 때 그곳의 특징은 『열자』를 기초로 할 때 우선 '바다를 끼고 있는 산'이어야 한다. 변산(邊山)은 높이 508m의 산이지만, 예로부터 능가산, 영주산, 봉래산이라고 불려 왔는데, 이곳은 서해와 인접해 있고, 호남평야를 사이에 두고 호남정맥 줄기에서 떨어져 독립된 산군(山群)을 형성하고 있다. 그리고 최고봉의 높이는 낮지만, 400m 높이의 봉우리가 계속 이어지고, 골도 깊으며, 울창한 산과 계곡, 모래해안과 암석해안 및 사찰 등이 어우러지면서 뛰어난 경관을 이루고 있을 뿐 아니라, 무엇보다도 산이면서 바다와 직접 닿아 있는 것이 특징으로 손꼽힌다.

이렇게 보면 영주산(瀛洲山)을 비롯한 삼신산의 이미지는 기본적으로 『열자』와 『사기』의 기사를 차용하여 상징화된 것으로 볼 수 있다. 거꾸로 말하면 중국의 동쪽 바다에 있으면서 내륙과 연결되어 있고, 그 봉우리가 평평한 모양이고, 꼭대기에 눈이 쌓여 있어서 사물이 하얗게 보이는 곳이 삼신산으로 지시된 것이다. 그리고 이곳에서 신선과 불로장생의 약초가 많이 나온다고 하는 것은 죽을 수밖에 없는 자신의 존재를 인식하고 그러한

---

34 『世宗實錄』「地理志」全羅道: "邊山 [一云瀛洲山] 在扶安 重疊高大 岩谷深邃 戰艦之材 多出於此"
35 『新增東國輿地勝覽』 제38권, 全羅道, 旌義縣의 山川 기사 참조.

한계에서 벗어나려고 하는 인간의 욕망이 은유적으로 묘사된 것이라고 할 수 있다. 이 점은 앞서 살펴보았듯이 조선 유학자들의 "등영주(登瀛州)"라는 시구에서도 확인된다.

Ⅳ. 조선 유학자의 인문텍스트에 나타난 영주십경

오늘날의 우리에게도 제주도는 낯설다. 우리나라에서 제4기 화산활동을 관찰할 수 있는 유일한 지역이기 때문이다. 그러다보니 제주도에 관한 기록과 연구는 예전이나 지금이나 암석학적 접근에 의존한 지형경관적 (Geomorphic Landscape or Geomorphological Features) 특성이나, 조망경관적 특성, 그리고 생태관광적 측면에 편중된 자연경관의 특성 파악에 초점이 맞추어져 있다.[36] 사실 제주가 육지와는 달리 한라산과 360개의 소형 화산체가 어우러져 독특한 지형경관을 가지고 있다는 것은 사실이므로, 이런 부분에 관심이 쏠릴 수밖에 없다.

고려시대 이후로 이 자연경관의 낯설음은 삼신산의 전설을 연상시키는 한라산과 더불어, 제주도를 이상향인 영주(瀛洲)로 보게 했다.

> 한라산(漢拏山)은 고을의 남쪽 20 리에 있는 진산(鎭山)이다. 한라(漢拏)라고 말하는 것은 운한(雲漢)을 끌어당길 만하기 때문이다. 혹은 두무악(頭無岳)이라고 하니 봉우리마다 평평하기 때문이요, 혹은 원산(圓山)이라고 하니 높고 둥글기 때문이다. 그 산꼭대기에 큰 못이 있는데 사람이 떠들면 구름과 안개가 일어나서 지척을 분별할 수가 없다. 5월에도 눈이 있고 털옷을 입어야 한다.[37]

---

36 김상범, 「瀛州十景을 通해 본 濟州의 景勝觀과 景觀體驗 方案에 關한 研究」, 『地域社會開發研究』 제32집 1호, 한국지역사회발전학회, 3쪽.

37 『新增東國輿地勝覽』 권38 濟州牧: "山川 漢拏山 在州南二十里鎭山 其曰漢拏者以

『신증동국여지승람(新增東國輿地勝覽)』에 따르면, 1950m로 우리나라에서 두 번째로 높은 산인 한라산에는 여러 가지 이름이 있다. 우선 한라(漢拏)라고 하는 명칭은 '은하(銀河; 銀漢)을 잡아당길만한 높은 산'이라는 데서 비롯된 것이다. 그리고 원산(圓山)이라든가 두무악(頭無岳)이라고 하는 이름은 '높고 둥글며, 봉우리마다 평평하다'는 뜻에서 붙여졌다. 이렇게 은하를 끌어당길 만한 높은 산이면서도, 그 봉우리가 둥글고 평평하다는 것은 얼핏 보기에는 조화롭지 못한 형상이다. 하지만 우거진 숲, 그리고 기암괴석과 천형만학(千形萬壑)이 한라산에서 조화를 이루듯이, 한라산은 그 자체로도 높으면서도 평평하다는 두 가지 요소가 조화를 이루고 있는 것으로 볼 수 있다.[38] 그래서 유가(儒家)는 물론 도가적(道家的) 교양도 갖추고 있었던 조선 유학자들은 한라산을 영주산(瀛洲山)이라고 불렀다.

사실 제주도를 영주(瀛洲)로 기록한 문헌 중에 가장 오래된 것으로 손꼽히는 것은 고득종(高得宗)이 세종(世宗) 32년[1450]에 지은 사찬문서(私撰文書)인『장흥고씨가승(長興高氏家乘)』과 연대 미상이지만 제주의 역사를 담고 있는 가장 오래된 문헌으로 알려진 『영주지(瀛洲誌)』이다. 그런데『장흥고씨가승』은 고득종이 정이오(鄭以吾, 1347~1434)에게 부탁하여 태종 16년[1416]에『성주고씨가전』을 지은 후 34년이 지나서 직접 편찬한 것이다. 이 책에는『성주고씨가전』에는 없는 부분이 보충되어 있어서, 정이오가 쓰지 않았던 부분을 고득종이 직접 추가하여 쓴 것으로 추정하고

雲漢可拏引也 一云 頭無岳以峯峯皆平也 一云圓山以穹窿而圓也 其顚有大池也 人喧則雲霧咫尺不辨 五月有雪在八月襲裘"

38 같은 맥락에서 오상학은 「조선시대 한라산의 인식과 그 표현」에서 "한라산은 순상화산으로서 정상부에서 사면이 완만하게 이어져 섬 전체가 하나의 산으로 보인다. 멀리서 보면 험준하지 않은 온순한 산의 모습으로 다가온다. 그러나 산 안으로 들어오면 험준한 기암절벽과 계곡들을 볼 수 있다."고 하면서, 그 근거로 김상헌의『남사록』과 김정의『풍토록』, 임제의『남명소승』, 그리고 이형상의『남환박물』등의 기록들을 제시하였다(『地理學研究』제40권 1호, 국토지리학회, 2006, 131~134쪽).

있다. 이 추정과 여타의 기록을 근거로『영주지』는 최대로 그 저작연대를 올린다고 해도 고려말엽 내지 조선초기의 저작으로 볼 수밖에 없으며, 심지어는 정조 24년(1800)에 제주의 고봉정(高鳳禎) 등이 제주목사 정관휘로부터 고씨시조에 관한 증빙문서를 요구받아 작성된 것으로 보기도 한다.[39] 그러므로 제주를 본격적으로 영주(瀛洲)라고 부른 것은 조선 유학자의 유산(遊山) 풍조가 만연한 조선후기로 볼 수 있다.

앞서 살펴보았듯이, 조선 유학자들은 중국고전에 상당한 조예가 있었던 지식인들이었다. 따라서 이들은 유가(儒家)의 경적(典籍)이 아니더라도, 고전에 상당한 수준의 이해를 갖추고 있었을 뿐 아니라, 그것들을 상황에 따라서 상징과 은유를 사용하여 표현할 수 있었다. 제주의 경관에 대해서도 마찬가지이다. 육지에서 떨어진 바닷가에 우뚝 솟은 산, 그곳에서는 5월까지 가죽 옷을 입어야 하지만, 또한 해변으로 내려오면 상하(常夏)의 기후조건에 따라 육지에서 볼 수 없는 식생(植生)과 경관(景觀)을 가진 제주를 이상향으로 묘사하는 데 있어 영주(瀛洲)라는 이미지만큼 좋은 것도 없다.

그래서 유배의 땅이라는 인문학적 공간인 제주를 조선의 선비들은 자연경관에 주목하고, 그 아름다움을 그림과 시로 표현하였다. 오늘날 우리가 알고 있는 영주십경(瀛洲十景)은 매계(梅溪) 이한우(李漢雨, 1823~1881)의 「영주십경시(瀛洲十景詩)」에 기초한 것이지만, 그 전후에도 야계(冶溪) 이익태(李益泰, 1633~1704; 1694년 도임)의『지영록(知瀛錄)』을 비롯하여 병와(瓶窩) 이형상(李衡祥, 1653~1733; 1702년 도임)과 녹하(麓下) 이예연(李禮延, 1767~1843; 1830년 도임) 등 많은 선비들이 제주의 경치를 품제

---

39 진영일은 「조선시기 제주 「神人」 기사 검토」에서 『세종실록』, 『고려사』, 『신증동국여지승람』 등과 같은 관찬문서와 『성주고씨가전』, 『장흥고씨가승』, 『영주지』 등의 사찬문서를 구분하여 검토한 후, 사찬기록의 경우 일종의 상징조작이 이루어졌을 가능성이 있음을 주장한 바 있다(『耽羅文化』 제28집, 제주대학교 탐라문화연구소, 2006, 237~298쪽).

(品題)했다. 그런데 이들의 품제(品題)는 제주의 자연경관에 얽힌 시(詩)로서 지금의 십경(十景)과는 다르고,[40] 조선 헌종 때 목사로 왔던 응설(凝髙) 이원조(李源祚, 1792~1871; 1841년 도임)의 「영주십경제화병(瀛洲十景題畵屛)」가 이한우(李漢雨)와 오늘날의 영주십경(瀛洲十景)과 상당히 유사하다.

응설(凝髙)은 「영주십경제화병(瀛洲十景題畵屛)」이라는 십폭 병풍에 칠언절구(七言絶句)로 된 십경시(十景詩)를 제찬(題贊)하였는데, 영구상화(瀛邱賞花)·정방관폭(正房觀瀑)·귤림상과(橘林霜顆)·녹담설경(鹿潭雪景)·성산출일(城山出日)·사봉낙조(紗峯落照)·대수목마(大藪牧馬)·산포조어(山浦釣魚)·산방굴사(山房窟寺)·영실기암(靈室奇巖)이 그것이다. 그런데 이 병풍에는 발문(跋文)이 없어서 그려진 내력을 알 수 없지만, 제주도 열 곳 경치를 그림으로 그리고 시(詩)를 붙였다는 점에서 당시 이 열 곳이 제주도의 대표적인 명소로 자리 잡았음을 알 수 있다. 응설의 이 십경시(十景詩)는 이름, 차례, 시의 형식이 다를 뿐, 나머지 부분은 현재의 것과 거의 같다. 그렇지만 시 성격에 있어서 아름다운 경치를 실제로 느꼈다기보다는 병풍의 경치를 보고 시를 지은 듯해서 와유적(臥遊的)인 성격이 강하고, 경치 묘사도 매계(梅溪)의 영주십경시(瀛洲十景詩)에 비해 간략하다.[41]

---

40 冶溪 李益泰는 朝天館·別防所·城山·西歸所·白鹿潭·靈谷·天池淵·山房·明月所·翠屛潭을 '濟州十景'으로 꼽았다. 甁窩 李衡祥은 漢拏彩雲·禾北霽景·金寧村樹·坪岱渚烟·魚燈晩帆·牛島曙靄·朝天春浪·細花霜月을 제주의 八景으로 꼽았다. 이형상의 팔경 선정은 漢拏彩雲과 魚燈晩帆의 2경을 제외하고는 제주도의 동북쪽에 치우쳐 있다. 그러나 이익태가 단순히 열 곳의 지명만을 열거한 것에 비하여 이형상은 지명 뒤에 구체적인 볼거리를 밝히고 있다는 차이가 있는데, 이러한 방식은 이후에 그대로 답습되었다. 이밖에도 순조 철종 연간에 영평리에 살았던 小林 吳泰稷(1807~1851)은 拏山觀海·瀛邱晩春·紗峯落照·龍淵夜帆·山浦漁帆·城山出日·正房瀉瀑의 8곳을 선정하였다. 오태직은 이렇게 선정을 하였으면서도 특별히 제주팔경이라는 이름을 붙이지는 않았다. 그러나 正房瀉瀑과 拏山觀海 이외에는 제주에서 성산까지, 즉 동북면에 치우쳐 있고 특히 제주시 지역에서만 3개를 뽑아 도 전체를 두루 포괄하지 못한 것으로 평가 받는다.

영주십경(瀛洲十景)의 제목과 차례가 현재와 같은 형태로 정리된 것은 매계(梅溪)에 의해서이다. 본래 제주 사람이었던 매계는 직접 느낀 영주십 경의 경치를 노래했기 때문에 제주 및 외지의 여러 문인들이 그의 시에 화운하였고, 그래서 이후 매계의 영주십경이 널리 알려졌다. 특히 매계의 영주십경은 그 배열 순서가 특이하다. 그는 '성산출일(城山出日) 사봉낙조 (紗峯落照) 영구춘화(瀛邱春花) 정방하폭(正房夏瀑) 귤림추색(橘林秋色) 녹담만설(鹿潭晚雪) 영실기암(靈室奇巖) 산방굴사(山房窟寺) 산포조어(山 浦釣魚) 고수목마(古藪牧馬)'의 순으로 제주의 십경을 노래하였다. 그런데 이 차례는 관점에 따라 여러 가지로 풀이될 수 있다. 대표적인 것으로는 가는 것과 오는 것[出日, 落照], 멈춰 있는 것과 움직이는 것[春花, 夏瀑], 가까이 있는 것과 멀리 있는 것[秋色, 晚雪], 땅 밖에 있는 것과 땅 속에 있는 것[奇巖, 窟寺], 산 경치와 바다 경치[釣魚, 牧馬]를 대비시킨 것으로 풀이하는 것이다.[42] 이 밖에도 하루[出日, 落照]-춘하추동[春花, 夏瀑, 秋色, 晚雪]-영원[奇巖, 窟寺]-현실[釣魚, 牧馬] 등으로 이해하는 경우도 있다. 앞 의 것이 동정원근(動靜遠近)의 공간적 이미지로 이해한 것이라면, 뒤의 것 은 조석(朝夕)-춘하추동(春夏秋冬)-영원회귀(永遠回歸)의 시간적 이미지로 이해한 것이다.

한편 북송 말의 문인화가(文人畫家) 송적(宋迪)이 최초로 그렸다는 소 상팔경(瀟湘八景) 이후로 주로 경관을 그리거나 노래할 때는 주로 '팔(八)' 이라는 숫자가 애용되었다는 점에 주목해 볼 수 있다. 본래 숫자 팔(八)은 공간적 의미가 강한 것으로, 동서남북(東西南北)의 사방(四方)과 그 간방 (間方)인 사우(四隅)를 합쳐 모든 공간을 뜻하는 것이다. 그래서 우리나라 에서도 관동팔경(關東八景)과 단양팔경(丹陽八景) 등 일찌감치 여덟 개의

41 김새미오,「梅溪 李漢雨의 시문학 일고」,『영주어문』제11집, 영주어문학회, 2006, 66쪽.

42 손기범,「제주를 바라보는 19세기 유학자의 관점-이한우, 김정희, 이원조를 중심으 로-」,『영주어문』제17집, 영주어문학회, 2009, 104쪽.

경승(景勝)이 손꼽혔다. 그런데 영주십경(瀛洲十景)에서는 여기에 상하(上下)를 더한 열 개의 경승을 손꼽았다는 점이 특이하다. 일반적으로 불교용어인 시방삼세(十方三世)는 팔방과 상하의 공간과 과거·현재·미래의 시간을 합하여 '온세상'을 뜻한다. 따라서 이렇게 본다면 영주십경(瀛洲十景)은 영주(瀛洲), 곧 이상향으로 불리는 '제주의 모든 절경'을 뜻하는 것이 된다.[43]

여기서 한 걸음 더 나아가 철학적 의미를 부여하자면 영주십경(瀛洲十景)은 불교 선종화(禪宗畵)인 심우도(尋牛圖)와도 닮아 있다. 12세기 중엽 중국 송나라 때 곽암선사(廓庵禪師)가 그렸다는 십우도(十牛圖)를 기원으로 하는 심우도(尋牛圖)는 본성을 찾아 수행하는 단계를 동자나 승려가 소를 찾는 것에 비유하여 묘사한 것이다. 소를 찾는 심우(尋牛), 소의 발자국을 발견한 견적(見跡), 소의 모습을 목격한 견우(見牛), 소를 찾은 득우(得牛), 소를 길들이는 목우(牧牛), 소에 올라타 집으로 돌아오는 기우귀가(騎牛歸家), 소 위에 탔다는 사실을 잊어버리고 사람만 남은 망우재인(忘牛在人), 소도 사람도 잊어버리는 인우구망(人牛俱忘), 다시 출발지로 돌아온 반본환원(返本還源), 중생의 제도를 위해 속세로 나아가는 입전수수(入廛垂手)는 사실 인생행로를 절묘하게 은유한 것으로 볼 수 있다. 이와 마찬가지로 매계의 영주십경도 시간 순서로 본다면 일상에서 멀어졌다가, 다시 일상으로 돌아오는 구조를 가지고 있다.

사실 조선 유학자인 매계는 불교의 심우도와는 일정 정도 거리를 둘 수밖에 없다. 실제로 그가 쓴 「영주십경후(瀛洲十景後)」에는 영주십경시의 창작동기가 드러나 있는데, 전혀 불교적이지 않다. 그러나 그가 과거(科擧)에 연이어 낙방하여 갈등하고, 그래서 낯설기만 한 고향으로 돌아와 자

---

43 김상범은 「瀛州十景을 通해 본 濟州의 景勝觀과 景觀體驗 方案에 關한 硏究」에서 八과 十, 十二의 숫자를 통해서 영주십경의 의미를 분석하려고 했다(8-9쪽). 그런데 그는 주로 신화적 사유에 기초하여, 十長生과 十干十二支 등을 주요 논거로 삼았다. 그의 이런 분석보다는 전통적 공간 이미지를 통해서 유교와 불교의 세계관을 기초로 분석하는 것이 더 타당한 것으로 판단된다.

연을 벗 삼아 수신의지(修身意志)와 현실관조(現實觀照)를 실천하면서 자신의 본연을 찾은 후, 자신이 그렇게 하도록 만들어준 제주자연(濟州自然)을 운문(韻文)으로 재구성해냈다고 하는 점에서 보면,[44] 오늘날 우리가 이해하는 여행의 목적과 그 효과에서 크게 벗어나지 않는다. 그리고 그것은 불교의 심우도에서 겨냥하고 있는 자기 자신을 되찾는 것과 맞아 떨어진다. 곧 매계는 제주인(濟州人)이지만 그가 돌아온 제주는 여행지와 마찬가지로 낯선 공간이었고, 그 낯선 공간에서 자신의 갈등을 극복하여 자신의 정체성을 회복할 수 있었기 때문에, 누구보다도 제주의 경관을 잘 표현할 수 있었던 것이라고 할 수 있다.

이런 관점은 19세기에 제주를 바라본 추사(秋史) 김정희(金正喜)와 응설(凝卨) 이원조(李源祚)에게서도 확인된다. 매계가 수신(修身)과 자연미(自然美)를 중심으로 제주를 바라보았다면, 추사는 그리움과 위기지학(爲己之學)의 공간으로 제주를 이해했고, 응설(凝卨)은 겸선천하(兼善天下)의 실천공간으로 제주를 이해했다.[45] 제주 출신이 아닌 이들에게 있어서 제주는 공통적으로 '낯선 공간'이다. 심지어 제주 출신인 매계에게조차 제주는 낯선 공간일 수밖에 없다. 왜냐하면 이들은 익숙해지려고 했거나, 이미 익숙했던 공간을 버린 후에야 비로소 이 낯선 공간에 들어올 수 있었기 때문이다. 그리고 이들은 각각 이 낯설게 느껴지는 공간에서 거꾸로 낯선 이가 되어버린 자기를 인식함으로써 그 낯선 공간을 익숙한 유가(儒家)의 수양론(修養論)을 실천할 수 있는 낯익은 공간으로 재발견할 수 있었고, 그렇게 다시 창조했다. 그래서 이들은 이곳 영주(瀛洲)가 사실은 도가(道家)의 선경(仙境)은 아니지만, 그곳을 재발견하고 재구성해냄으로써 스스로가

---

44 김새미오는 「梅溪 李漢雨의 시문학 일고」에서 梅溪의 詩 세계를 科擧의 落榜과 葛藤, 修身意志와 現實觀照, 濟州自然의 韻文化로 나누어 고찰한 바 있다(56~69쪽).

45 손기범은 「제주를 바라보는 19세기 유학자의 관점-이한우, 김정희, 이원조를 중심으로-」에서 梅溪와 秋史, 그리고 凝卨의 제주를 바라보는 관점을 위와 같이 정리한 바 있다(100~115쪽).

산신(神仙)이 되어서 결국은 그 공간을 선경(仙境)으로 창조해낸 것이다.[46]

V. 인문학적 공간 회복의 가능성과 전제조건

　어떻게 보더라도 제주도는 "자연환경과 역사적 배경 및 사회문화적 특성들이 한국의 다른 어떤 지역과도 구별되는 특이한 양상"을 가지고 있다. 이 인식은 제주도에 대한 다양한 접근들을 '지역특수성' 하나로 제한한다. 그러다보니 '제주사람의 자기 정체성'을 논의하면 논의할수록 분리주의적 속성이 강화되어 그렇지 않아도 많지 않은 연구역량과 잠재적 연구자를 원천적으로 봉쇄하는 경우도 있다.[47] 심지어 제주사람들이 육지에서 온 전문가들에게 "직관적 인식을 들이대며 '너 제주에 대해서 잘 알어'… '내가 그 동네 사는데…'"라고 하는 경우도 있기 때문이다.[48]

　하지만 그렇다고 해서 지역특수성, 곧 낯설음에 꼭 역기능만 있는 것은 아니다. 여행은 '익숙한 앎[techne]'에서 거리 띄우기를 전제로 한 '바라보는 앎[theoria]'으로의 전환 필요성에서 기획된다. 그리고 낯선 것에 대해 상대적 관점의 헤아림을 통해 낯설음을 넘어선 경지로 우리를 이끈다. 그

---

46 손기범의 위 논문에 소개된 시들을 보면, 이 세 명의 유학자가 이러한 인식을 했음직한 구절이 많이 나온다. 예컨대 梅溪는 「偶吟」에서 "마음을 바르게 지니면 세속 욕심 없으니(胸中自是無凡想)"라고 노래했고, 秋史는 「次癸詹」에서 "전신이 본래 저 천상에서 내려 왔으니(前身本自來天上)"라고 노래했으며, 凝窩는 「遊漢拏山記」를 통해서 한라산을 도체가 깃들인 곳으로서 이를 통하여 심신을 수양하는 장소로 인식했다.

47 김성수, 「지역특권화와 문화 화석화를 넘어서-타자의 시선으로 본 제주학」, 『耽羅文化』 제33호, 제주대학교 탐라문화연구소, 2008, 13~15쪽.

48 한창훈, 「제주학 정립의 방향과 과제」, 『耽羅文化』 제33호, 제주대학교 탐라문화연구소, 2008, 36~40쪽.

리고 여행하는 우리들은 여행 안에서 다수실현[multiple realization]으로 흩뿌려진다[散種]. 아울러 여행하는 나와 그곳에 본래 있던 타자의 낯설음은 두 손이 서로를 그리고 있는 에서(Escher)의 그림처럼 서로를 보충대리한다. 그래서 그 낯선 풍경 속의 낯선 그림으로서 나는 서로 차이를 내면서, 또한 서로의 만남을 무한히 연기시킨다[差延]. 물론 동양적인 여행은 그 낯설음을 해체하여 균형과 대긍정이라는 자기 수양론의 관점을 통해서, 결국은 우리가 익숙한 앎으로 돌아와 그러한 앎을 다시 낯설게 느끼는 스스로를 통해 삶을 이루어간다.[49]

　이 장에서는 본래 조선 유학자들이 도가(道家)의 이상향을 왜 노래했는지, 그리고 그 이유가 오늘날 관광지로 유명한 제주에 어떤 의미를 던지는지를 학문적으로 규명하고자 하는 데 그 목표를 두었다. 제주도는 '제주도(濟州島)', 또는 '제주섬'이라는 말이 아직도 쓰일 정도로 주변부의식과 소외의식으로 가득 차 있었다. 그래서 한편으로는 '유네스코 환경 분야 인증 3관왕'으로도 모자라 '세계 7대 자연 경관 선정'에 온갖 열정을 쏟아 부었는가 하면, 다른 한편으로는 '민군 복합형 관광미항'에 그보다 더한 열정을 쏟아 붓고 있는 중이다. 이 모순은 여전히 제주를 '미개발된 주변지'로 생각하는 데서 비롯된 것이다.

　같은 맥락에서 제주는 '환경-생태-평화'라는 인문학적 공간으로 재창조될 필요가 없다. '인문과 자연이 상생하는 공간'이라는 캐치프레이즈도 사실 제주를 '육지와 떨어져 있는 미개발된 주변지이지만 천혜의 자연경관을 가진 곳'으로 인식한다는 점에서는 위에 언급한 것과 같은 모순을 범하고

---

49 이승종은 「차연과 자연: 동아시아 사유로부터」에서 데리다의 주요 개념에 기초하여 장자의 사상을 만남, 새, 바람, 손, 헤어짐, 소 등 여섯 가지 면에서 동이점을 분석하였다(『철학과 현실』 38, 철학문화연구소, 1998, 40~54쪽). 이 분석에 따라 장자가 아닌 조선 유학자의 유람을 분석하면 대체로 본문과 같이 정리될 수 있다는 점에 착안하여 위와 같이 서술하였다. 데리다 이론에 정통하지 못한 상태에서 초래된 이론상의 문제점이 있을 것이나, 요컨대 낯설음이 여행, 또는 여행지에서 부정적이지만은 않다는 점을 전달하려는 의도였음을 밝혀둔다.

있기 때문이다. 이런 점에서 본다면 제주의 옛길, 사실은 육지의 그것과 별 다를 것도 없는 그 길을 스페인의 까미노 데 산티아고(Camino de Santiago)에 못지않은 '올레'로 재창조한 것은 상당한 의미가 있는 것으로 평가할 수 있다. 왜냐하면 까미노 데 산티아고가 "산티아고의 순례길"이라는 이름을 통해 인문학적 공간으로 재창조된 길이라면, 올레는 "집으로 돌아가는 길"이라는 옛 의미를 통해 인문학적 공간으로 재창조된 길이기 때문이다.

앞서 살펴보았듯이, 제주를 선경(仙境)으로 재발견한 것은 익숙한 공간에서 벗어나서 낯선 공간에 서 있는 자기가 사실은 낯선 존재라는 사실을 발견하고, 그것을 계기로 자신이 마주한 공간을 선경으로 재창조한 교양인들이다. 그러므로 이 공간은 지형경관이나 조망경관, 그리고 생태관광적 측면에서 '잘 차려 내어 보이는 공간'이 아니라, 교감과 반성, 그리고 소통적 공간으로서 재발견하거나 재창조되는 인문학적 공간이다. 이렇게 볼 때 오늘날 제주는 그 인문학적 공간으로서의 생명력을 온통 빼앗겨 박제된 공간에 지나지 않는다고 할 수도 있다. 그러므로 이 박제된 공간에 생명력을 불어 넣으려면 요란스럽게 치장된 면/공간의 제한성을 뛰어 넘어, 인문학적 씨줄과 날줄을 더 촘촘하게 짜 넣은 선/그물망의 형태로 탈바꿈해야만 한다.

제3부
주체의 시선으로 본 제주

제5장 매계(梅溪) 이한우(李漢雨)의 '낯선 공간'으로서 영주(瀛州)

조선후기 제주 사람인 매계(梅溪) 이한우(李漢雨, 1823~1881)는 고향 제주를 '낯선 공간'으로 인식하고 접근했기 때문에 '영주(瀛洲)'라는 인문학적 공간으로 재창조해낼 수 있었다. 매계는 당시에 제주도에 유배 되었거나 부임한 외지 사람들의 시선에 공감하면서 고향 제주를 보았기 때문에 자신에게 익숙한 공간인 제주를 낯선 공간으로 인식할 수 있었다. 오늘날 우리는 제주를 자연 경관적 측면에서 접근하려고 한다. 하지만 오늘날 우리에게 있어 제주는 '탈경계 인문학'을 논할 수 있는 공간으로서의 가치가 더 크다. 이 점에서 매계의 '낯선 공간'으로서 영주에 관한 접근은 '자신의 중심성을 보면서도 타자의 중심성을 수용하는' 시도였다고 평가할 수 있다.

Ⅰ. 문제제기

'천혜(天惠)의 자연경관'을 자랑한다는 제주를 말할 때마다 늘 영주십경(瀛洲十景)이 손꼽힌다. 외지인의 입장에서는 '제주'라는 이름을 놓아두고 영주(瀛洲)라는 말을 쓰는 것도 낯설지만, 하필 '열 개의 뛰어난 경치[景勝]'를 손꼽는 것도 낯설다. 조선팔경(朝鮮八景), 관동팔경(關東八景), 단양팔경(丹陽八景), 북촌팔경(北村八景) 등 국내─지역─도시─마을에 이르기까지 '여덟 개의 뛰어난 경관'을 손꼽는 일은 많아도 열 개의 경관을 손꼽는 일은 많지 않기 때문이다.[1] 사실 우리가 팔경(八景)이라는 말을 더 익숙하게 여기는 까닭은 중국 산수화의 화제(畵題)인 소상팔경(瀟湘八景)에서 경승지를 손꼽는 것이 유래되었기 때문이다.[2] 그러던 것이 조선후기에 유산(遊山), 또는 유람(遊覽) 풍조가 유행하면서, 중국 문헌에 나타난 삼신산(三神山)이 우리나라의 명산(名山)이라는 자긍심이 싹트게 되어 한라산(漢拏山)을 영주산(瀛洲山)으로, 제주를 영주(瀛洲)로 부르게 되었다.

유배의 공간이었던 제주섬을 선경(仙境)으로 이미지화 하는 데 가장 큰 역할을 한 것은 당시 지식인이던 조선 유학자들이었다. 이들은 중국 고전에 상당한 조예가 있었으므로, 그것들을 다양한 상징과 은유를 통해 표현할 수 있었다.[3] 그러므로『사기(史記)』에서 발해(渤海; 山東半島와 辽东半島 사이에 있는 바다) 한 가운데, 또는 동쪽에 위치한 것으로 기록하고 있는 삼신산[4]이 다른 곳이 아닌 우리나라에 있다고 여겼다. 물론 이들이 모

---

1 『新增東國輿地勝覽』에 실린 徐居正의 칠언절구 10수를 達成十景(대구십경)이라고 하기도 한다. 하지만 瀛洲十景처럼 아예 10개의 경승을 고유명사로 쓰는 예는 흔하지 않다. 오늘날 智異山十景이라고 하는 것도 1972년경 우리나라 최초로 지리산등산지도를 제작 배포했던 지리산 산악회에서 임의로 지정하여 발표한 것이다.

2 안장리의 「韓國八景詩의 전개에 있어서 金時習의 역할」에 따르면, "소상팔경시는 중국의 동정호 지역인 소상강 지역을 대상으로 한 시이면서 팔경시의 전범이 된 시"이기도 한데, "고려 명종대 유입되었을 때 당대 문인들의 詩作 역량을 가늠하는 척도가 될 정도로 유행되었으며", 1442년 8월 안평대군이 安堅에게 그림을 그리게 하고, 당대 집현전 학사들과 함께 '瀟湘八景詩帖'을 만들 정도였다고 한다(『洌上古典硏究』 제31집, 열상고전연구회, 2010, 266~267쪽).

3 제주를 다녀간 조선 유학자들은 독특한 지형경관을 가지고 있는 제주의 아름다움을 그림과 시로 남겼다. 冶溪 李益泰(1633~1704; 1694년 도임)의 『知瀛錄』을 비롯하여 甁窩 李衡祥(1653~1733; 1702년 도임)과 麓下 李禮延(1767~1843; 1830년 도임), 그리고 凝窩 李源祚(1792~1871; 1841년 도임) 등이 제주의 경치를 品題했다.

4 『列子』와 司馬遷의 『史記』에서 동아시아의 仙境으로 묘사된 三神山은 본래 다섯 개(岱輿·員嶠·方壺·瀛洲·蓬萊)였으나, 이 가운데서 岱輿와 員嶠 두 산이 北極으로 흘러들어가 大海에 가라앉아 세 산만이 남았다고 한다. 그 위치는 큰 바다 한 가운데이고, 배를 접안하기 힘들 정도로 심한 바람이 부는 곳이다. 산 정상의 모양은 편평하고, 모든 것들이 흰색이며, 金과 玉으로 지어진 건물을 비롯하여, 신선과 온갖 진귀한 것들이 있는 곳이기도 하다.

두 그것을 사실로 생각한 것은 아니었지만, 적어도 그렇게 표현해도 좋을
만한 풍광을 지닌 것으로 생각할 만했다.[5]

한편, 전국시대 유행했던 도교의 이상향이 조선시대 우리나라에서 새롭
게 주목되었다는 점은 이즈음에 우리가 중국과 활발한 교류를 하고 있었
다는 사실과 당시 상황이 전국시대와 유사한 상황이었다는 사실을 방증하
기도 한다. 당(唐) 태종(太宗, 599~649)이 문학관(文學館)을 짓고 천하의
영재(英才)를 모집하자 사람들이 그것을 선망해서 '도달하기 어려운 곳에
들어갔다'는 뜻으로 썼다는 '등영주(登瀛州)'라는 표현이 조선시대 유학자
들의 문집에 심심찮게 나오는 것[6]과 임진왜란과 병자호란 두 전쟁을 겪고
난 후인 이 시대가 "한국 중세사회의 해체시기"라는 것[7]을 그 대표적인 전
거로 손꼽을 수 있기 때문이다.

조선후기 제주 사람이었던 매계(梅溪) 이한우(李漢雨, 1823~1881)는 고
향 제주의 대표적인 열 개의 절경을 「영주십경시(瀛洲十景詩)」로 노래했

---

5 예컨대, 星湖 李瀷(1681~1763)은 『星湖僿說』「經史門」徐市에서 전국시대의 이상
향 자체가 사실은 날조된 것이라고 비판한 바 있다. 하지만 이와는 반대로 중국
문헌에서 그려놓은 그 仙境이 꼭 우리나라에 있는 그것을 가리킨 것이 아니라고
하더라도, '이만하면 거기에서 말하는 그 정도 風光에 비길 수 있겠다.'라고 생각
한 이들도 있었다. 이런 생각을 대표하는 사료로는 광해군 6년(1614)에 李晔光이
편찬한 『芝峯類說』卷二「地理部」〈山〉: "拾遺記曰扶桑五萬里 有磅磄山 上有桃樹
百圍萬歲一實 薛水在磅磄山東 生碧藕長千常 故有萬歲氷桃 千常碧藕之說 余意磅磄
與方丈音相 近俗謂智異山爲方丈山 … 又曰圓嶠山上有方湖 周廻千里 今漢拏山上有
深池 世謂漢拏爲圓嶠者 盖有據矣"라는 기사를 들 수 있다.

6 陽村 權近(1352~1409)의 「史局에 입직하면서 또 牧隱의 시에 차운하다」라는 제목
의 시에도, "春秋書法詩編年 貶絶姦回責備賢 我以不才參載筆 頻來直宿但欺天 八磚
風味似當年 樂聖銜杯摠世賢 曾是登瀛人所羨 違顔咫尺九重天 叨居諫院已經年 忠詐
評題畏後賢 抗疏未能除弊事 愚如杞國謾憂天(『陽村先生文集』卷之三「詩」入史直
又次牧隱詩韻)"라고 해서 '登瀛州'라는 표현이 나온다.

7 이 시기의 상황에 대해서는 '졸고, 「우환의식(憂患意識)의 전통에서 본 다산(茶山)
의 실학적 경세관(經世觀)과 그 이념적 논거」, 『사회와 철학』제18호, 사회와 철
학 연구회, 2009, 164~171쪽'을 참조할 것.

는데, 추사(秋史) 김정희(金正喜, 1786~1856)를 비롯하여 외지인들과도 교
류가 있었기 때문에 제주는 물론 외지의 여러 문인들이 그의 시(詩)에 화
운(和韻)했다. 그래서 이후로는 매계의 영주십경(瀛洲十景)이 대표적인 것
으로 알려지게 된 것이다. 그리고 오늘날에도 매계의 영주십경은 관점에
따라서 다양한 방식으로 이해될 수 있는 독특한 순서와 내용을 담고 있다
는 점에서 주목 받을 만하다. 이 장에서는 이런 여러 가지 점 중에서도 특
별히 매계가 자신의 고향 제주(濟州)를 '영주(瀛洲)' 곧 이상향으로 인식했
다는 데 주목하고자 한다.

　매계는 고향 제주(濟州)를 조선후기 유학자들의 선경(仙境)인식에 따라
탐라(耽羅)가 아닌 영주(瀛洲)라는 용어로 표현하면서 그 열 개의 실재하
는 경관(景觀)을 제시하였다.[8] 실제 그가 이렇게 할 수 있었던 것은 낯선
제주에 유배와 있던 추사(秋史) 등과의 교류를 통해 자신의 고향을 '낯선
공간'으로 볼 수 있었고, 과거를 보기 위해 여덟 차례나 고향을 떠나는 여
행을 하면서 이곳과 저곳 어느 곳도 모두 '낯선 공간'으로 체험했으며, 낙
방하여 귀향하였을 때는 타향에서 그리던 그 익숙한 공간이 아닌 '낯선 공
간'으로서 고향 제주를 재발견하고 창조해내었기 때문이라는 착상에서부
터 출발하고자 한다.[9]

---

8 제주를 영주라고 부르는 것과 관련된 仙境 인식에 대해서는 '졸고, 「瀛洲十景으로
　본 朝鮮 儒學者의 仙境 인식과 그 태도」, 『대동철학』 제59집, 대동철학회, 2012,
　131~155쪽'을 참고할 것.
9 포스트모더니즘의 탈중심성 논리에 따르면 중심성에서 벗어난다는 것은 자기 자
　신에게서부터 벗어나는 것을 의미한다. 예컨대 인간은 몸을 지닌 생물학적 존재이
　므로 생물학적인 조건과 한계, 그 매개를 통해 존재한다. 그러면서도 동시에 문화
　적이고 철학적인 존재이기도 하기 때문에 생물학적 존재로서의 모순과 한계를 넘
　어서는 층위를 지닌다. 그래서 자신의 존재성에 따른 매개를 통해 생물학적 존재
　로서 자신을 극복하고자 한다. 이런 관점에서 탈중심성은 이중적이다. 자신의 존
　재와 중심성에 분명히 자리하고 있지만, 관계적 존재로서 타자의 존재와 타자의
　중심성을 받아들인다. 따라서 여기에서 말하는 이중성, 타자 등은 자신에게서 비
　롯되는 일원성의 원리를 유지하면서도 다원성을 수용할 수 있고, 나의 중심성을

이 점을 살펴보기 위해서 매계의 여정을 조선 유학자들의 유산(遊山) 행위와 같은 맥락에서 분석하면서 다른 유학자들의 여정을 되짚어 들어가는 형식을 취하였다. 왜냐하면 그는 제주를 찾아 그곳을 선경으로 인식했던 외지 사람들과는 달리 제주에서 태어나 외지로 나갔다가 다시 제주로 돌아오는 여정을 경험했기 때문이다. 그의 이런 여정은 분리(分離; 나섬)−원행(遠行; 멀리 감)−반본(反本; 돌아옴)[10]으로 나눌 수 있는데, 이 전체 여정에서는 '익숙한 앎[techne]'에서 거리 띄우기를 통한 '바라보는 앎[theoria]'으로의 전환이라는 철학적인 개념틀을 발견할 수 있다. 그러므로 익숙한 공간과 거리 띄우기의 과정을 '교류를 통한 인식의 전환', '여행을 통한 이중적 공간의 체험', '귀환을 통한 새로운 인문학적 공간의 창조'라는 면으로 재해석하는 것도 나름대로 의미가 있을 것으로 판단된다.[11]

앞서 살펴보았듯이 오늘날 제주는 천혜의 자연경관을 이용한 관광지로서 주목받고 있다. 본래 자연경관이란 그것이 어떤 의미를 가지는 공간, 곧 인문학적 공간으로 재발견될 때 가치를 지닌다. 그런데도 그 자연경관만을 장점으로 내세우다보면 생각하지 못했던 여러 가지 문제가 발생한다. 대표적인 사례로 세계 7대 자연 경관 선정을 둘러싸고 제주도 내외에서 여러 가지 논란이 일고 있는 것을 들 수 있다. 여기에서는 매계의 영주

보면서도 타자의 중심성을 수용한다는 것을 가리킨다(신승환, 「탈중심성 논의의 철학적 지평」, 『로컬리티 인문학』 창간호, 부산대학교 한국민족문화연구소, 2009, 175~176쪽).

10 '돌아옴'을 뜻하는 한자어는 '原始返本'이라고 할 때의 '返本'이지만, 보기에 따라서 특정 종교와 관련된 것으로 여겨질 수도 있다는 점을 고려하여 『도덕경』 25장에 나오는 '反本'으로 표기했다.

11 오늘날 우리들은 동아시아 전통을 로컬리티 담론 내지는 포스트 모더니즘의 관점에서 접근하는 경우가 많은데, 이 연구에서 채택한 접근 방식은 이승종이 「차연과 자연: 동아시아 사유로부터」에서 데리다의 주요 개념에 기초하여 장자의 사상을 분석할 때 이용한 방식을 차용한 것이다(이승종, 「차연과 자연: 동아시아 사유로부터」, 『철학과 현실』 38, 철학문화연구소, 1998, 40~54쪽). 그 이유는 위 각주 9)를 참조할 것.

십경이 단순히 자연경관을 가리킨 것이 아니라, 나름의 인문학적 공간을 창조했다는 점에 의미를 둠으로써 오늘날 제주가 직면하고 있는 여러 문제들을 풀어나갈 수 있는 단서를 찾아보려고 한다.

Ⅱ. 분리(分離): '낯선 공간'의 인식

어떤 인물에 대한 이야기는 그의 이름과 집안에서 출발하기 마련이다. 그런데 부해(浮海) 안병택(安秉宅, 1861~1936)이 썼다는 「매계선생행상(梅溪先生行狀)」에서는 매계의 이름에 얽힌 사연을 짤막하게 소개하고[12] 곧바로 "전하는 말에[蓋聞]"라고 한 뒤에, 매계의 집안이 어떻게 해서 제주도에 들어오게 되었는지를 서술하고 있다.

> 전하는 말에 성종(成宗) 임금의 아들인 계성군(桂城君)의 이름은 순인(恂)데, 아들이 없어서 덕풍군(德豊君; 㥊)의 아들 류(瑠)를 양아들로 삼았다. 이분이 계림군(桂林君)이다. 명종(明宗) 때 을사사화(乙巳士禍)에 거짓 모함을 당했는데, 선조(宣祖) 정축년(丁丑年, 1577)에 신원(伸寃)으로 복위되었다. 정양군(正陽君)의 이름은 회(誨)요, 회은군(懷恩君)의 이름은 덕인(德仁)인데, 아울러 재앙을 당하고 신원됨이 세 세대에 이르렀으니 그 슬픔이 어떠했으랴. 회은군(懷恩君)의 아들인 진사(進士) 팽형(彭馨)이 처음으로 바다에 들어와서 살았다. 가의대부(嘉義大夫)인 이름 득춘(得春)은 인조(仁祖) 갑자년(甲子年)에 원종공신(原從功臣)으로서 충훈부(忠勳府)에 책명(策命)이 내려졌다. 이것

12 '본래 이름이 漢震이었으나 憲宗 6년(1840)에 족보를 만들 때 避嫌(혐의를 벗음)할 바가 있어 위의 명령으로 雨로 고쳤다.'고 소개하였는데, 『헌종실록』에 따르면 헌종 4년(1838) 3월 11일에 "밤 1경에 지진하다(夜一更 地動)."라고 하였으므로 헌종 4년에 일어난 지진 때문에 避嫌한 것으로 볼 수도 있다. 이하 매계의 저술은 '李漢雨, 김영길 역, 『梅溪先生文集』, 도서출판 제주문화, 1998.'을 참고하였음을 밝혀 둔다.

이 공(公)의 12세 및 11세이다. 고조(高祖)의 휘(諱)는 병완(秉完)이고, 증조(曾祖)의 휘(諱)는 택휘(澤輝)이며, 할아버지의 휘(諱)는 성훈(聖薰)이다. 아버지의 휘(諱)는 신구(信九)이고, 어머니는 김해김씨(金海金氏)로 덕하(德河)의 딸이다.[13]

그런데 위 기사에 등장하는 전주 이씨 계성군파의 입도조(入島祖) 히팽형(李彭馨)의 행적을 추적하다보면 흥미로운 점이 발견된다. 우선 전주이씨대동종약원에서는 "회은군(懷恩君) 덕인(德仁)의 출생년도는 명종 9년[1554]이고, 제주로 귀양되었다가 돌아와 91세의 나이로 사사되었다."라고 해서, 회은군(懷恩君)의 생몰연대를 1554년에서 1644년으로 잡고 있다. 그런데 『선조실록(宣祖實錄)』 32년 기해(己亥, 1599; 萬曆 27) 5월 25일[壬申] 기사에 따르면, 정양정(正陽正) 이회(李誨)의 처 이씨(李氏)가 시아버지 계림군(桂林君)의 집을 남편이 이어 받았으니 아들 이덕인(李德仁)이 마땅히 그 주인으로 상직(賞職)을 받아야 하지만, 지금의 나이가 14세이니 그 뒤에 상직을 받도록 해달라고 정장(呈狀)한 일이 있다.[14] 이 기록으로 추산한 회은군(懷恩君)의 생몰연대는 1586년에서 1644년이다.[15]

---

13 「梅溪先生行狀」, 『梅溪先生文集』 153쪽: "蓋聞 宣陵王子桂城君諱恂 無育取 德豊君諱愭子諱瑠後焉 是爲桂林君 明宗乙巳被誣謠 宣祖丁丑伸復 正陽君諱誨 懷恩君諱德仁 並始禍終伸 三世遭遇 何其感也 懷恩君子進 士彭馨 始入海居焉 嘉義諱得春 以 仁朝甲子原從臣策命勳爵 寔爲公十二世若十一世 高祖諱秉完 曾祖諱澤輝 祖諱聖薰 考諱信九 妣金海金氏 父諱德河"

14 『宣祖實錄』 宣祖 113卷, 32年(1599 己亥/萬曆 27年) 5月 25日(壬申) 5번째 기사: "吏批(判書鄭昌衍 參判任國老 參議宋諄) 啓曰 正陽正誨妻李氏呈狀內 舅父桂林君家舍 家翁正陽正誨傳得 子德仁當爲其主 應受賞職 而以宗親時年十四歲 今歲末當爲副守 待其受職後賞職事 願入啓施行云 何以爲之 敢稟 甲山府使鄭沆 因本道御史狀啓 陞職事判下矣 鄭沆已行資窮 陞職何以爲之 傳曰 正陽正事 自曹察爲 鄭沆事 姑觀後日陞擢"

15 이렇게 볼 수 있는 또 하나의 근거는 조선시대에는 成宗 7년(1476)부터 노인에게 명예직이지만 壽職을 주는 관례가 본격적으로 시행되는 등 91세의 노인을 사사했을 가능성이 거의 없었다는 점을 들 수 있다. 그리고 『仁祖實錄』의 기사(『仁祖實

하지만 이렇게 회은군(懷恩君)의 생몰연대를 1586년에서 1644년까지로 잡으면, 이팽형(李彭馨)의 신원 자체가 모호하게 되어버린다. 왜냐하면 오늘날 우리는 전주 이씨 계성군파의 입도조(入島祖)가 '1576년[선조 9]에 경기도 고양군에서 이덕인(李德仁)의 아들로 출생하여 18세에 사마시에 합격하였으나, 조부 이회와 아버지 이덕인에 이르기까지 집안이 수난을 입게 되자, 1596년(선조 29)에 세속의 명리를 떠나 제주에 입도 낙향하였고, 31세의 젊은 나이에 죽었다.'[16]고 알고 있는데, 그렇게 되면 아버지가 태어나기 10년 전에 아들이 출생했다는 말이 되기 때문이다. 그리고 그가 아버지가 사사(賜死)될 때까지 제주에서 살고 있었다면 이때 함께 죄를 받아야 할 것인데, 전하는 기록에는 그 이후로도 생존한 것으로 나와 있다.[17]

그리고 이팽형(李彭馨)이 제주에서 낳았다고 하는 아들 이득춘(李得春)이 가의대부(嘉義大夫)로서 인조(仁祖) 갑자년(甲子年, 1624)에 원종공신

錄』仁祖 45卷, 22年(1644甲申/崇禎 17年) 4月24日(辛巳) 6번째 기사; 동년 7月2日(丁亥) 5번째 기사; 동년 7月25日(庚戌) 1번째 기사; 동년 7月29日(甲寅) 1번째 기사)에 따르면 懷恩君은 1644년 4월 24일에 大靜縣에 안치되었다가 같은 해 7월 29일에 配所에서 賜死되는데, 그렇다면 '회은군이 1644년(인조22)에 제주에 유배되었다가 1645년에 서울로 압송되어 사약을 받고 사망했다.'는 디지털제주시문화대전의 "입도조" 항목 기사도 수정되어야 한다.

16 디지털제주시문화대전(http://jeju.grandculture.net/Contents/Index?contents_id=GC00710816) 참조.

17 『璿源系譜紀略』권9에 따르면 桂林君의 가계는 恩陽君 陽의 아들인 積善君 諒을 들여서 1545년에 죽은 延陽君 諰의 繼子로 삼았고, 다시 旌善副正 安仁의 아들 惟馨으로 내려간다. 그리고 위 계보에 따르면, 正陽君 誨는 庶子로 표기되어 있는데, 崔弘澤, 韓希聖의 딸과 차례로 결혼했으나 자식이 없었고, 李敏時의 딸과 결혼하여 懷恩君 德仁을 낳았고, 그 외 庶子로는 懷德正 處仁이 있었다. 그런데 이후 懷恩君이 朴祉의 딸과 결혼하여 딸 둘만을 두었기 때문에 一善都正 崇仁의 아들 始馨을 繼子로 들인 것으로 나온다. 그런데 여기 어디에도 李彭馨이라는 이름은 등장하지 않는다. 그리고 그 즈음에는 선조 24년(1591)에 치러진 式年試와 선조 34년(1601)에 치러진 식년시 두 번이 생원진사시의 전부인데, 한국역대인물정보시스템에 따르면 1576년에 출생한 李彭馨이라는 급제자는 없다.

(原從功臣)에 이름을 올렸다고 하는 기사도 불분명하다. 본래 가의대부(嘉義大夫)란 종2품 동서반 문무관에게 주던 품계로, 1865년[고종 2]에 편찬한 『대전회통(大典會通)』 이후로 종친(宗親)과 의빈(儀賓)에게도 이 품계를 주는 것으로 바뀌었다. 따라서 이득춘(李得春)이 당시에 종친(宗親)으로서 가의대부(嘉義大夫)를 받았다고 보기는 어렵다.[18] 그렇다면 남은 가능성은 그가 「원종공신록」에 이름을 올렸기 때문에 가의대부(嘉義大夫)로 칭했다는 것인데, 이마저도 기록이 불분명하다.[19]

이렇게 「매계선생행상(梅溪先生行狀)」에서 기록하고 있는 매계의 집안 내력은 모호함으로 가득 차 있다. 그런데 그 모호함은 여덟 번이나 과거에 떨어진 끝에 고향 제주로 돌아와 자리를 잡은 매계의 삶을 더욱 극적으로 만들어주는 효과가 있다. 물론 그렇다고 해서 입도시조의 모호함이 매계의 여정을 이중적 탈중심성으로 해석할만한 주요 요인이라고 단정하기는 어렵다. 하지만 그가 추사(秋史) 김정희(金正喜, 1786~1856)와 가은(嘉隱) 목인배(睦仁培, 1794~?)와 교류가 있었다고 하는 「매계선생행상」 내용을 고려해볼 때, 그가 이들과 교류할 수 있었던 요인 가운데 하나로 고려해볼 만한 가치는 있다.[20]

---

18 『仁祖實錄』 仁祖 15卷, 5年(1627丁卯/ 天啓 7年) 1月19日(丁亥) 3번째 기사: "上下敎曰 宗室朝臣中守喪人 使之起復 而仁城君珙 仁興君瑛 何至今不爲分付乎 龜川君睟 豐海君浩 懷恩君德仁 蓬萊君烱胤 平林君祉胤 珍城君海齡 摠管 五衛將中 隨闕除授" 이 기록에 따르면 회은군이 仁祖 5년(丙寅, 1627)에야 起復되므로, 그보다 앞서 손자가 종친으로서 종2품의 품계를 받았다고 보기는 어렵다.

19 李得春이란 이름은 1622년 인조반정에 참여한 공신들의 이름이 오른 『靖社原從功臣錄』에만 나온다. 『靖社原從功臣錄券』: "仁祖大王三年乙丑 靖社原從功臣錄券 翊衛李廷赫 … 宮奴丁禮弘閑良李得春兪得生官奴權得玉趙秀儁庶孽姜洪期兼司僕金順兼…" 그런데 3,000여명의 靖社原從功臣 가운데 하나라고 하더라도, 中人에 들어가는 閑良이 嘉義大夫를 제수 받았다고 보기는 어렵다. 관련 내용은 '崔承熙, 「朝鮮後期 原從功臣錄勳과 身分制 동요」, 『韓國文化』 22, 서울대학교 한국문화연구소, 1998, 113~157쪽'을 참조할 것.

20 해당 사료의 연구가 좀 더 치밀하게 이루어져야 할 것이지만, 아직 분명한 자료가

신촌(新村)은 구석진 포구에 자리했다. 마을을 세운 뒤 백여 년이 되었다. 어가(漁家)의 자제들은 고기잡이에 종사하고, 상가(商家)의 자제들은 장사에 종사하다보니, 독서가 무엇인지를 알지 못했다. 그러므로 마을의 풍속이 어두워져서 오래도록 그 거칠음을 깨뜨리지 못하였다. 아아, 내 가군(家君)께서 분연히 학문에 뜻을 두서서, 집에 글방을 열어 향리를 가르쳐 배우는 아이들로 하여금 봄여름으로는 경작하여 봉양하는 일을 받들게 하고, 겨울에는 읽고 외워서 효제(孝悌)의 의미를 폈다.[21]

「학도계좌목서(學徒契座目序)」는 『매계선생문집』 가운데 날짜가 기록된 몇 안 되는 글로서, "무신년(戊申年) 2월(二月)에 이한진(李漢震) 쓰다[歲在戊申仲春 李漢震謹序]."라고 되어 있다. 따라서 이 글은 추사(秋史)가 유배와 있던 시기(1840~1848)인 1848년에 쓴 것이다.

千里南溟一草堂   멀리 남쪽 바다 한 채 초가를 지어
聖恩許見壽星光   노인성 빛 보는 것도 聖恩이로구나
孤衷夜夜焚香坐   외로운 맘 밤마다 향 사르며 앉았으니
感泣頭邊白髮長   목멘 눈물에도 흰 머리만 길어지네.

나오지 않은 상태에서는 「梅溪先生行狀」의 기록을 신뢰할 수밖에 없는 것으로 판단된다. 사실 매계가 위의 두 사람과 교류가 있었다고 하는 근거는 「梅溪先生行狀」의 "추사 김정희 선생이 대정에 귀양살이로 내려오니 公께서 찾아가 학업을 여쭈었다. … 유독 公을 대우함이 특이했다. … 睦목사는 公을 南國의 泰山北斗라고 칭찬하고"라는 구절과 『梅溪先生文集』의 「敬次睦牧使仁培晬宴韻」,「奉和睦牧使示諸生韻」,「奉和睦牧使留別諸生韻」,「謹題金秋史先生壽星草堂」,「漢瓦」,「謹題朱夫子壽字」 등 『梅溪先生文集』에 실린 것이 대부분이다. 그 외에는 秋史와 교유한 선비들 중 시 분야에서는 梅溪를 꼽고 있는 『心齋集』이 있을 뿐이다(김새미오, 「梅溪 李漢雨의 詩文學攷」, 濟州大學校 敎育大學院 碩士學位論文, 1999, 59~60쪽).

21 「學徒契座目序」, 『梅溪先生文集』: "新村僻在浦口 設洞以來 百有餘年 漁家子弟業于漁 商家子弟業于商 不如讀書爲何物件 故鄉俗貿貿久未破荒 猗 家君慨然有志好學 肇設家塾 敎授鄕里 使其學ㅏ徒 春夏耕作 供其奉養j之職 秋冬講誦 申以孝悌之意"

한편, 유배와 있던 추사를 그리며 지은 「근제김추사선생수성초당(謹題金秋史先生壽星草堂)」가 언제 써졌는지 알 수 없지만, 「학도계좌목서(學徒契座目序)」와 연결해보면 이때의 교류를 통해서 매계는 고향인 제주를 타자의 눈으로 볼 수 있는 기회를 마련한 것으로 추론해볼 수 있다. 예컨대 "천리남명일초당(千里南溟一草堂)"이라고 한 것은 매계가 살던 조천읍 신촌에서 추사의 유배지인 대정현이 멀리 남쪽에 위치해있기 때문이기도 하겠지만, 일반적으로 제주에 유배 온 것을 '천리 밖 유배'라고 하므로 추사의 눈으로 자신의 고향인 제주를 묘사한 것으로 보는 편이 더 설득력 있다.[22] 그리고 같은 관점에서 「학도계좌목서」의 "구석진 포구", "마을의 풍속이 어두워져서 오래도록 그 거칠음을 깨뜨리지 못하였다."라는 표현에 주목해볼 수 있다. 이러한 표현들은 일반적인 겸양적 표현으로 볼 수 있지만, 그 속에서 제주에 온 타자(他者)의 눈길에 공감하고 그러한 관점으로 제주를 재진술하는 '경계인으로서 매계의 시선'을 찾아볼 수도 있기 때문이다.

물론 이런 추론은 그의 뿌리가 제주에 유배 온 인물들과 유사한 처지에서 출발했다는 것과 여덟 번씩이나 이어진 과거응시 등과 같은 정황적 파편을 방증으로 하여 문학적 상상력을 발휘한 것에 지나지 않는다. 하지만 앞서 살펴보았듯이 그의 문집이나 부해(浮海)의 「매계선생행상」, 그리고 2차 문헌 등에서 굳이 외지인들과의 교류와 그들의 평가를 주요하게 다룬 이유도 같은 맥락에서 손쉽게 이해될 수 있다는 점에서 단순히 문학적 상상력이라고 치부할 수만은 없다.

---

22 『大明律』에 따르면 중국에서는 유배지 규정이 2000리, 2500리, 3000리 등 3등급이 있었으나, 조선에서는 실정에 맞추어 600리, 750리, 900리 등 3등급으로 조정했다고 한다. 그래서 일반적으로 제주에 유배 온 것을 천리 밖 유배라고 불렀다.

III. 원행(遠行): '낯선 공간'의 체험

조선시대 유배지로서 제주도는 '절도(絶島)'라는 말에서도 알 수 있듯이 물리적 심리적 거리가 상당하다. 특히 관광이나 유람의 목적이 아니라, 죄인으로서 어떤 공간에 갇히게 되면 평소에는 '낯설다'는 말로도 충분히 표현할 수 있는 것도 극단적으로 표현하기 마련이다.

> … 이는 모두 북쪽 땅에서 보지 못하던 것입니다. 그리고 5월 그믐 사이에는 대단히 무서운 비바람을 한 차례 겪었습니다. 이때에 기왓장과 자갈은 공중을 날아다니고, 큰 나무는 뽑혀 넘어져서 뿌리가 서로 이어졌으며, 바다에는 파도가 새까맣게 솟아오르고 그 가운데서는 천둥소리가 일어나므로 사람들이 모두 머리를 나란히 하고 무릎을 맞댄 채 서로 꼭 껴안으며 마치 스스로 보존하지 못할 것처럼 여겼습니다. 그래서 이곳사람들이 말하기를, "갑인년(甲寅年)에 큰 바람이 있은 이후 48년 만에 처음 있는 일이다."라고 하였습니다. … 그러나 한라산 주위 400리 사이에 널려있는 아름답고 진기한 감(柑), 증(橙), 귤(橘), 유(柚) 등은 사람들이 모두 아는 바이거니와, 그 외 푸른빛이 어우러진 기목명훼(奇木名卉)들은 거의가 겨울에도 푸른 식물로서 모두 이름도 알 수 없는 것들인데, 나무를 하거나 마소에 먹이는 것을 금하지 않으니, 매우 애석한 일입니다.[23]

추사는 일생을 친밀하게 지냈던 이재(彝齋) 권돈인(權敦仁, 1783~1859)에게 보낸 편지에서 제주의 풍경을 "북쪽 땅에서는 보지 못한 것[北地所未見]"으로 표현한다. 그리고 하필이면 그때 불순(不順)한 일기(日氣)를 겪었는데, 거기에 있던 사람들[此中人]도 48년 만에 처음 있는 일이라고 말할

---

23 ≪阮堂先生全集≫ 卷三 「與權彝齋」 5: "皆北地所未見 五月晦間 經一風雨大劫 瓦石飛舞空際 大樹倒拔連根 海濤黑立 中作霹靂 人皆幷頭接膝 互相抱持 若不能自保者然 此中人以爲甲寅大風後 四十八年初有云 … 然環漢拏四百里之間 柑橙橘柚之嘉珍 人所共知者 外此奇木名卉 葱青交翠 擧皆冬青 皆不能知名 樵牧無禁 甚可惜"

정도[四十八年初有云]라고 표현하고 있다.

외지인들에게 제주는 경관 자체가 낯설기 때문에 실제보다 더 과장되게 느끼고 표현할 수밖에 없다. 반면에 제주사람들은 자신들이 익숙한 환경에 대해 자신들과는 달리 표현하는 외지인들이 낯설다. 그래서 제주사람들은 외지인들이 불편해하는 그런 일이 자주 일어나지는 않는다고 공감을 표하거나, 못들은 척하면서 그 낯설음을 해소하려고 한다. 이렇게 보면 외지인들에게 제주는 낯설고, 제주사람들에게는 그것을 낯설어 하는 외지인들이 낯설다. 그러다보니 제주사람들이 외지인들의 눈으로 제주를 볼 때 제주는 이중으로 낯선 공간[hyper reality]이 된다.[24]

積水乾坤大　물방울 모아 이룬 세상 크기도 하니,
歸帆萬里風　돌아가는 돛에 만 리를 불어 가겠네.
休辨誰賓主　누가 나그네고 주인인지는 가리지 마세나
去來皆夢中　오고 감이 다 꿈속의 일이니.

대정(大靜) 화순포(和順浦)에 표도(漂到)한 남경(南京) 통주(通州) 사람에게 준 시(詩) 「증별남경통주인진장복(贈別南京通州人陳長福)」에서 매계는 누가 제주사람인지 아닌지를 가리지 말자고 하면서, 오고 감이 모두 꿈속의 일이라고 노래했다. 물론 여기에서 매계가 제주를 '이중으로 낯선 공간'으로 보고 있다는 것을 확신할 수는 없다. 하지만 그의 나이 24세[憲宗 12년 丙午; 1846] 때에 부임한 목사(牧使) 이의식(李宜湜)과 영구(瀛邱)에서 지었다는 「삼월기망수이목사의식유등영구(三月旣望隨李牧使宜湜遊登瀛邱)」나 가은(嘉隱)의 시(詩)에 화답한 「봉화목목사시제생운(奉和睦牧使示諸生韻)」 등에서는 외지인을 '태수(太守), 노인' 등으로 사실적으로 표현

---

24 본래 'hyper reality'는 사이버공간이 허구(fiction)의 세계는 아니라는 점을 강조하기 위해 사용된 표현이다. 이 연구에서는 '이중으로 낯선 공간'이라는 의미로 사용한다. 이것과 관련해서는 '건국대학교 대학원 학술연구단체연합편, 『새천년 인문학의 新패러다임』, 2002, 38~40쪽'을 참조할 것.

하는 데 비해 제주를 선인(仙人)이 노니는 영구(靈區), 영구(瀛邱), 방선
(訪仙) 등으로 표현하고 있는 점으로 보건대, 매계가 제주를 보는 외지인
의 시선에 공감하는 듯한 인상이 든다.

그의 이런 시선은 「와룡담(臥龍潭)」[25]에서 그가 당시 지식인으로서 의
무인 출사(出仕)를 갈망하고 있음을 밝히는 데서도 확인된다. 그래서 여덟
번씩이나 바다를 건너 과거를 보게 되었는데, 훗날 그것이 부모의 바람 때
문이었다고 다음과 같이 술회한 일이 있다.

> 나는 여덟 차례 바다를 건넜다. 여러 번 지방의 과거시험에 붙었으며 잃고
> 얻음에 분주히 돌아다닌 것은 부모를 위하여 뜻을 굽힌 것이다. 또한 나라의
> 법도에 과거가 아니고서는 선비가 나아갈 길이 없으니 어찌 오연(傲然)하게
> 앉아서 스스로 높여서 과거를 보지 않고 명망을 기를 수 있겠는가. 오직 법
> 도를 좇아 스스로 힘을 다할 것이며 얻고 잃음은 천명에 맡길 뿐이다.[26]

그런데 여기서도 "나라의 법도에 과거가 아니고서는 선비가 나아갈 길
이 없다[國規非科擧 士無進路]."라고 해서 자신을 제주사람이면서 동시에
선비[士]로 인식하고 있는 이중성을 찾아볼 수 있다. 이렇게 해서 시작된
그의 원행(遠行)은 말 그대로 공간으로는 천리 밖의 본래 고향, 시간으로
는 190년을 거슬러 올라가는[hyper] 것으로 실현된다. 하지만 그는 이 원
행(遠行)에서 시간과 공간이 지연(遲延)되는 것을 경험한다.

長安未歸客　서울에 남겨진 나그네
對酒雨纖纖　술상 대하니 부슬부슬 비 내리네.
綠水通深港　검푸른 물은 깊은 뱃길로 이었건만
靑山擁短簷　푸른 산은 짧은 처마를 막아섰네.

---

25 『梅溪先生文集』, 「臥龍潭」: "潭中有石龍 何似南陽臥 若遇劉豫州 忠功是眞箇"
26 『梅溪先生文集』, 「梅溪先生行狀」: "吾八航海 屢發解 奔走於得失之場者 爲親屈也
　且國規非科擧 士無進路 豈合傲然 自高廢 擧養望哉 惟循規自盡 而得失則委命可也"

梧桐秋氣薄　가을기운 오동나무에 어리니
蟋蟀夜聲尖　귀뚜라미소리 밤 되니 거칠구나.
揮塵清談足　세속먼지 털어내는 이야기 풍족하니
晚風時動簾　저녁바람이 때맞추어 발을 들추네.[27]

매계는 그의 바람과는 달리 서울에서 낯선 나그네[客]인 자신을 인식하게 된다. 그리고 그 낯선 공간에서 제주 조천 출신의 난곡(蘭谷) 김양수(金亮洙)와 만나면서 자신과 분리되었던 제주를 고향으로 환원하게 된다.[28] 고향인 제주를 외지인의 지평으로 접근할 수 있었던 그였지만, 이제 그 외지인들이 제주에서 그랬던 것처럼 서울에서 낯선 사람이 된 그는 술상을 대하면서 다시 고향 제주로 탈주한다. 하지만 이 탈주는 푸른 산에서 차단되어, 다시 현실로 돌아온다.

만일 매계의 원행(遠行)이 실현되었다면, 그는 아마도 서울을 선경(仙境)으로 표현하지도, 자신을 객(客)으로 표현하지도 않았을 것이다. 하지만 그는 번번이 낙방하였고, 그 이유가 과거의 규범이 엄격하지 않은 데 있다고 생각했다.[29] 그래서 이제 매계는 서울과 제주를 모두 경계인의 관점에서 선경(仙境), 곧 비현실적 공간으로 노래하게 된다.

瀛州客病漢陽城　영주땅 나그네 한양성에서 병이 들어
賴得枯藤强起行　등나무 지팡이에 의지하여 애써 일어나네.
北斗星晨天上轉　북두성과 여러 별들이 하늘을 돌고

---

27 『梅溪先生文集』「與金友子明拈韻」.
28 蘭谷 金亮洙는 高宗 11년(1874) 甲戌 增廣試 증광진사 三等에 47세의 나이로 합격했으므로 1828년생이었을 것으로 짐작된다. 1823년생인 梅溪보다는 네다섯 살쯤 적지만 문집에서 영주십경시를 비롯한 여러 시에서 난곡과의 친분이 확인되므로 친하게 지냈을 것으로 짐작된다.
29 『梅溪先生文集』「三政策」: "近來科規蕩 然士趨不端 草野經綸之彦 每多遺珠之歎 人才之不逮於古 良以是矣 伏願 殿下嚴科規 正士趨作成人才 需用國器 則惟兹三政 不期正而自正矣"

南山雲霧曉來晴	남산을 두른 구름은 아침이면 개이네.
材如燕石嗟無用	연석 같은 재목이 애석히도 쓰이지 못하고
氣似龍泉尙不平	용천검 같은 기상도 오히려 평안하지 못하네.
試向春塘臺下去	춘당대 더듬어보고 내려가려니
杏花時節又淸明	살구꽃 피는 청명의 절기로세.

「병중음(病中吟)」에서는 그가 얻은 병이 서울생활이 사실상 불가능함을 깨달은 후에 생긴 마음의 병임을 짐작할 수 있다. 이를 토대로 「단오일여 신재지김양수이우서회(端午日與愼載芝金亮洙二友敍懷)」를 보면, 그의 의식이 '제주에서 서울, 서울에서 제주'가 이중적으로 분리 교차되고 있음을 확인할 수 있다.

造物多猜病此身	조물주 시기 많아 이 몸이 병드니
櫻花虛度洛城春	앵두꽃 피어난 서울의 봄 헛되이 가네.
一年又値天中節	한 해 더 머물러 다시 천중절이 되었을 때
千里相逢海外人	천리 먼 곳에서 바다 밖 사람을 만났네.
酒欲銷愁强勸客	술로 시름이나 달랠까 계속 술을 권하고
詩因感興倍思親	흥에 겨워 시 지으니 어버이 더욱 그립네.
故園時物君須記	고향의 시절 풍물을 그대는 기억하리니
櫻熟家家共薦新	앵두 익는 집집마다 천신제를 지내겠지.

매계는 서울을 '천리 먼 곳'으로 표현하면서도, 그곳에서 자신을 찾아와 준 벗을 '바다 밖 사람[海外人]'으로 표현함으로써 제주-서울에 대해 이중적 의식이 교차하고 있음을 드러낸다. 그러면서도 천신제를 지내는 앵두 익는 집집이 있는 그 곳을 '자기가 나고 자란 옛 동산[故園]'으로 기억한다. 하지만 그렇다고 해서 매계의 기억이 고향 제주를 있는 그대로 재현한 것은 아니다. 이 점은 귀향(歸鄕)을 결심하고 배를 기다리는 중에 지은 「야 중구점(夜中口占)」에서도 확인된다.

滿江疎雨雁來秋 가는 비 가득한 가을 강엔 기러기 오고
遠客歸心留待舟 멀리 돌아갈 나그네 배 기다리네.
寒夢不知滄海闊 차가운 꿈은 바다 넓은 줄도 모르고
明月前夜到瀛洲 달 밝은 전날 밤에 영주에 닿았네.

이 시에서 매계가 그리는 고향은 달 밝은 전날 밤에 닿을 수 있는 곳[明月前夜到]이지만, 그곳에 가는 것은 차가운 꿈[寒夢]에서나 벌어지는 일이다. 이 지점에서 매계는 경계인으로서의 의식을 좀 더 분명히 드러낸다. 왜냐하면 원행(遠行)을 통해 자기 실존의 해체를 경험할 수 있었기 때문이다.

三十讀書四十遊 서른까지 책 읽고 마흔에 교유했네
浮雲如可執鞭求 말채찍 잡는 일 구하는 것이야 뜬구름 같은 거지.
滄溟八渡緣何事 너른 바다 여덟 번 건넌 것은 무슨 연유일까,
自笑歸家近夜羞 혼자서 비웃노라, 한밤에 집에 드는 부끄러움을.

그래서 그는 이 시 제목인 「자조(自嘲)」처럼 스스로를 비웃는다. 본래 자탄(自歎)과 자조(自嘲)의 정조(情調)는 체념과 허무의 정조와 뒤섞여 표출되기도 하지만, 지식인의 자조(自嘲)는 그 조롱의 대상인 '현실적인 자아'의 대립항으로서 강하게 요구되는 '본질적인 자아'가 실재한다는 것을 스스로에게 확신시키는 방법이라고 할 수 있다. 그러므로 매계의 '멀리 감'과 그것이 성취되지 못한 데서 비롯된 자조(自嘲)는 일종의 실존적 불안[Angst], 또는 이중적 분리에 따른 난파[Scheitern]의 경험에서 비롯된 것으로 볼 수 있다.

IV. 반본(反本): '낯선 공간'의 창조

매계의 시는 만사(輓詞)와 영주십경을 제외하면 총 94편 99수인데, 이 가운데서 외지에서 지은 시로 보이는 총 27편 가운데 세 편을 제외한 나머지는 모두 나그네의 회포와 고향을 그리는 내용을 담고 있다.[30] 그런데 이 시들에서 그리는 고향은 그의 의식 속에서 재구성된 고향이다. 그러므로 "자신의 좌절을 벗어날 수 있는 탈출의 공간이며 자신의 상황을 벗어나게 할 수 있는 휴식의 공간이며 그리움의 공간"[31]이라고 하더라도, 그 공간은 유가적 수양론의 공간이라기보다는 실존적 불안과 난파의 경험을 해소할 수 있는 가상적 공간이다.[32]

雪後園林日影疎   눈 내린 과원엔 햇빛 엷은데

---

30 손기범은 김새미오의 「梅溪 李漢雨의 詩文學攷」를 근거로 위와 같이 분석하면서 "매계의 시중 약 사분의 일 정도가 고향을 제재로 삼는 내용이다."라고 주장한 바 있다(「제주를 바라보는 19세기 유학자의 관점－이한우, 김정희, 이원조를 중심으로－」, 『영주어문』 제17집, 영주어문학회, 2009, 100쪽). 그런데 '외지에서 고향을 제재로 삼는 내용의 시가 전체의 사분의 일'이라고 해야 한다. 제주에서 쓴 시 가운데서 제주를 제재로 삼는 내용도 많기 때문이다.

31 위의 논문, 2009, 101쪽.

32 김새미오는 "귀향한 후에 매계가 자연과 자신의 공통점을 찾으려고 한다."면서, 그 까닭을 "변함없이 자신을 대하는 자연에 몰입하기 위한 하나의 작업"이기 때문이라고 보았다(김새미오, 앞의 논문, 1999, 41쪽). 하지만 좀 더 깊이 생각해보면 이 시도는 物我一體의 고아한 이상의 추구라는 조선 유학자들의 일상적인 수양론적 자세에서 비롯된 것이라고 보기는 힘들다. 왜냐하면 적어도 이 시점에 있어서 梅溪에게 "고향에서의 자연은 흥취를 느끼게 하는 존재", "자연과 자신은 분리되지 않으며 자연의 흥취는 곧 매계의 흥취가 된 것"이 아니기 때문이다(인용문은 손기범, 앞의 논문, 102쪽). 이 점에서 김새미오가 "그의 실질적인 귀향 원인은 과거 낙방이라는 점에서 다분히 수동적인 성격을 지닌다(김새미오, 앞의 논문, 31쪽)"라고 한 것은 설득력이 있다.

海山靑到數椽廬   한라산 푸른 빛이 초가 서까래에 닿누나.
胸中自是無凡想   마음엔 세속 욕심 없으리니
坐對晴窓百本書   창가에서 백 권 책을 대하노라

「우음(偶吟)」에서 그는 하필이면 '눈 내린 과원의 엷은 햇빛'에 주목한다. 『신증동국여지승람(新增東國輿地勝覽)』에서는 한라산을 소개하면서 "5월에도 눈이 있고 털옷을 입어야 한다."[33]고 했지만, 제주 사람인 매계가 굳이 이렇게 눈 내린 과원에 주목한 이유는 어쩌면 자신의 처지를 그 익숙한 풍경과 동일시했기 때문일 수도 있다.[34] 그런데 외지에서 고향을 그리며 쓴 「여김우자명염운(與金友子明拈韻)」에서는 푸른 산이 고향으로 향하는 작가의 심상을 방해하는 요소로 표현된 것[靑山擁短簹]에 비해, 이 시에서는 한라산의 푸른 빛이 초가 서까래로 이어지고 있다고 표현된 것[海山靑到數椽廬]에 주목해볼 필요가 있다. 첫 번째 탈출의 공간은 이상적인 자연[靑山]으로 묘사되지만 그곳에서 돌아가고자 하는 고향과 매계를 단절시키는 방해물이기도 하다. 그에 비해서 두 번째 탈출의 공간은 이제 보잘 것 없지만[數椽廬] 그곳에서 다시 공간을 창조해내어야 하는 자신에게 희망을 이어주는[靑到] 곳으로 표현된다.

舍東春水舍南畬   집 동쪽엔 연못 남쪽엔 우영팟
日日生涯耕且漁   나날의 삶은 그저 밭 갈고 고기 잡을 뿐,
長保二親樂無極   부모 모셔 오래 살아 즐거움 끝없으니
更隨餘力讀詩書   남은 힘 모아 시경 서경을 읽노라

---

33 『新增東國輿地勝覽』 권38 濟州牧: "山川 漢拏山 在州南二十里鎭山 其曰漢拏者以雲漢可拏引也 一云 頭無岳以峯峯皆平也 一云圓山以穹隆而圓也 其顚有大池也 人喧則雲霧咫尺不辨 五月有雪在八月襲裘"

34 김새미오는 "귀향한 후에 자연과 자신의 공통점을 찾으려"했기 때문에, 눈 덮인 과원은 결과적으로 梅溪의 처지와 동일한 것으로 보았다(김새미오, 앞의 논문, 1999, 41쪽).

「악지(樂志)」에는 '일상의 재발견'이라고 불러도 좋을 만한 광경이 그려진다. 본래 여(畬)는 쟁기보다 작은 농기구인 따비로 갈 정도로 작은 화전(火田)을 가리킨다. 제주에는 집 주위에 작은 텃밭이 있는데, 이것을 우영팟, 우잔듸, 도루겡이라고 부른다. 이 시에서는 남쪽에는 우영팟이, 동쪽에는 우영팟에 물을 대는 연못이 묘사되고 있다. 그리고 밭 갈고 고기 잡는 일상[耕且漁]과 자식으로서의 본분을 다하는 일상[長保二親], 그리고 그런 평범한 일상 속에서도 군자로서의 직분을 실천하는[餘力讀詩書] 선비의 일상이 '뜻을 즐긴다'는 시제 아래 그려지고 있다.

하지만 그렇다고 해서 매계가 유가적 전통의 수양을 실천하는 공간으로서 고향 제주의 자연에 안주(安住)한 것은 아니다. 왜냐하면 낙향한 이후로도 서울을 오간 정황이 보이기 때문이다. 「매계선생행장」의 기록에 따르면 1860년에 모친이 사망한 것으로 짐작되는데, 헌종(憲宗, 1835~1849) 때에 23번, 철종(哲宗, 1850~1863) 때에 26번 문과가 시행되었으므로, 이때에 이미 과거의 꿈을 접고 낙향한 것으로 볼 수도 있다.[35] 그런데 「객중치손아생신(客中值孫兒生辰)」을 보면, 손자의 첫돌에 서울을 떠돈다는 구절이 나온다.

今日兒孫初度回　오늘 손자 녀석 첫돌이 돌아왔네
一家同樂菊花酒　일가가 모두 국화주를 즐기고 있겠구나
抱獻高堂相戲語　할미에게 안겨드리며 기쁜 말들 나누려니
遊京乃祖幾時來　서울을 떠도는 할아버지 어느 때나 돌아오나.

물론 꼭 과거시험 때문에 서울로 가지는 않았겠지만, 손자의 첫 돌에 서울을 떠돈다고 한 이 구절이나, 그가 서울에서 만났고 이후 영주십경시

---

35 『梅溪先生文集』, 「梅溪先生行狀」: "公年三十八丁內憂 斂殯之謹 哭泣之哀 揆諸古禮 鮮不合矣 … 公年近五十 大人以風疾 全身不遂 兼聾啞 … 七年如一日 大人病雖未已 享壽七十九 以天年終 … 公雖自强 而公亦始衰 且七年焦煎之餘 繼以三年毁瘠 因是制閡 而疾作 沈綿午年 猶能應賓客 導後生 無厭意"

에 화운(和韻)한 친구 난곡(蘭谷) 김양수(金亮洙)가 고종(高宗) 11년[1874]
에야 갑술(甲戌) 증광시(增廣試)에 47세로 합격한 것, 그리고 「자조(自嘲)」
의 "서른까지 책 읽고 마흔까지 교유했네[三十讀書四十遊]"라는 구절을 볼
때 귀향한 이후로도 온전히 고향에서만 살았던 것으로 아닌 것으로 짐작
된다.[36] 이 점은 매계가 귀향한 이후에도 이중성을 확보할 수 있었던 중요
한 단서로 볼 수 있다.

縱使丈夫鳴欲雄　가령 대장부로서 영웅의 소리 울리려 해도
羊腸到處路難通　구불구불 굽은 길 곳곳에 통하기가 어렵다네.
我隨春水忘機鷺　나는 봄 물가에서 속세 잊은 백로 따라 놀려니
君學秋天避弋鴻　그대는 가을 하늘에 주살 피한 기러기나 닮구려.
月待良宵方露白　달은 좋은 밤을 기다려야 이슬 환히 밝혀주고
花逢好節必開紅　꽃은 좋은 계절 만나야만 고운 모습 내보이지.
始知人事皆先定　비로소 알겠노라 사람 일 다 먼저 정해진 것을
莫向名場論達窮　이름난 곳에서 영달과 곤궁을 다투지 말지니

「화강진사기석자공규(和姜進士琪奭字公圭)」에는 시련을 극복하려는 매

---

36 「梅溪先生行狀」이 시간에 따라 체계적으로 서술되어 있지 않기 때문에 정확한 시
점을 잡는 것은 거의 불가능하다. 예컨대 "公의 나이 서른여덟에 어머니가 돌아가
셨다."는 기록 전에 壬戌年(1862)의 기사가 나오는데, 梅溪가 서른여덟 되는 해는
1860년이다. 그리고 壬戌年의 기사보다 앞에서 "무릇 서울에서 돌아온 뒤로는 힘
을 다하여 봉양하매"라고 기술하였는데, 이렇게 보면 그가 귀향한 것은 아무리 늦
어도 1860년 이전이 되어야 한다. 그런데 행장에 따르면, 아버지가 발병한 것은
1865년(梅溪 43세)이고, 7년 동안 앓던 아버지가 사망한 때가 1872년(梅溪 51세),
그 뒤 삼년상 후에 梅溪가 발병하여 5년 뒤에 사망한 것으로 보인다. 이 기사를
신뢰한다면 철종 3년(1852) 式年試부터 철종 10년(1859) 增廣試까지 14번(이 기간
중 철종 5년에는 제주별시가 치러졌는데, 이것까지 포함하면 15번임) 가운데 여덟
번 정도를 응시한 것으로 볼 수 있다. 왜냐하면 1860년에 모친상을 당했고, 1862
년에는 과거의 폐단을 지적하는 삼정책을 올렸기 때문이다. 따라서 손자의 첫 돌
에 서울에 가 있었던 이유는 과거 때문만은 아닌 것으로 짐작된다.

계의 심상이 그대로 드러나 있는 것으로 볼 수도 있다.[37] 이 시가 낙향한 이후의 시각을 그대로 드러내고 있다고 한다면, 현실적으로 겪을 수밖에 없는 시련에 대처하는 독특한 방식이 오히려 눈길을 끈다. 승구(承句)에서 그는 자신을 속념(俗念)을 잃어버린 백로와 같은 고아한 선비로, 강진사를 주살 피한 기러기와 같은 지혜로운 선비로 대비시키고 있다. 그런데 이 대비가 눈에 띠는 까닭은 시간[春秋], 공간[水天], 동정(動靜; 忘避), 안위(安危; 機弋), 이합(離合; 鷺鴻)의 제재가 주객*主客; 我隨-君學)으로 분리되면서도 절묘하게 중층적·공감각적으로 제시되고 있기 때문이다. 이런 대비는 흔히 시상(詩想)이 바뀐다고 하는 전구(轉句)에서도 그대로 적용되고 있다. 나의 따름과 너의 배움이 달의 기다림과 꽃의 만남으로 변환되었지만, 좋은 밤과 좋은 시절, 장차 이슬이 빛남과 필히 활짝 핌이 시간과 공간, 체용(體用)의 대비구도 속에서 중층적·공감각적으로 드러나기 때문이다.

이런 대비구도는 영주십경시(瀛洲十景詩)에서도 그대로 드러난다. 매계가 지은 영주십경시의 시제(詩題)를 모아보면 '성산출일(城山出日) 사봉낙조(紗峯落照) 영구춘화(瀛邱春花) 정방하폭(正房夏瀑) 귤림추색(橘林秋色) 녹담만설(鹿潭晚雪) 영실기암(靈室奇巖) 산방굴사(山房窟寺) 산포조어(山浦釣魚) 고수목마(古藪牧馬)'이다. 우선 지명(地名)부터 본다면 '산과 봉우리[山峯]-언덕과 건물[邱房]-숲과 연못[林潭]-집과 방[室房]-포구와 수풀[浦藪]'이 대비되는데, 여기에서는 높고 낮음, 부분과 전체, 안팎이 전통적인 음양대대적(陰陽待對的) 관점에서 중층적·공감각적으로 제시된 것으로 볼 수 있다. 마찬가지로 그 형상에 있어서도 '뜨는 해와 지는 햇빛[出日落照]-봄꽃, 여름폭포, 가을빛, 늦은 눈[春花夏瀑秋色晚雪]-기이한 바위와 굴 속의 절[奇巖窟寺]-고기 낚음과 말을 풀어먹임[釣魚牧馬]'가 시간과

---

37 김새미오는 이 시에서 강진사와 더불어 자신이 추구해야 할 이상이 좌절되었지만, 자연으로 상징되는 구체적인 현실과 조화를 이루는 데서 오히려 이상적으로 구현될 수 있다는 점에서 "현실을 이기고, 자신의 삶을 개척하는 시인의 의지가 더 강하게 표면화되고 있다"고 보았다(김새미오, 앞의 논문, 1999, 49~51쪽).

동정(動靜), 은현(隱現), 속방(束放)으로 중층적으로 대비되고 있는 것으로 볼 수 있다.

이 대비구도의 면면에 대해서는 좀 더 구체적인 논의가 필요할 것으로 보이지만, 매계는 제주의 자연을 육지와 다른 정적(靜的)인 공간으로 인식하지 않고, 그것들에 동정(動靜)의 대립과 시간관념을 넣고 있다. 곧 영주 십경시의 각 경관은 '그것 아닌 것'과의 관계 속에서 텍스트 내에서 연쇄적인 의미를 가지고 있는데, 이것은 제주의 자연경관이라는 텍스트 속에서 그것이 가지는 의미를 재구성[reconstruction]한 것으로 볼 수 있다.[38] 곧, 그가 의도했건 의도하지 않았건 그가 마주한 제주의 현전(現前; presentation)을 최대한 '흩어놓음[dissemination; 散種 또는 散開]'으로써 제주라는 텍스트에 접근할 가능성을 열어둔 것이다.

V. 보편 관념 획득의 가능성과 전제조건

'신적(神的) 환상(幻想) 묘사(描寫)'처럼 구체적으로 지시할 수 없는 대상에 대한 기술은 그것이 정교할수록 모호해지고, 독자에게 친숙한 언어를 사용할수록 낯설어진다.[39] 어떤 개인이나 가문에 있어서 그 신원이 되

---

38 이승종은 장자와 데리다를 비교하면서, '3.바람'에서 데리다와 장자의 두 번째 상동성이 차이성의 새로운 해석에서 찾아진다고 말하면서 본문의 내용과 같은 논리구조를 제시한 바 있다(이승종, 앞의 논문, 1998, 45쪽).

39 이종록은 「에스겔서 1장이 보여주는 신적 환상 묘사의 낯설음과 모호함-신묘막측, 평지풍파, 그리고 전광석화」(『神學思想』 142輯, 한국신학연구소, 2008)에서 성서의 에스겔서 1장을 신적 환상 묘사하기를 보여주는 텍스트라고 전제하고, 사물과 상황에 대한 저자의 섬세한 묘사를 통해서 독자들이 그것에 따라 재현해내는 이미지가 너무도 충격적이기 때문에 그 묘사가 정교하고, 친숙할수록 모호하고 낯설다고 주장한 바 있다.

는 조상은 신적 환상 묘사의 대상이 된다. 그러다보니 고대 시조(始祖)의 경우에는 국조신화에서처럼 아예 신화적으로 기술되는데, 고려시대 이후의 중시조(中始祖)나 파조(派祖), 또는 제주의 입도조(入島祖)도 그 행적이 모호한 경우가 많다.

「매계선생행장」에서 제시된 매계의 입도조는 적장자(嫡長子)의 왕위계승 원칙이 있었음에도 불구하고 사실상 그 원칙이 제대로 지켜지지 못했던 조선왕조의 문제점을 온 몸으로 드러내고 있는 인물로 묘사되고 있다.[40] 이렇게 모두가 공감하는 사실에서 출발하지만 그런데 정작 입도조의 신원을 추적해 들어가면 상당히 모호하고, 낯설다. 국고문헌의 기사에 근거하면 아버지보다 10살이 많은 이 입도조는 계자(繼子)나 서자(庶子)라는 기록이 없어서 신비스럽기까지 한 인물이 되기 때문이다.

가계(家系)의 모호함에서 비롯된 '낯설음'은 매계만이 아니라 입도(入島)한 모든 사람들이 그렇듯이 제주 사람이면서 제주 사람임을 넘어설 수 있는 조건이 된다. 이것은 오늘날 문화에 있어서 중요한 화두가 되고 있는 상호문화성 또는 트랜스문화성의 면에서 상당한 의미가 있다. 왜냐하면 상호문화성의 개념틀에 따르면 모두 자기 자신의 인식 지평을 떠나서 타문화 또는 타문화적 입장의 상이성과 대화를 통한 교류가 이루어져야 하고, 그렇게 함으로써 자신의 입장성을 바깥의 시각에서 검토할 수 있기 때문이다.[41] 그러므로 매계가 외지 인사들과의 교류를 통해 자기 자신의 인식 지평을 떠날 수 있었다는 점은 오늘날 우리가 그의 영주십경에서 탈

---

40 조선왕조의 적장자 왕위 계승률은 27대 중에서 7명으로 약 25%에 달한다. 그마저도 단명하거나 폐위되는 등 불운했다고 하는 것이 일반적인 평가이다.

41 김연수의 「'trans-'의 의미와 '탈경계 인문학(Trans-Humanities)' 연구에 관한 소고」에 따르면, Antor는 대화성의 원칙(Dialogizitätsprinzip)을 주장하면서 가다머(Hans Georg Gadamer)의 해석학을 인용하여 상호문화성 및 트랜스문화성의 컨셉에서는 자신의 입장성을 바깥의 시각에서 검토할 수 있어야 함이 중요하다고 말한 바 있다(『탈경계 인문학』 제3권 3호, 이화여자대학교 이화인문과학원, 48~49쪽).

(脫)경계 인문학의 텍스트가 필요로 하는 조건을 다시 한 번 되새길 수 있
도록 한다는 점에서 의의가 있다.

다음으로 매계의 여정(旅程)에서는 이 '낯설음'을 기초로 하여 입신양명
(立身揚名)과 안심입명(安心立命)의 시공간(時空間)과 의식(意識)이 이중
적으로 분리되면서 산개(散開)하는 전형을 찾아볼 수 있다. 오늘날 우리가
추구하는 탈(脫)중심성은 이중적이다. 왜냐하면 자신의 존재와 중심성에
현전(現前)하지만, 오히려 그렇기 때문에 관계적 존재로서 타자의 존재와
중심성을 받아들일 수밖에 없기 때문이다.[42] 매계의 여정을 살펴보면 자신
의 중심성에서 벗어날 수 있는 외지인들과의 교유가 출발의 계기가 되었
고, 그렇게 해서 머무르게 된 타향에서 오히려 일원성의 원리에 따라 자신
은 그곳에서 타자(他者)로 존재할 수밖에 없음을 깨닫게 된다. 그리고 그
런 것들을 경험하면서 제주를 당시 지식인들 사이에서 유행하던 신선경
(神仙景)인 영주(瀛洲)로 묘사하게 되었지만, 그것은 자신의 중심성을 보
면서도 타자의 중심성을 수용하는 새로운 시도였다고 할 수 있다.

제주 역사계의 거두로 평가되는 심재(心齋) 김석익(金錫翼, 1885~1956)
은 『심재집(心齋集)』의 「해상일사(海上逸史)」에서 영주십경이 매계에서부
터 시작되었으며, 지금의 안목으로 보면 다시 논의할 만한 곳도 있지만 그
시도 자체가 의미 있는 것이라고 말한 바 있다.[43] 그리고 오늘날에도 매계

---

42 신승환은 「탈중심성 논의의 철학적 지평」에서 아도르노와 하버마스의 주장을 빌
   려, 근대적 이성의 한계를 극복하려면 생명체로서 인간과 그러한 인간이 가진 의
   사소통적 이성이 전제되어야 함을 밝히면서, 포스트모더니즘의 탈중심성을 위와
   같이 요약한 바 있다(앞의 논문, 175~176쪽).

43 『心齋集』, 「海上逸史」: "按十景之稱 非古而近矣 近世先輩李漢震 收拾一州勝槪分
   爲十景 皆首唱四韻 以證之 於是一時名勝如 劉淡金亮洙李容植金昌鉉金桂斗金羲正
   諸公 繼以和之 自此馨播中外 遂得好評 而以今之眼目論之 不無選擇之可議處也 然
   是認時之托興紹介一方之形勝 夫豈偶然哉 本島砥柱大海 世所稱三神山之一也 其間
   奇景勝道 不啻十數計 徒以僻在海外 世無由以知其勝者 若得大賢鉅筆 一俓發揮 則
   雖武夷之九曲 瀟湘八景 何以加此"

처럼 제주의 절경 10곳을 신영주십경(新瀛洲十景)으로 재조명하는 움직임이 교육과 관광 전반에서 활발하지는 않지만 어느 정도 시도되고 있는 중이다.[44] 하지만 이런 시도들에 선행되어야 할 것은 매계가 그랬던 것처럼 자기 중심성이 일관성의 원리 속에서 유지되는 한편, 타자의 중심성을 수용하기 위해서 끊임없이 중층적(重層的)으로 분리(分離), 산개(散開)되는 과정을 거쳐야 한다는 것이다.

제주를 바라보는 안팎의 두 가지 시선이 엄연히 있음에도 불구하고, 그것을 무시한 채 '이것이 우리가 내세울 수 있는 제주다움이다'라고 해서 일방적으로 발굴 제시하면, 그런 것들은 오래 가지 못할뿐더러 삼무(三無)나 해민정신(海民精神)처럼 제주도 내에서만 통용되는 슬로건에 그칠 우려가 높다. 반대로 제주의 지정학적 위치와 자연경관에만 초점을 맞추어서 '우리는 제주를 이렇게 소비하겠다'고 나서면 제주의 자기 중심성은 파괴되고 만다. 따라서 제주를 통해 보여주고자 하고, 보고자 하는 그 무엇이 있다면, 그것은 안팎으로 열어젖힐 수 있는 계기와 실제적인 만남의 장(場)을 통해 끊임없이 모색되고 수정되는 과정이 수반되어야 한다.

---

44 김상범의 「瀛洲十景을 通해 본 濟州의 景勝觀과 景觀體驗 方案에 關한 研究」에 따르면, 제주도내 유력신문인 제민일보(93년 신년호)에서는 각계인사 50인의 조언을 얻어 오늘날에 걸맞는 濟州 절경 10곳을 "新瀛洲十景"이라는 이름으로 선정한 바 있다고 한다(『地域社會開發研究』 제32집 1호, 한국지역사회발전학회, 2007, 2쪽).

제6장 ‘카미노’와 ‘올레’를 중심으로 본 문화콘텐츠로서의 길[道]

카미노 데 산티아고는 기독교 전통의 순례를 잘 표현해낸 문화콘텐츠이다. 왜냐하면 현실의 삶에서 지친 이들이 그렇지 않은 낯선 공간을 찾아 떠나서, 결국은 다양한 방식으로 자기 자신의 기대, 그리고 결과를 카미노 데 산티아고의 풍경 가운데 하나로 승화시킬 수 있도록 했기 때문이다. 이에 비해 제주올레는 카미노 데 산티아고의 아류 수준을 넘어서지 못하고 있다. 왜냐하면 '집으로 가는 길'을 뜻하는 올레의 의미를 제대로 구현해내지 못하였기 때문이다. 결국 문화는 없고 '콘텐츠-상품'만 남은 것이다. 동양문화의 전통에서 길은 본래 공간에 새겨진 시간의 표시이다. 왜냐하면 길은 공간과 시간의 양 측면에서 여기와 저기, 과거와 미래가 교차하는 일종의 특이점이기 때문이다. 제주의 길로서 제주올레가 문화콘텐츠로서 성공하려면, 집으로 가는 길이라는 올레 본래의 정체성을 회복해야만 한다. 그리고 아울러 길의 보편성 위에서 제주의 문화와 역사를 제대로 녹여 넣을 수 있어야 한다.

Ⅰ. 문제제기

‘산업사회(industrial society)를 넘어선 정보화사회(information-oriented society)’라는 말이 채 영글기도 전에 ‘문화지향사회(culture-oriented society)’라는 말에 적응해야 하는 시점에 이르렀다. 여기서 문화지향사회라고 하는 것은 “합리적 의사소통을 근본으로 하는 정보화사회에서 진일보하여 콘텐트웨어(contentware)를 통해 감성적 체험을 향유하는” 사회로, “바야

흐로 '산업'에서 '문화'로 시대정신이 변화하고 있으며, '베이비붐(Baby Boom)세대'에서 'TGIF세대'로 본격적인 세대교체가 진행되고" 있음을 가리키는 것이다. 이러한 시대적 변화는 문화산업의 성격에도 그대로 반영되어 소비자 중심의 수평적 쌍방향·다방향 커뮤니케이션을 선보이면서 '글로컬라이제이션(glocalization)'의 담론이 전개될 것이라는 희망을 안겨주고 있다.[1]

그런데 이 희망은 그 시작에서부터 레이먼드 윌리엄스(Raymond Williams)가 말한 '문화(文化, culture)가 가장 난해한 말 가운데 하나'라는 벽에 부딪힐 수밖에 없다.[2] 물론 영어권에서 문화를 뜻하는 'culture'라는 단어는 '경작하다', '재배하다'를 뜻하는 'cultivate'에서 유래된 것으로 잘 알려져 있다. 곧 어원적으로 문화란 '사람의 힘을 동원하여 가꾼 것'을 뜻한다. 하지만 실제로 사용되는 개념으로서의 문화는 용례에 따라서, 그리고 사용하는 사람들에 따라서 다양한 뜻을 가지고 있다.[3]

한편 콘텐츠(contents)란 서적이나 논문 등의 내용이나 목차를 가리키

---

1 박종천, 「문화유산에서 문화콘텐츠로-유교문화원형의 현황과 활용」, 『국학연구』 제18집, 한국국학진흥원, 2011, 456~457쪽. 박종천은 "베이비붐세대가 6·25전쟁 이후 1960년대 중반까지 태어나 산업화를 통해 고도 경제성장을 이룬 세대라면, TGIF세대는 20세기말부터 급격하게 진행되기 시작한 정보통신혁명을 기반으로 삼아 정보·소통·문화·참여 등을 공유하는 21세기의 새로운 문화현상을 향유하는 세대로서, Twitter, Google, I-phone, Facebook으로 대표되는 문화현상을 체험하고 있다."고 부연하였다.

2 존 스토리 저, 박만준 역, 『대중문화와 문화연구』, 경문사, 2004, 2~3쪽.

3 배영동, 「문화콘텐츠화 사업에서 '문화원형' 개념의 함의와 한계」, 『인문콘텐츠』 제6호, 인문콘텐츠학회, 2005, 39~54쪽. 한자문화권에서 'cuture'에 해당하는 용어는 '文治敎化'의 준말인 '文化'이다. 본래 '文'이라는 글자는 '天文'이나 '人文', '文飾' 등의 용례에서 알 수 있듯이 화려하고 아름다운 무늬를 뜻한다. 그리고 '化'는 갑골문과 금문에 따르면 '한 사람은 바르게 서 있고, 다른 사람은 거꾸로 서 있는 모양'인데, 이를 통해 '변화'를 나타낸 것이다. 이와 관련된 논의는 〈임진호, 김하종, 『문화 문자학』, 문현, 2001〉을 참조할 것.

는 말이지만, 요즘은 '인터넷이나 컴퓨터 통신 등을 통하여 제공되는 각종 정보나 그 내용물'을 통칭하는 말로 통용되고 있다. 특히 오늘날 우리나라에서 '문화'와 '콘텐츠'라는 낱말을 연용(連用)한 '문화콘텐츠'라는 말이 널리 쓰이게 되면서, 콘텐츠는 "말이나 문장, 또는 여러 종류의 예술 작품과 같이 어떤 매체를 통해 표현되는 내용" 또는 "문자, 영상, 소리 등의 정보를 제작하고 가공해서 소비자에게 전달하는 정보상품"을 뜻하게 되었다.[4]

'문화·콘텐츠'라는 말은 그것을 구성하고 있는 각 낱말이 이렇게 다양하고 함축적인 의미를 가지고 있기 때문에, 그 실체를 규명하기가 쉽지 않다. 그래서 "지금도 문화가 무엇인가 하는 문제는, 문화 연구자들의 근본 과제"[5]일수밖에 없다. 그리고 바로 그러한 점에서 이른바 '문화콘텐츠'가 인간 이성에 기초한 근대주의 기획의 문제점을 해결할 수 있는 영역, 또는 학(學)으로서 탈근대주의(post-modernism)의 이상을 실현할 수 있다는 기대에 대해서도 의문이 제기될 수밖에 없다.[6]

따라서 먼저, 오늘날을 문화콘텐츠 시대라고 할 수밖에 없으므로 전통 사상이 문화콘텐츠라는 이름으로 재구성됨으로써 "'발굴'과 '보존'의 대상인 '문화유물'에 그치지 않고 현실 속에서 다양하게 '활용'되면서 일상 속에서 활발하게 수용되는 '문화원형'이 될 수 있다."[7]는 주장에 대해서 비판적 거리를 유지하고자 한다. 그리고 이런 관점으로 '제주올레' 등을 통해서 오늘날 주목받고 있는 이른바 '문화콘텐츠'로서 길[道]에 대한 관념이 '문화원형(cultural archetype)'[8]으로서 올바로 구현되고 있는지를 카미노

---

4 박범준, 「문화콘텐츠의 출현과 구조, 그리고 구현」, 『글로벌문화콘텐츠』 제3호, 글로벌문화콘텐츠학회, 2009, 275~277쪽.

5 배영동, 앞의 논문, 43쪽.

6 박상천, 「문화콘텐츠학의 학문 영역과 연구분야 설정에 관한 연구」, 『인문콘텐츠』 제10호, 인문콘텐츠학회, 2007, 64쪽.

7 박상천, 위의 논문, 458쪽.

8 박종천은 「문화유산에서 문화콘텐츠로-유교문화원형의 현황과 활용」에서 '문화원형(cultural archetype)'이라는 용어에는 두 가지 다른 의미가 뒤섞여 있다고 주장한다. 이 주장에 따르면, 하나는 특정한 매체에 맞게 문화콘텐츠로 개발되는 대상

데 산티아고와의 비교를 통해서 검토해보고자 한다. 이를 통해 앞서 제기한 문제의식을 해결하면서, 문화콘텐츠로서의 제주올레가 앞으로 어떤 방향으로 나아가야 할 것인지를 제언할 수 있을 것으로 기대한다.

Ⅱ. 길[道]의 전통적 의미 찾기와 재해석 방식

서양철학의 전통에서 세계에 관한 논의는 철학과 그 시점을 같이 하는데 비해, 동양철학의 전통에서는 인간과 그 삶에 대한 논의로부터 철학이 시작된 것으로 본다. 물론 동양철학에서도 공간인 '우(宇)' 또는 '계(界)'와 시간인 '주(宙)' 또는 '세(世)'에 대한 논의가 신화시대의 인물인 복희씨(伏犧氏)가 지은 것으로 알려진 『역(易)』에서부터 이루어졌다고 본다. 그런데 동서(東西)를 막론하고, 실제로 철학에서 시공간을 대할 때는 물리적인 면이 아닌 가치적인 면에 관심을 둔다.[9] 그러므로 철학에서 말하는 시공간은 물리적인 세계가 아니라, '삶의 자리(Sitz im Leben)'로서의 '온 누리'이며, 인식 주체인 인간에게 인식된 '세대(世代)와 경계(境界)'가 된다.

물론 동양으로 말할 것 같으면, 춘추전국시대의 지식인들이 오늘날처럼

으로서 문화콘텐츠로 재구성되기 이전의 원천자료라는 의미이고, 다른 하나는 특정한 문화의 독자성(originality)을 지닌 전형적인 문화자원이라는 의미이다. 박종천은 이 둘이 전혀 다른 의미일 수도 있지만, "무의식이나 관념의 차원이 아니라 의식이 행동을 통해 구현되는 실현적 차원에서 이해하면 서로 충돌하지 않고 어울리게 된다."고 보았다(박종천, 위의 논문, 460~461쪽). 이 연구에서도 '문화원형'을 박종천과 같은 관점에서 이해하고자 한다.

9 李明洙는 「儒家哲學의 時間과 空間에 관한 倫理的 접근」(『동양철학연구』 제42집, 동양철학연구회, 2005, 199~223쪽)에서, "그런데 時空間의 구조가 가져다주는 물리학적 힘 대신에 철학에서는 인간 세계에 미칠 윤리학적 과정, 영향 그리고 결과에 관심을 갖는다."라고 주장한 바 있다(위의 논문, 201쪽).

정교하고 세련된 형태의 주체와 타자, 경계와 탈경계 등에 대한 인식을 가지고 있었던 것이라고 보기는 어렵다. 하지만 천체의 운행을 천도(天道)라고 하고, 그것을 기준으로 하여 인간이 인식하고 존재를 영위하는 시간과 공간에 '사람의 길'이라는 뜻의 '인도(人道)'라는 이름을 가져다 붙인 것으로 보건대, '길'이 단순히 이 지점과 저 지점을 연결하는 공간에 국한되지 않음을 직감하고 있었던 것으로 볼 수 있다.[10]

'길'은 공간 좌표 속에 두 개의 상이한 지점을 연결하는 선(線)으로 곧잘 표기되지만, 이미 그 속에 '변화'라는 시간성을 내포하고 있다. 이런 인식을 전제로 하여, 방동미(方東美)는 중국인과 그리이스인들이 만물유생론(萬物有生論; Organicism)으로 우주(宇宙)를 해석하려고 노력한 데 비해서, 근대 유럽인들은 우주를 물질적 과정의 기계적 계통으로 간주하였기 때문에 그 속에 내재한 생명(生命)을 본질적으로 보지 않는다고 말한 바 있다.[11] 이러한 주장에 따르면, 철학적 관점에서 시공(時空)은 본래 'and' 또는 '-'가 필요하지 않는 '온 누리'이다. 물론 우리는 'time and space'로 구분되는 질서정연한 'κόσμος'에서 살아가지만, 그것은 본래 'συνίστημι(함께 섬)'로서의 'universum'이었고, 사실상 지금도 그렇다.[12] 왜냐하면 시공(時空)은 그 자체로도 짝을 이루지만, '그것을 인식하고 살아가는 인간인 나를 보장하는 동시에, 그러한 존재인 내가 참여하여 화육(化育)함으로써 인간인 나와 짝[偶]을 이루게 되기 때문이다.

우리가 살고 있는 시공(時空)에는 수많은 '길', 곧 맥락과 결[條理]이 있

---

10 李明洙는 위의 논문에서 "기본적으로 유가적 思惟에서 인류가 공간적 배경과 시간적 흐름 속에 삶을 영위한다는 점을 간과하지 않는다."고 주장한 바 있는데, 본문과 같은 관점을 가진 것으로 볼 수 있다(위의 논문, 같은 쪽).

11 方東美, 鄭仁在 옮김, 『中國人의 生哲學』, 탐구당, 1983, 53~54쪽.

12 '우주' 또는 '세계'를 뜻하는 희랍어로는 'κόσμος'와 'συνίστημι'를 들 수 있는데, 피타고라스가 제일 먼저 사용한 것으로 알려져 있는 'κόσμος'는 수학적 질서정연함에서 비롯되었다. 이에 비해 'συνίστημι'는 '함께 서다'라는 어원을 가지고 있는데, 여기에 해당하는 라틴어 'universum'에서 'universe'라는 말이 나왔다.

다. 그것을 이루는 모든 생성과 창조는 각각의 맥락과 결을 따르고, 그러한 맥락과 결이 한 데 묶어질 때 이 시공이 되기 때문이다. 그런데 이 맥락과 결이 너무 복잡하고 다차원적이기 때문에 단선적(單線的)인 인과(因果)의 고리로는 충분히 설명해내기가 쉽지 않다. 그래서 이것들을 '본래 그러한 것'이라는 의미에서 자연(自然)이라고 부른 것이다. 이런 맥락에 따르면 노자의 자연은 '길' 그 자체이다.[13]

　노자의 도(道)와 자연(自然)을 우리는 종종 형이상학적 실체와 사람의 손이 닿지 않은 자연경관으로 오해한다. 물론 천지(天地)가 생겨나기 이전에 '무엇인가가 섞여서 이루어짐'이 있었는데, 그 고요하고 텅 빈 것에다 '길'이라는 별명을 붙이겠다고 말한 것으로 보면 도(道)가 마치 형이상학적 실체인 것처럼 느껴진다. 하지만 뒤따르는 설명에 따르면, 그것에 참여하고 있는 천지인(天地人)의 삼재(三才)를 관통하고 있는 '길', 그 이상도 그 이하도 아니다. 그 '길'은 각각의 존재자를 초월해 있는 무엇인가가 아니라, 그 각각의 존재자가 본래 그렇게 하도록 되어 있는 것을 그대로 구현해내는 양식(樣式, pattern)이다. 그러므로 '길'이라는 별명을 가져다 붙인 '천지가 생겨나기 이전'은 존재론적인 개념이라기보다는 이미 진행되고 있는 순환적 과정의 어느 한 지점을 '여기 지금'으로 불러와서 방법적으로 분리해낸 인식론적 개념이다.[14]

　동양철학사상의 근원은 이렇게 동적(動的)인 우주에 대한 직관(直觀)과 반성이다. 그 직관과 반성의 원형은 '흙에서 돋아나는 싹', 곧 '生'이라는 자형(字形)과 자의(字意)에서도 찾을 수 있다. '생(生)'이라는 글자는 '땅 위에 솟은 이파리가 서너 개로 갈라진 풀'을 형상화한 것이다. 그리고 씨

---

13 『道德經』 25장: "有物混成 先天地生 寂兮寥兮 獨立不改 周行而不殆 可以爲天下母 吾不知其名 字之曰道 强爲之名曰大 大曰逝 逝曰遠 遠曰反 故道大 天大 地大 王亦 大 域中有四大 而王居其一焉 人法地 地法天 天法道 道法自然."
14 흔히 중국철학사상의 근간을 이루는 人性論의 性을 존재론적 시원으로 파악하여 本能이라던가, 白紙라고 규정하는 것은 性이 인식과 가치의 개념이라는 점을 오해 한 결과이다.

앗에서 싹을 틔우는 원리와 힘, 그리고 실제 그 현상은 싹 안에 있는 것이지만, 결과적으로는 씨앗이 다른 무엇인가로 변하게끔 한다는 점에서 마치 '저기 어딘가'에 있는 것처럼 표현할 수밖에 없다. 하지만 실제로 그것은 공자가 말했듯이 '저기 어딘가'에 초월해 있는 것이 아니라 바로 '여기지금'에 내재해 있다.[15]

본래 존재에 대한 접근은 본질에서 현상을 예감하거나, 현상에서 본질을 추론해내는 두 가지 방식으로 이루어진다. 물론 본질은 현상을 가능하게 하는 신호를 스스로 함장(含藏)하고 있다. 하지만 직접적으로 지각에 포착되는 것은 현상일 뿐이고, 그 뒤에 분석과 추론의 과정을 거친 뒤에야 본질이 파악된다. 물론 '싹'이라고 하는 현상은 싹을 틔우는 원리와 동시적이지만, 우리의 인식에서도 그 동시성이 성립되는 것은 아니다. 그러므로 노자와 공자는 '자연(自然)'과 '도(道, 길)'라는 용어를 통해 '동시성(同時性)의 상대성(相對性)[Relativity of simultaneity]'을 직면시킨 다음, 그 한계를 극복해낼 것을 주문한 것이다.[16] 예컨대 도끼 자루를 잡고서 도끼 자루를 베어 내는 것처럼, 내가 걸어야 할 길과 걸어가는 길이 '동시성의 상대성'을 극복하려면, 내가 있는 지금 여기가 과거와 미래, 여기와 저기의 교차점인 '중(中, 근원)'이면서 동시에 '용(庸, 평상)'임을 인식해야 한다는 것이다.

---

15 『中庸』 제13장: "子曰 道不遠人 人之爲道而遠人 不可以爲道 詩云 伐柯伐柯 其則不遠 執柯以伐柯 睨而視之 猶以爲遠 故君子 以人治人 改而止…."

16 '동시성의 상대성'이란 물리학 용어로서 3차원 공간에서 일어나는 '사건'은 3개의 공간좌표와 1개의 시간좌표로 정해진다. 서로 다른 두 사건이라고 할 때는 네 개의 좌표 가운데 하나 이상이 다른 경우를 말한다. 그런데 우리는 절대 시간 개념을 가지고 있기 때문에 동시적으로 두 사건이 일어난다고 생각하지만, 실제로는 이 시간좌표는 관성계마다 다르므로 어느 한 관성계에서 동시적으로 일어난 사건이라고 하더라도 다른 관성계에서 관찰하면 동시에 일어나지 않았을 수 있다. 이렇게 '동시'라는 관념이 서로 다르게 느껴질 수 있는 것을 두고 '동시성의 상대성'이라고 한다.

Ⅲ. 카미노 데 산티아고(Camino de Santiago)와 순례

오늘날 우리나라에 '산티아고로 가는 길'이란 뜻의 '카미노 데 산티아고 (Camino de Santiago)'로 알려진 길은 예수의 열두 제자 가운데 한 명인 성(聖)야고보의 유해가 안치되어 있다는 스페인 북서부의 '산티아고 데 콤 포스텔라(Santiago de Compostela)'로 가는 순례길이다. 이 순례길은 출발 지점이나 과거 그 용도에 따라 '프랑스 길', '포르투갈 길', '북쪽 길', '은의 길', '프리미티보', '영국 길' 등의 이름이 붙은 여러 갈래 길로 이루어져 있 다. 이 가운데 가장 대표적인 길인 '카미노 프랑세스(Camino Frances; 프 랑스 길)'는 800여㎞에 이르는데, 하루 평균 25㎞를 걸을 때 한 달 이상을 걸어야 한다. 그래서 이 길을 걸으려고 하는 사람들은 직장을 그만 두고 미리 체력보강운동을 하기도 한다.[17]

이베리아 반도 북쪽 끝자락에 위치한 도시로서 중세 유럽인들에게조차 낯선 장소였던 이 기독교 성지(聖地)로 향하는 길에 오늘날 수많은 관광객 들이 몰리게 되는 이유에는 여러 가지가 있겠지만, 무엇보다도 복잡다단 한 역사를 가지고 있는 이 길이 문화콘텐츠화 하는 데 성공했다는 점을 들 수 있다. 특히 우리나라에서는 이 길이 소개된 파울로 코엘료(Paulo Coelho, 1947~)의 소설 『연금술사; O alquimista』와 『순례자; O diario de um mago』가 큰 역할을 했다.[18] 실제로 2006년 이래 우리나라에서는 이 순례길을 찾는 사람들이 늘었고, 그들이 재생산해낸 문화콘텐츠가 카미노 데 산티아고 신드롬의 확산에 기여하는 선순환을 일으킨 것으로 볼 수 있다.

앞서 언급했듯이 카미노 데 산티아고는 기독교 성지인 '산티아고 데 콤 포스텔라'로 가는 여러 갈래 길 가운데 하나이다. 산티아고 데 콤포스텔라

---

17 민슬기, 「스페인 산티아고 길 도보순례의 의미와 소비」, 전북대학교 대학원 석사
   학위논문, 2012, 2쪽.
18 이와 관련해서는 '위의 글, 23~24쪽'을 참고할 것.

는 스페인 북서쪽 갈리시아 지방의 중심지로, 1985년에 이미 유네스코 세계유산(유네스코 데이터 347; 1985; i, ii, vi)으로 선정되었는데, 2000년에는 브뤼셀, 아비뇽, 프라하, 헬싱키 등과 함께 유럽문화수도로 선정되기도 했다. 카미노 데 산티아고의 목적지는 이곳에 있는 '산티아고 데 콤포스텔라 대성당(Cathedral of Santiago de Compostela)'으로, 예수의 열두 제자 가운데 한 사람인 聖야고보의 유해가 안치된 것으로 유명한데, 레오 3세(795~816재위) 교황이 성지(聖地)로 지정하면서, 예루살렘과 로마에 이어서 3대 순례지로 발전하게 되었다.[19]

본래 순례란 신성(神性)이 깃든 곳을 찾아가서 올리는 예배와 감사의 행위로서, 어느 종교 어느 민족에 한정된 것이 아니다. 하지만 특히 기독교 전통에서 순례는 중요한 기원을 가진다. 왜냐하면 이스라엘 민족의 역사는 순례 그 자체이기 때문이다. 본래 유목민이었던 이스라엘 민족은 이집트를 나와 가나안에 정착하기까지 기나긴 순례를 겪었고, 통일왕국을 이루었다가 남북으로 분열되어 바빌론으로 끌려갔으며, 다시 돌아온 뒤로도 동서세력의 충돌 속에 놓여 있었다. 이 순례의 역사 속에서 예루살렘은 계약의 궤가 있는 곳, 예수가 인류를 대신해서 죽고 부활한 곳으로서 이스라엘 민족의 정체성을 확인하기 위해 정기적으로 다녀와야 하는 거룩한 곳이 되었다.[20]

물론 예수의 죽음과 부활 사건을 통해서 순례는 이스라엘 민족의 정체성을 기억하는 전례행위라는 의미에 국한되지 않게 되었다. 왜냐하면 예수는 구원을 믿고 실천하는 자가 곧 거룩한 공간인 성전(聖殿)이며 그러한

---

19 산티아고 데 콤포스텔라 대성당에 안치된 것으로 알려진 인물은 大야고보이다. 교황 레오13세가 1884년에 반포한 칙령「Omnipotens Deus」에서 산티아고 데 콤포스텔라 대성당에 안치된 시신이 大야고보의 것임을 승인한 바 있다. 하지만 오늘날까지 논란이 끊이지 않고 있는데, 小야고보 또는「야고보서」의 저자와 혼동한 데서 비롯된 것이다.

20 구본식,「가톨릭교회의 성지 순례(기원과 중세기의 순례 중심으로)」,『現代가톨릭思想』27호, 대구가톨릭대학교 가톨릭사상연구소, 2002, 38~42쪽.

자들의 모임이 언제 어디서 이루어지건 그곳에서 창조와 구원의 사건이 실제적으로 재현될 것임을 선언하였기 때문이다. 하지만 예수의 선언을 제대로 이해하는 사람은 드물었다. 그래서 예수의 죽음 뒤에 바오로처럼 디아스포라 지역에서 교회를 건립하고 신앙을 지켜나간 이들이 있는가 하면, 여전히 본토에서 이스라엘민족의 전통을 지키면서 초기 교회공동체를 지켜나간 이들도 있었다. 그런데 기독교의 공인과 함께 예수의 죽음과 부활, 그리고 박해시기 순교자들의 행적 조사 등의 사건이 공간적으로 재현되면서, 기독교의 순례는 새로운 국면을 맞이하게 되었다.

기독교 공인 후 처음에는 박해시기의 자료가 충분하지 않았기 때문에 이것을 발굴하려는 목적에서 사건의 현장을 찾는 순례가 이루어졌다. 실제로 135년경부터 시작된 예루살렘의 재건축 때문에 예수의 죽음과 부활 사건이 이루어진 원형을 찾기 어려웠기 때문에 예루살렘 신자들의 전승을 수집하는 일과 역사적 사건이 일어난 현장을 발굴하는 일이 교회에서는 시급한 문제였다. 그리고 이 모든 일에 황제의 후원이 절실했기 때문에 황제의 정치적 위상도 높아졌다. 아울러 이렇게 해서 신축된 성당과 조성된 성지 주변의 상인들은 사건들과 관련된 상품들을 찾는 순례자들을 통해서 안정적 수입을 바랐다. 이런 복잡한 사정으로 성서상의 사건이 벌어진 곳 외에도 새롭게 많은 순례지가 조성되었는데, 그곳은 순교자들의 시신이 묻혀 있거나 유해가 옮겨져 있는 곳이었다.[21]

카미노 데 산티아고는 이런 기독교의 순례 역사를 잘 반영한 문화콘텐츠이다. 이곳에 묻힌 대(大)야고보는 성서에 나오는 인물로서 예수의 죽음과 부활이라는 인류구원의 사건을 직접 목격하였을 뿐 아니라, 동명이인과 함께 기독교의 역사 속에서 한 축을 차지하기도 한다. 그 뿐 아니라 그와 관련된 아주 다채로운 전승을 남기고 있다. 대표적인 예만 들어도, 그의 유해가 스페인으로 들어올 때는 천사가 양 옆을 붙잡고 있는 돌로 만들어진 배가 선원도 노도 없이 일주일 동안 지중해 가장 동쪽에서 시작하

---

21 구본식, 위의 논문, 44~48쪽.

여 당시 세계의 끝까지 갔다가 그가 선교했던 스페인으로 돌아왔다고 한
다. 아울러 844년 그리스도교도였던 라미로왕이 무어인들과 전투를 벌일
때 성(聖)야고보가 기사의 모습으로 나타나 이교도를 물리칠 수 있게 도와
주었다는 전설도 있다. 이후 성야고보는 스페인의 주보성인으로서 '마타모
어(Matamore)', 곧 '무어인의 정벌자(征伐者)'로 숭상되기에 이르렀다.[22]

이 전승은 오늘날 우리나라에서도 새롭게 만들어지고 있다. 예컨대 우
리나라의 한 포털 사이트에서는 '카미노 데 산티아고'를 다음과 같이 소개
하고 있다.

> 일에 지치고 사랑에 허기진 당신의 등을 떠밀어 보내주고 싶은 길. 베르나르
> 올리베아가 땀 흘렸고, 파울로 코엘료의 삶을 바꾼 길. 그리고 당신과 나, 이
> 름 없는 이들의 비밀을 기다리고 있는 길. 눈물로 떠나 웃으며 돌아오게 되
> 는 길. 그 길의 이름은 카미노 데 산티아고, 산티아고의 길. (중략) 800㎞를
> 걸어가 만나는 대성당에서 천년 된 돌기둥에 기대어 눈물을 흘리는 당신. 삶
> 에 대한 희열과 감사로 압도되는 순간을 겪고 나면 세상은 달라 보인다. 설
> 명할 수는 없지만 당신은 이미 변해 있다. 돌아오는 길, 당신은 이미 알고 있
> 다. 문명 전체가 나아가는 방향에 등 돌릴 힘이 당신 안에 있다는 것을. 이제
> 는 너무 유명해져 버렸지만 여전히 영적인 힘을 간직한 길. 작은 배낭 하나
> 에 모든 걸 담아 집을 떠날 수 있는 사람들이 찾아오는 곳. 삶이 던진 질문들
> 에 정직하고 용감하게 답하고자 하는 이들을 위해 준비된 길. 그러나 모든
> 질문에 대한 답은 이미 자기 안에 있다는 것을 알고 있는 이들이 찾아오는
> 길. 일생에 한 번은 꼭 걸어야 할 순례의 길.[23]

앞서 밝힌 바 있듯이 '카미노 데 산티아고'는 순례라고 하는 기독교 문
화권의 길 찾기 방식이다. 그런데 기독교국가가 아닌 우리나라 사람들이
이 '순례'를 떠나는 것은 '삶을 돌아보고 싶을 때 찾아가는 길, 인생의 순
례길', '세상에서 가장 아름다운 길', '치유의 길', '고행의 길' 등과 같이 지

---

22 민슬기, 앞의 논문, 10~13쪽.
23 네이버캐스트에 소개된 글로, '민슬기, 위의 논문, 27~28쪽'에서 재인용함.

금도 다양한 매체를 통해 스토리텔링 작업이 이루어지고 있기 때문이다. 실제로 카미노 데 산티아고에 가고자 하는 사람들은 이렇게 매체를 통해 제시된 환상에 따라, 각각 자신의 상황에서 자신만의 동기를 찾아내기 시작한다. 그리고 '카미노 데 산티아고의 풍경 가운데 하나'가 되기 위해서 그곳으로 떠나갔다가 돌아와서는 온라인카페 활동, 오프라인 동호회 활동, 책 출간, 사진 전시, 도보 순례 강연 등을 통해서 '카미노 데 산티아고'의 콘텐츠화에 동참하게 되는 것이다.[24]

요컨대 '카미노 데 산티아고'의 성공은 인류 보편의 의식을 밑바탕에 깔고 있다는 데서부터 출발할 수 있다. 그 이유가 무엇이건 세속에 지쳐버린 이들이 그렇지 않은 낯선 공간을 찾아 떠나는 것은 인류 보편의 의식이기 때문이다. 그리고 기독교의 긴 역사만큼이나 모호하고 그래서 신비스럽기까지 한 스토리텔링 요소와 인문자연경관 요소도 한 몫을 했다. 마지막으로 무엇보다도 큰 역할을 한 것은 성(聖)야고보를 만나러 가는 길에 현재적 의미 더하기에 이들 순례자들이 한 몫을 한다는 것이다. 지금 이 순간에도 기독교인이건 아니건 순례자로서 순례자의 길에 동참한 사람은 다양한 방식으로 자기 자신의 환상과 기대, 그리고 결과를 카미노 데 산티아고의 풍경 가운데 하나로 승화시키기 때문이다.

Ⅳ. 제주올레와 '집으로 들어가는 길'

제주올레에 대해 논하기 전에 꼭 짚어보아야 할 것은 '지금의 제주올레는 무엇인가'라는 질문이다. 물론 제주어 '올레'는 "거릿길 속에서 대문까지의, 집으로 드나드는 아주 좁은 골목 비슷한 길"[25]로 풀이된다. 이에 비

---

24 관련 내용은 '위의 논문' 제3장과 제5장을 참조할 것.
25 제주특별자치도, 『개정증보 제주어사전』, 2009, 680쪽 左.

해 '제주올레'는 "걸어서 여행하는 이들을 위한 길, 제주올레. 제주올레, 세상을 향해 열린 길. 세상에서 가장 아름답고 평화로운 길, 제주올레"를 표방하는 '사단법인 제주올레'의 문화상품이다. 이 둘은 같은 것이면서도 사뭇 다르다. 왜냐하면 사단법인 제주올레의 문화상품인 제주올레는 2006년 9월에 '카미노 데 산티아고'를 다녀온 서명숙씨에 의해 구상되고 추진되어 2007년에 1코스가 개장된 이래 지금까지 무려 21코스가 만들어졌기 때문이다. 그러다보니 제주올레에는 늘 '카미노 데 산티아고'가 원조로 따라다니고 있을 뿐 아니라, 지역주민으로부터는 본래 올레가 아니라는 불만이 제기되기도 한다.[26]

그럼에도 불구하고 2009년 한 해에만 25만~30만 명의 제주올레 탐방객이 다녀간 것으로 추정되기 때문에 자연경관만으로는 더 이상 관광객을 유인할 수 없는 제주의 상황에서는 상당히 성공적인 문화콘텐츠 상품이라고 평가된다. 따라서 현재 제주도에서는 민(民)·관(官)할 것 없이 총력을 기울이고 있을 뿐 아니라, 학계에서도 제주올레에 대한 연구가 진행되고 있다. 하지만 그러한 노력들 대부분은 제주올레의 긍정적 담론을 이끌어내기 위한 수준에 그치고 있다. 그렇기 때문에 좀처럼 쓴 소리를 할 수 없다는 데 문제가 있다.

> 제주올레 도입기부터 중흥기에 이르기까지 언론은 제주올레가 지닌 본질적 가치보다 경제자본, 문화자본, 사회관계자본의 장에서 지위를 얻은 주체들의 권력관계를 주로 다루었다. 언론이 제주올레를 담론화하면서 올레에 속하지 못한 길의 정체성, 지역민의 삶은 지속적으로 배제되었다. 분석을 통해 두 가지 의문을 제기할 수 있다. 첫째, 제주올레 담론이 논리·감정적으로 도전을 받을 것인가. … 제주올레 담론이 갈등양상을 보이지 않은 채 빠르게 지역민에게 안착할 수 있었던 이유 중 하나는 제주의 길에 형성된 정체성 때문이

---

26 『제주의 소리』 2010년 12월 30일자 「걷기열풍 진원지' 제주올레, 진화도 좋지만…」이라는 제하의 기사는 걷기 열풍을 몰고 온 제주올레의 부작용을 우려하는 여론이 형성되고 있다는 요지를 담고 있다.

다. 그동안 제주의 길을 대표할 정체성이 형성되었는지 따져봐야 한다. … 둘째로 제주올레가 '게토(ghetto)'로 변모하지 않을지다. … 결국 '제주올레'를 통해 일상에서 친환경·생태적인 삶을 실천하는 담론이 확산되지 않으면 제주올레는 지역민과 외부인에게 자연의 향수를 충족시키거나 관광자원으로 소득을 거둬들이는 '게토'로 정착할 가능성이 충분하다.[27]

인용문에서는 제주올레와 관련된 언론보도들을 기초로 언론의 특정 지역 공간 담론화가 초래하는 문제점을 제시하고 있다. 그래서 제주올레에 대한 비판적 입장을 견지하고 있는 몇 안 되는 연구 가운데 하나로 볼 수 있다. 그런데 바로 여기에 올레가 아닌 제주올레의 문제점이 드러나 있다. 제주올레가 이렇게 성공을 거두기까지는 제주의 길과 제주올레가 사실상 같은 것이라는 착시효과가 큰 역할을 했다. 만일 제주올레가 '카미노 데 산티아고'의 파생상품 또는 대체상품이라는 사실이 인지되었다면 이만큼 큰 성공은 거둘 수 없었을 것이기 때문이다. 그리고 실제로 이렇게 성공을 거두는 가운데서도 내심 불안할 수밖에 없는 것은 제주올레가 제주의 길에 형성된 정체성을 온전히 구현해내지 못하는 것이 아닌가 하는 우려가 좀처럼 떠나지 않기 때문이다.

실제로 사단법인 제주올레 홈페이지의 제주올레 소개에는 제주어 '올레'가 가지고 있는 정체성인 '집으로'가 없다. 그리고 '걸어서 여행하는 이들을 위한 길', '세상을 향해 열린 길', '세상에서 가장 아름답고 평화로운 길' 가운데 어디에도 제주는 없고 '길'만 있을 뿐이다. 바꾸어 말하면 이 세 가지 정체성은 지리산과 북한산의 둘레길, 녹색길 등 제주올레의 파생상품 어디에도 적용될 수 있는 것이다.[28] 이렇게 볼 때 제주올레는 제주사람을

---

27 이영윤, 「언론의 특정 지역공간 담론화에 대한 분석-"제주올레"를 중심으로」, 『탐라문화』 36호, 제주대학교 탐라문화연구소, 2010, 325~327쪽.

28 제주올레가 정체성을 상실하고 있다는 점은 그 파생상품에서도 확인된다. 제주올레가 인기를 끌면서 '올레'라는 이름을 딴 파생상품인 강화도의 '강화올레'와 서울시 송파구의 '송파올레' 등이 등장했다. 그런데 이 올레들이 제주어 '올레'처럼 집

제주의 길에서 소외시키는 결과를 낳았다고 볼 수밖에 없다.

　제주올레가 개장된 뒤 지역신문에서는 다투어 제주올레를 의미화하기 시작했다. 하지만 그 의미생산 주체가 사단법인 제주올레와 그와 관련된 사회명사들이어서 시작부터 그 의미범주는 '제주의 속살, 제주의 옛길, 사라져가는 길, 원시적인 길, 제주의 전통 유산, 느림의 여행, 사회명사가 찾는 길'이었고, 그 담론은 '어느 지역보다 편하고 아름다운 제주의 길로 복원', '세계인이 즐겨 찾는 길', '친환경 길 복원 및 보존', '제주에 대한 인식 개선', '길 복원 통한 관광자원 발굴', '새로운 관광패러다임 창출', '사회명사들이 찾는 길'에 국한되었다.[29] 하지만 올레는 분명히 '집으로 가는 길'이다.

　'올레'란 제주도 민가 마당 입구에 설치해 놓은 '정'이 있는 장소 이름이다. … '올레'는 우리들 가정의 안전지대요, 올리소 초법피신처요, 평화경이다. 외부의 부정으로부터 보호해주는 그 집의 안전장치요 '성소'인 것이다. 무속제의 중 심방이 큰 신령을 청할 때도 신령은 이 올레 안으로까지는 곧장 못오고, 올레 밖에서 심방이 마중으로 집안에 들어오게 된다. 옛 결혼식 때만 보

───

으로 향하는 길을 뜻하지는 않는다. 왜냐하면 사단법인 제주올레의 서명숙 이사장이 『놀멍 쉬멍 걸으멍 제주올레』((주)북하우스, 2008)에서 "사실 연원으로 따지면 강화올레가 제주올레보다 오래 되었다. 언니는 몇 년 전부터 민통선 지역의 들길과 수로길을 샅샅이 뒤지고 다녔으니까."(433~434쪽)라고 밝힌 바 있기 때문이다. 곧, 그는 제주의 '길'이 아닌 곳에 '올레'라는 이름을 붙였고, 더구나 '집으로 들어가는 길'이 아닌 '길'에 '올레'라는 이름을 붙였던 것이다. 이것은 제주올레를 기획하고 지금까지 끌어오고 있는 당사자에게조차 '올레=길'이라는 단순한 이해를 넘어선 정체성 발견이 이루어지지 못하고 있음을 반증한다.
29 이영윤, 앞의 논문, 314~325쪽. 이영윤의 분석에 따르면 도입기(2007년 9월~2008년 6월)부터 이렇게 상품화에만 열을 올린 탓에 정착기(2008년 7월~2009년 3월)에 접어들어 경제적 시각으로 담론이 형성되었고, 중흥기(2009년 4월~2009년 12월)에는 상품, 브랜드, 세계화 등의 의미범주가 추가되었고, 의미생산 주체에 기업의 영향력이 강해지고 정부도 새롭게 포함되는 등 상품화, 권력화가 추가 확산되었다.

아도 그렇다. 신랑이 말을 타고 신부집에 당도했어도 이 올레의 몰팡돌(하마석)에 내려 대기하고 있다가 '중방'이라는 이가 마중 나와서 안내를 받아 집안으로 들어가는 것이다. '올레'는 이렇듯 외부인이 함부로 드나들 수 없는 곳이다. '올레'에는 '올래직이'라는 그 집의 수호신이 지켜서고 있다고 믿는다.[30]

집은 인간에게 있어서 예측하기 어려운 자연 환경으로부터 자신을 지켜주는 피난처이면서 생활하는 데 필요한 것들을 제공해주는 물리적 환경이다. 아울러 세계 안에 있는 우리들이 머무는 구석이면서, 우리가 만나는 최초의 세계이며, 인간과 장소와의 관계, 장소와 공간과의 관계가 맺어지는 곳이다. 그러므로 집은 물리적 공간의 요소라는 의미를 넘어서 인간이 '타자와 관계하는 모든 경험을 담고 있는 그릇', 또는 '우리의 존재가 깊이 잠겨 있는(immersed) 환경'이라고 할 수 있다.[31] 이렇게 본다면 '올레'는 그 자체로도 '거룩함', '태초의 생명력', '돌아가 쉼', '은폐와 탈은폐', '소통' 등의 다양한 의미를 불러일으킬 수 있다.

특히 제주가 우리 문화의 옛 형태를 비교적 잘 간직하고 있다고 할 때, '올레'는 단순히 길이 아니라 우리 전통의 가족문화와 생활문화를 함축적으로 담고 있는 길이라고 할 수 있다. 왜냐하면 우리나라의 집은 열린 대문과 마당, 그리고 대청마루로 대표되는 중간 매개적 영역을 가지고 있기 때문이다. 곧, 신발을 벗고 들어와서 가족이라는 공동체와 관계 맺고, 다시 방문을 열어 자신만의 공간을 창조해내는 우리의 전통에서 길은 대문과 마당, 그리고 대청마루를 통해 안방으로 끊어지면서 이어지는 의미를 가지고 있다.[32] 그리고 이것이야말로 앞서 언급했던 동양의 길(道)이 추구하는 의미이다.

30 진성기, 「'올레'란 무엇인가」, 『한라일보』 2009년 4월 17일자 오피니언 면.
31 金棋玹은 「집의 入口에 對한 現象學的인 考察」(『가야대학교 논문집』 7호, 가야대학교, 1998, 125~145쪽)에서 사스통 바슐라르, 마르틴 하이데거, 로베르토 사델로 등의 말을 빌려 집을 본문과 같이 정의한 바 있다.
32 위의 글, 144쪽.

　사실 제주올레가 가장 실패하고 있는 부분은 제주의 길을 정확하게 구현해내지 못하고 있지만, 더 나아가서는 동양의 길조차도 제대로 구현해내지 못하고 있다는 데 있다. 동양의 길은 공간에 국한되지 않는다. 제주올레가 '게토(ghetto)'로 변모하지 않을지를 걱정한다는 것은 제주올레가 공간에 국한되고 있다는 반증이다. 공자는 "사람이 길[道]을 넓힐 수 있는 것이지 길[道]이 사람을 넓힐 수 있는 것이 아니다."[33]라고 말한 일이 있다. 이 말에 따르면 '제주 옛길의 복원', '자연과 생태적 관점을 통한 제주 관광' 등의 요구가 제주올레 안에서만 수렴되고 있고, 제주올레가 인기를 얻지만 지역 내 개발이 끊임없이 진행되고 있어서 서귀포시 강정마을에 해군기지가 건설되고 있으며, 도시 재개발에 따른 구도심 골목길이 변형되거나 사라지고 있다는 것은 제주올레라는 상품이 '박제된 길'로서 생명력을 잃어버렸음을 그대로 보여주는 실례이다.

　요컨대 제주올레가 카미노 데 산티아고를 벤치마킹한 것이 사실이지만, 그 의미에서는 분명히 차별화된 그 무엇이 있어야 한다. 그리고 차별화된 그 무엇은 제주의 정체성, 동양의 길이라는 정체성 등이 맞물리면서 인류 보편의 정서에 호소할 수 있는 것이 되어야 할 것이다. 하지만 지금의 제주올레는 제주에 몰려와서 그 지표면을 서성거리며 소비하다가 '제주올레 패스포트'만큼의 위안을 얻고 돌아가는 '올레꾼'을 양산하고 있을 뿐이다.[34] 결국 문화는 없고 '콘텐츠-상품'만 남은 것이다. 제주올레가 올레의 정체성을 찾아서 세계적인 문화콘텐츠로 한 걸음 더 나아가려면 이 문제를 해결해야만 한다.

---

33 『論語』「衛靈公」28장: "子曰人能弘道 非道弘人."
34 제주어로 올레꾼은 집안으로 초대받지 못해 골목어귀를 서성거리는 사람들을 가리키는 말이다. 그런데 언제부턴가 자원봉사자를 '올레지기'로, 올레 탐방객들을 '올레꾼'으로 부르기 시작했다. '지기'는 '그것을 지키는 사람'의 뜻을 더하는 접미사이고, '꾼'은 '어떤 일 때문에 모인 사람'의 뜻을 더하는 접미사이지만, 제주어에 '올래직이'와 '올레꾼'이 있다는 점을 생각한다면 다른 표현을 찾는 것이 옳다.

V. 기억과 새로운 서사에 관한 제안

　　이 연구의 문제의식으로 다시 되돌아 가 본다면, 대중을 가르치려 들었던 모더니즘의 계몽주의에서 벗어나 '대중의, 대중을 위한, 대중에 의한 콘텐츠'를 외치는 포스트모더니즘의 다양한 접근이 시도되고 있는 중이다. 그 대표적인 접근 가운데 하나가 대중소비문화의 산물인 문화콘텐츠의 형식 기반을 이루고 있는 스토리텔링(Storytelling)을 통해 다층적이고 관여적(關與的)으로 실험적 담론을 쏟아내는 것이다. 이것은 자족적 논리의 틀에 갇혀 있던 기존의 서사(narrative)에서 벗어나 수용자의 참여적 창조가 가능한 스토리텔링을 형식 기반으로 하는 문화콘텐츠의 양산이 이루어졌다는 말이고, 비록 그것이 질적이거나 미적인 부분에서 하향평준화된다고 하더라도 대중의 능동적 향유를 수평적으로 확장시킨다는 점에서 긍정적으로 평가할 수 있다는 말이다.[35]

　　하지만 스토리텔링이나 문화콘텐츠화라는 용어가 오늘날 우리가 생각하는 것처럼 이 시대에 새롭게 생겨난 것은 아니라는 점을 상기해야 한다. 더구나 스토리텔링은 디지털 시대에 이르러 서사를 대체할만한 것도 아니고, 그렇다고 해서 서사를 뛰어넘는 것도 아니다. 이런 생각들은 포스트모더니즘이 모더니즘의 뒤에 등장했기 때문에 그 문제점을 해결할 방안을 가지고 있다거나 디지털이 가상세계를 구현할 수 있으므로 현실적인 한계마저도 뛰어넘을 수 있다는 착시효과에서 비롯된 초점불일치에 불과하다.[36]

---

35 류은영, 「내러티브와 스토리텔링: 문학에서 문화콘텐츠로」, 『인문콘텐츠』 제14호, 인문콘텐츠학회, 2009, 229~262쪽.

36 류현주는 「디지털 스토리텔링 시대의 내러티브」(『現代文學理論硏究』 24호, 현대문학이론학회, 2005, 121~135쪽)에서 디지털 시대에 사이버 공간은 인간 삶의 현장이 되었다고 진단하면서, 디지털 격차와 내러티브 선호도가 양극화되고 있다는 문제점, 스토리텔링이 디지털 시대 내러티브만의 전유물로 오해되고 있다는 문제점을 지적한 바 있다.

문화콘텐츠로서의 '길'도 마찬가지다. 길은 본래 공간에 새겨진 시간의 표시이다. 여기서부터 저기로 길이 나는 순간 여기와 저기는 지금과 나중이라는 시간성을 획득하기 때문이다. 그리고 그 길을 따라 걷고 나면 '여기'와 '저기'가 교체되고, 본래 '여기였던 저기'와 '저기였던 여기'는 과거와 현재가 된다. 뿐만 아니라 길을 따라 걷는 동안 현재는 과거로, 미래는 현재로 바뀌어가지만 그 바뀌어 가는 순간은 늘 현재이다. 그래서 길은 공간과 시간의 양 측면에서 여기와 저기, 과거와 미래가 교차하는 일종의 특이점이다. 무엇보다도 중요한 것은 지금껏 이것을 모른 사람도 없고, 그 길을 걷지 않은 사람도 없다는 것이다.

카미노 데 산티아고는 이러한 것들이 잘 드러난 길이다. 거기에는 공간 좌표로서 800㎞에 달하는 길만 덩그러니 놓여 있지는 않다. 그리고 비기독교도인들에게는 아무런 호기심도 불러일으킬 수 없는 2000년 전의 유해만 놓여 있는 것도 아니다. 그렇다고 해서 그 길에서 돌아와 스스로가 그것을 구성하는 상품이었는지도 모르고 온라인과 오프라인에서 콘텐츠를 양산해내는 소비자들과 제각각의 위안만 북적거리고 있는 것도 아니다. 거기에는 이스라엘 민족과 기독교인들, 그리고 스페인 민족의 역사와 문화가 있다. 그리고 콤포스텔라에 이르러서는 그 스스로가 그 들판을 비추는 별이 되는 다양한 순례자들의 삶이 있다. 이것을 가능하게 하는 것이 순례의 긴 역사이고, 그 긴 역사에서 틈틈이 만나고 만들어진 전승들이다.

하지만 앞서 살펴보았듯이 지금의 제주올레는 카미노 데 산티아고를 제대로 벤치마킹해내지 못하고 있다. 제주올레만이 아니라, 우리나라의 문화콘텐츠사업 전반이 사실은 문화이식(transplantation of culture) 수준에 머물러 있다. 그리고 심지어는 자본과 권력에 의해 뒤틀린 채 박제되어 그 생명력을 상실하는 사례도 많다. 그렇다면 이제 어떻게 해야 할 것인가?

콘텐츠는 창조자의 전유물이 아닌 수용자의 것이기도 하기 때문에 리터러시(문화콘텐츠의 틀인 내러티브 혹은 스토리텔링을 다양한 관점에서 분석 이해하는 커뮤니케이션 능력)의 문제는 중요하다. 누구나 다르게 해석을 할 수 있는 만큼 하나의 콘텐츠는 다양한 의미를 함축한 복합적 의미체라 할 수 있다. … 과거에는 옳은 리터러시의 전형이 있는 것으로 생각했지만, 점차 포스트모더니즘적인 혹은 해체주의적인 사유에 힘입어 리터러시의 상대성은 이제 당연한 사실로 인식되고 있다. 수용자의 관점이 중요한 시대가 된 것이다. … 하지만 관점이나 비평론의 차이를 넘어, 다시 말해 나와 타자 혹은 주관과 객관, 그러니까 개인과 사회의 대립이라는 이중적 가치 체계를 넘어, 그와 같은 모든 체계를 상보적으로 결합하는 가치가 있다. 모든 체계를 상보적으로 결합하는 가치, 그 가치는 바로 보편성이다.[37]

리터러시의 상대성 때문에 하나의 콘텐츠는 그 자체로 다양한 의미를 함축하고 있을 뿐만 아니라, 그 하나의 콘텐츠가 다층적인 의미를 지닐수록 그 리터러시는 복잡하고 다양해질 수밖에 없다. 그러므로 이제는 좀 더 정교하게 올레의 정체성을 만들어갈 필요가 있다. 그 시작은 '집으로 가는 길'이라는 본래의 정체성을 회복하는 것이다. 그리고 그 다음으로는 제주의 문화와 역사, 더 나아가서는 우리나라 고유의 문화와 역사를 녹여 넣어 좀 더 복잡한 정체성을 확보해야 한다. 그렇다고 해서 보편성을 잃어버리지나 않을지는 염려할 필요는 없다. '길'이란 본래 이중적 가치체계를 넘어 모든 체계를 상보적으로 결합하는 보편성을 가지고 있기 때문이다.

---

37 류은영, 앞의 글, 251, 258쪽.

제4부
주체와 타자의 이중 시선으로 본 제주

제7장 제주의 유학, 제주의 철학

제7장 제주의 유학, 제주의 철학

공자(孔子) 이후 체계화된 학문 체계 또는 유파를 넓은 범주에서의 유학(儒學)이라고 할 때, 유학은 동아시아 주변국에 있어서 '세계의 중심(中華)'에서 끊임없이 소외되는 주변의식을 확대 재생산하는 역할을 했다. 유학 내부의 이런 이중성(二重性)은 조선 성리학에도 그대로 계승되었다. 한편 제주는 고대 삼국과 고려에 복속된 바 있지만, 탐라국 천 년의 역사를 자랑하는 독립국가였다. 그런데 천년의 왕국 탐라는 역사서에 그 이름을 올리는 순간부터 주변국과 이중적 관계를 지속해왔다. 유학과 제주의 이러한 이중성은 주체와 타자(他者)의 두 시선으로 구분하여 살펴볼 수 있다. 우선 타자의 시선을 먼저 살펴보면, 조선시대 제주에 들어온 외지인들은 제주목사로 부임한 인사들과 유배인사들로 나누어 볼 수 있다. 이들은 유학을 보편질서로 이해하고, 제주인들을 이 보편질서로 계몽시키려 했던 공통점을 가지고 있다. 다음으로 주체의 시선을 살펴보면, 전통적 지배계층과 기층민중계층으로 나누어볼 수 있는데, 이들은 유학을 지배이데올로기로 이해했다는 공통점을 가지고 있다. 제주에 수용되어 오늘까지 그 생명력을 유지하고 있는 조선유학은 주체와 타자의 시선이 만나서 제주의 사정에 맞게 변용된 결과라고 할 수 있다.

Ⅰ. 문제제기

공자(孔子) 이후 체계화된 학문체계나 유파를 넓은 범주에서의 유학(儒學)이라고 할 때, 중국철학사가(中國哲學史家) 노사광(勞思光)의 주장처럼 유학은 중국철학 또는 동(東)아시아철학의 근저(根柢)에서 아직도 절대적 우위를 차지하고 있다.[1] 물론 그렇다고 해서 여기서 말하는 유학이 공자에게서 비로소 시작된 것이라고 보기는 어렵다. 왜냐하면 공자가 언제나 밝혔듯이 스스로 만들어낸 것이 아니라 풀어낸 것[述而不作]일 뿐이요,[2] 실제로 한대(漢代) 이전에는 공자보다 요(堯)·순(舜)이나 주공(周公)이 중국철학사상에 있어서 더 큰 영향을 끼친 인물로 기억되었기 때문이다. 그런데 바로 그렇기 때문에 중국 주변에 위치한 동아시아 여러 국가에 있어서 유학은 선진문화(先進文化)와 동일한 것으로 여겨질 수밖에 없었고, 고대국가의 형성에서부터 근대국가의 발전 과정에서 지대한 영향을 끼쳤다.

특히 우리나라에서 유학은 고대에서부터 오늘날에 이르기까지 정치(政治)-사상(思想) 양면에서 절대적인 영향을 끼쳤다. 고대에는 부족 연맹체가 고대 국가로 형식을 갖추는 데 전범(典範)이 되었고,[3] 정치(政治)-사상(思想) 양면에서 불교(佛教)가 주도하고 있던 중세 사회에서는 신흥세력이 주도한 정치개혁 요구의 이데올로기를 제공해주었기 때문이다.[4] 그리고 신(新)유학이 수입된 이후에는 본격적인 지배 이데올로기로서 정치-사상의

---

1 勞思光, 『中國哲學史(古代篇)』, 探究堂, 1991, 53쪽: 勞思光은 "공자는 周나라 말기에 유학을 창립하였는데, 이것이 바로 중국최초의 철학이다."라고 전제하면서, "유학은 비록 各家 철학 중의 一家이긴 하지만, 漢代 이후 明清에 이르기까지 중국 철학사상 및 문화활동의 방향은 모두 儒學精神을 主流로 삼았다. … 儒學은 중국문화의 전통적 지위를 대표하며, 공자는 유학의 창건인이 되었으므로 자연히 중국문화 전통에 기초를 다진 인물이 되는 것이다."라고 주장한 바 있다.

2 『論語』「述而」: "子曰 述而不作 信而好古 竊比於我老彭."

3 김승동, 『韓國哲學史』, 부산대학교 출판부, 1999, 118~122쪽. 서적으로 이론화 된 유교사상이 한국에 언제 들어 왔는지에 대해서는 異論이 있지만, 대개는 고구려 소수림왕 2년(372)에 太學을 세워 자제를 교육하였다고 하는 史實을 확실한 연대로 본다. 그 뒤 고구려 政治·法制·習俗에 유교가 침투되었는데, 백제와 신라의 경우도 이와 유사한 유입 전개 과정을 거친 것으로 추정된다.

4 위의 책, 214쪽. "성리학 자체가 본래 원시 유교의 현실참여 정신과 불교·도교의 이념 논쟁과정에서 완성된 고도의 추상적 철학체계라는 양면을 동시에 가지고 있으므로, 신흥 사대부들은 사회 문제를 공리공담 속에서 초세간적인 것으로 환원시켜버리는 불교의 대안으로서 성리학이라는 새로운 이데올로기를 채택하였던 것이다."

양면을 주도할 뿐 아니라, 이 둘의 관계를 정교하게 조직화하는 데 큰 역할을 했다. 그 결과 조선 유학은 그 발상지인 중국 송명(宋明) 신유학보다도 정치적으로는 절대적인 권위를 가지게 되었고, 사상적으로는 더 정교화 되었다.

하지만 이렇게 긍정적 기능에도 불구하고 유학은 동아시아 주변국에 있어서 '세계의 중심[中華]'에서 끊임없이 소외되는 주변의식을 확대 재생산하는 역할을 하기도 했다. 그 이유는 공자의 학문적 목표가 결국은 당시 몰락한 주(周)나라 종법질서(宗法秩序)를 재건하는 데 있었기 때문이다. 그리고 한대유학(漢代儒學)을 거쳐 외래종교인 불교와의 대응 과정에서 공맹학 재건의 기치를 내걸고 탄생한 송명(宋明) 신유학, 곧 성리학 역시 당시 지식인들의 우환의식(憂患意識)을 기초로 하였으므로, 그 목표는 배타적 중화주의를 재건하는 데 있었던 것으로 볼 수 있다.[5]

유학 내부의 이런 이중성은 조선 성리학에서도 그대로 계승되었다. 왜냐하면 조선 성리학도 송대 성리학과 마찬가지로 불교의 대응논리 확보의 내부적 필요성에서 수입된 것이기 때문이다. 실제로 고려말 조선초기의 유학자들은 고려의 지배이데올로기였던 불교를 비판하고, 성리학적 지배이데올로기의 필요성을 역설하는 데 힘을 기울였다. 그 결과 정도전(鄭道傳, 1342~1398)의 재상정치론(宰相政治論)에서 확인되듯이 한편으로는 강력한 왕권을 견제하는 의리(義理)정신을 강조하면서도, 다른 한편으로는 탁고개제(托古改制)의 경세학적 측면을 강조하는 이중성을 가질 수밖에 없었다. 그리고 이러한 이중성이 정도전 이후로는 훈구파(勳舊派)와 사림

---

5 이러한 중화주의는 훗날 明 왕조의 멸망을 겪은 주변국가, 특히 조선 지식인들이 이른바 '조선중화주의'를 제창하는 원일을 제공하기도 하였다. 이 점에 대해 계승범은 「조선후기 조선중화주의와 그 해석문제」(『한국사연구』제 159호, 한국사연구회, 2012, 273쪽)에서, "동아시아 지식인들의 고민은 보편적 문명제국의 소멸로 인해 발생한 빈 공간을 무엇으로 채울 것인가의 문제였다. 이런 과정에서 중화를 自國化하거나 아예 중화에서 벗어나려는 움직임이 도처에서 일어났다."고 말함으로써, 중화주의가 주변국에 끼친 이중적 성격을 드러낸 바 있다.

파(士林派)의 상호 견제 속에서 성리학적 의리정신의 실현 방법을 두고 '수기(修己)와 치인(治人)[內聖과 外王]', '명분(名分)과 실리(實利)', '주자(朱子)와 반주자(反朱子)'로 전개되었다.

한편 제주는 본래 조선(朝鮮) 태종(太宗) 2년[1402]에 탐라성주(耽羅星主) 고봉례(高鳳禮, ?~1411)가 인부(印符)를 반납하고, 태종 4년에 조선정부에서 실질적으로 제주를 다스리던 성주(星主)와 왕자(王者)의 직함을 좌도지관(左都知管)과 우도지관(右都知管)으로 개칭하기까지 삼국(三國) 또는 고려(高麗)에 복속된 바 있지만, 탐라국(耽羅國, 기원전 57~서기1402, 또는 1404년) 천 년의 역사를 자랑하는 독립 국가였다.[6] 물론 삼성신화(三姓神話)로 거슬러 올라가면 그 연대는 기원전 2337년까지 올라가는데, 고대국가가 형성된 것은 고후(高厚, 기원전 58~기원전 7년)가 신라에 입조(入朝)하여 성주(星主)와 왕자(王者), 도내(徒內) 작호를 받은 때로 보는 것이 일반적이다. 왜냐하면 실제로 서력기원을 전후하여 탐라국이 외부세계와 교역한 자취들이 그간의 고고학적 발굴과 문헌사료 검토를 통해 입증되었기 때문이다.[7]

그런데 천 년의 왕국 탐라(耽羅)는 사서(史書)에 그 이름을 올리는 순간부터 주변국과 이중적 관계를 지속해왔다. 곧 백제(百濟) 문주왕(文周王)

---

6 《新增東國輿地勝覽》 제38권 『全羅道』 「濟州牧」의 기사에서는 "太宗 2년에 星主高鳳禮와 王子 文忠世의 무리가 성주 왕자의 호가 참람하다 하여 고치기를 청하니, 성주를 左都知管으로 삼고 왕자를 右都知管으로 삼았다. 世祖 12년에 안무사를 고쳐 병마수군절제사를 삼았다가, 뒤에 목사로 고치고 鎭을 두었다."는 기사가 보이는데, 《조선왕조실록》에서는 태조 3년에 7월 7일의 기사에 "제주도인 고봉례 등이 말 1백필을 바치니, 쌀 1백섬을 하사하였다."라고 하였고, 태종 4년 4월 21일의 기사에 "濟州 土官의 칭호를 고쳐, 東道千戶所를 東道靜海鎭으로 하고, 西道千戶所를 西道靜海鎭으로 하고, 都千戶를 都司守로 하고, 上千戶를 上司守로 하고, 副千戶를 副司守로 하고, 道之官을 都州官으로 하고, 星主로 都州官左都知管을 삼고, 王子로 都州官右都知管을 삼았다."라고 하였다.

7 이와 관련된 논의는 〈진영일, 『고대 중세 제주 역사 탐색』, 제주대학교 탐라문화연구소, 2008, 15~22쪽)을 참조할 것.

2년[476]에 공납(貢納)을 올린 기사[8] 이후로부터 복속관계에 있는 왕조의 흥망성쇠와 함께 하면서, 동시에 거리두기에 힘써왔던 흔적이 여러 사료에서 확인된다. 예컨대 백제 멸망 이후에는 신라에 복속되었지만, 그와 동시에 중국과 일본 등에 사절을 보내어 국교를 맺으려고 노력하기도 했다. 그리고 이 과정에서 탐라국 내의 지배체제를 확고히 하였는데, 바로 그 때문에 고려와 조선에 실질적으로 복속된 이후에도 자주 모반을 일으켰다.[9] 이렇게 볼 때 탐라국은 대륙의 주변부인 절해고도(絶海孤島)이기도 하지만, 대륙이나 주변 도서국가와의 관계 속에서 자주성을 추구해온 도서국가(島嶼國家)이기도 하다.

물론 이 점 때문에 오늘날의 제주는 역설적이지만 한국문화의 고형(古型)을 간직하고 있는 지역으로 조망되기도 한다.[10] 하지만 이런 시각은 제주가 외부와의 교류가 쉽지 않은 섬이라는 데 초점을 맞춘 것으로서, 여기에 근대화를 기치로 내세운 서구화가 덜 진행된 오늘날의 제주 상황을 겹쳐 본 것에 불과하다. 실제로 오늘날 제주에 유교식의 전통 문화가 많이 남아 있는 까닭은 숙종 18년(1702)에 제주목사로 부임한 병와(瓶窩) 이형상(李衡祥, 1653~1733)의 신당철폐를 통한 교화정책에서 그 연원을 찾아볼 수도 있다. 하지만 이형상목사 당시에도 그러했지만, 오늘날 제주에 남

---

8 우리나라 문헌에서 耽羅가 최초로 등장하는 기사는 『三國史記』 百濟紀, 文周王 2年 4月條로서, "耽羅國獻方物 王喜 拜使者爲恩率."이라고 하였다.

9 이와 관련된 논의는 〈진영일, 앞의 책, 75~144쪽〉을 참조할 것.

10 유철인은 「지역연구와 濟州學: 제주문화 연구의 현황과 과제」(『濟州島研究』 제14집, 濟州學會, 1996, 33~52쪽)에서 지역학으로서 제주학이 '제주도의 자연환경과 역사적 배경 및 사회문화적 특성들이 한국의 다른 어떤 지역과도 구별되는 특이한 양상'을 보여주고 있다는 데서 출발한다고 주장하면서, 이런 전제가 가능한 것은 제주도가 육지로부터 떨어져 있기 때문이라는 사실 때문인데, 이것을 어떻게 인식하느냐에 따라 몇 가지 시각이 나올 수 있다고 소개한 바 있다. 이 가운데 하나가 한국문화의 고형을 간직하고 있는 문화로 보는 시각이다. 이와 관련된 논의는 〈졸고, 「제주에서 철학하기 試論-로컬리티 담론과 제주학 연구 현황 검토를 중심으로」, 『耽羅文化』 39호, 2011, 191~192쪽〉을 참조할 것.

아 있는 유교식 문화라는 것은 탐라국 전통의 무속과 습합 과정을 거친 것으로서 그 자체만 두고 보더라도 제주의 지배계층과 민중계층에서 각각 달리 인식된 것이다.[11]

이상의 전제를 바탕으로 하여, 이 장에서는 우선 '제주(濟州)의 조선유학(朝鮮儒學)'을 주체(主體)와 타자(他者)의 두 시선으로 구분하고자 한다.[12] 이 가운데서 우선 타자(他者)의 시선을 먼저 살펴보면, 조선시대 제주에 들어온 외지인들은 제주목사로 부임한 인사들과 유배 온 인사들로 구분될 수 있다. 이들은 대개가 조선유학에 어느 정도는 정통한 지식인들이라는 점과 제주를 교화의 대상으로 본다는 공통점을 가지고 있었던 것으로 추정해볼 수 있다. 그러므로 이들을 통해 조선유학자의 제주를 보는 시선을 찾을 수 있을 것으로 기대한다. 다음으로 주체의 시선을 살펴보면, 전통적 지배계층과 기층민중계층으로 구분될 수 있다. 토착지배세력인 전통적 지배계층에서는 조선유학이 내적 지배이데올로기로서 필요하였을 것이고, 기층민중계층에서는 조선유학이 결과적으로는 지배이데올로기 그 이상도 이하도 아닌 것으로 인식되었을 것이기 때문이다. 이 점에 유의한다면 조선유학의 또 다른 하나의 정체성, 곧 '지배이데올로기'에 대한 시선

---

11 이형상목사가 제주에 부임한 시기를 문헌에 따라서는 1702년과 1703년 등으로 서술하고 있는데, 이수길 편저의 『병와 이형상의 삶과 학문』(세종출판사, 2008)에 따르면, 1701년 11월 11일 제156대 '제주목사 겸 제주진병마수군절제사'로 제수받았고, 1702년 3월에 도임하였다고 한다(위의 책, 47쪽). 이형상목사의 치적에 대해서는 당시 유생들이었던 제주 지배계층과 일반민중계층에서 정반대의 관점을 가지고 있었던 것으로 볼 수 있는데, 이와 관련된 논의는 이하에서 자세히 살펴볼 것이다.

12 이 장에서는 '조선유학'의 하위 개념이나 그것에 버금가는 것으로서 '제주유학'의 정체성을 규명하고자 하는 데 그 목표를 두고 있지는 않다. 이하 본문에서 상술할 것이지만 제주유학의 정체성을 규명하는 것은 여러 가지 이유로 현실적으로는 불가능하다고 할 수 있기 때문이다. 따라서 조선유학이 제주에서 어떻게 인식되었는지 그 시선을 두 가지로 나누어 검토함으로써, 제주도 유학의 특징에 대한 추후 연구 가능성을 확보하고자 한다.

을 찾을 수 있을 것으로 기대한다.

II. 타자(他者)의 시선: 계몽주의 교학(敎學)으로서 조선유학

1. 제주목사(濟州牧使)의 제주(濟州) 인식(認識)과 교화정책(敎化政策)

개국 초기부터 중앙집권적 통치체제를 강화하고자 했던 조선정부의 입장에서 오래도록 독립을 유지해왔던 제주도는 특수한 지역으로 인식되었다. 그래서 제주도 관련 정책은 제주토착지배세력에 대한 정책, 제주목사 중심의 지배체제 강화 정책, 성리학적 교화 정책 등으로 다양하게 이루어졌는데, 이 모두는 사실상 중앙집권력 강화 정책으로 볼 수 있다. 따라서 그 핵심은 수령권 강화 정책에 있었는데, 이와 관련된 행정적 정치적 조치로는 3읍(邑) 체제의 형성, 마정(馬政) 체제의 정비, 진영(鎭營) 체제의 확립 등이 시행되었다.[13]

본래 목사(牧師)란 고려 때부터 도입된 제도였는데, 제주목사의 경우도 고려 충렬왕 21년[1295] 4월에 탐라(耽羅)를 제주(濟州)로 개칭하면서 시작되었다. 그런데 이때부터 목사제도가 꾸준히 이어진 것은 아니어서 다양한 이름으로 불리다가, 조선시대에 들어와서 정착되어 고종 32년(1895)에 관찰사(觀察使)로, 광무 10년[1906]에 군제개편으로 조정될 때까지 지속적으로 유지되었다. 하지만 조선시대에도 제주의 수령(守令)은 목사(牧使)로만 통일되어 있지 않았고, 안무사(按撫使)·절제사(節制使)·방어사(防

---

13 金眞英, 「조선초기 '濟州島'에 대한 인식과 정책」, 『韓國史論』 제48집, 서울대학교, 2002, 55~108쪽.

禦使)·찰리사(察里使) 등 여러 관직이 동시에 제수되기도 하였다.[14]

태종 16년[1416]에 기존 17개 현(縣)이 제주목(濟州牧)과 대정현(大靜縣), 그리고 정의현(旌義縣)의 1목(牧) 2현(縣) 3읍체제로 개편되면서, 제주목(濟州牧)에는 정3품의 목사(牧使)와 그를 보좌하는 판관(判官, 종5품)이 두어졌고, 두 개의 현에는 현감(縣監, 종6품)이 두어졌다. 이것은 그동안 토관(土官)의 실질적인 지배에 따라 갈등을 빚을 수밖에 없었던 제주도 전역이 본격적으로 수령권 아래에 놓이게 되었음을 뜻한다. 이렇게 도내(島內)의 절대적인 수령권을 확보한 제주목사는 태종과 세종을 거치면서 마정(馬政)의 총책임자인 감목관(監牧官)을 겸직함으로써 위상이 더욱 강화되었다. 이렇게 강화된 제주목사의 위상은 진영(鎭營) 체제가 확립된 세조대에 이르러서 군사지휘권을 장악하는 병마수군절제사(兵馬水軍節制使)를 겸임하게 되면서 더욱 높아졌다.[15]

그런데 이렇게 높아진 위상 때문에 오히려 제주목사의 실정이 야기되기도 하였다. 곧 제주목사는 외관(外官)이면서도 실질적으로는 관찰사와 유사한 권한을 가지고 있었으므로, 제주목사의 자질과 자격 조건이 제고되는 순기능도 있었지만, 수령 위에 군림하고 실직을 등한시하는 역기능도 있었던 것이다.[16] 그래서 조선시대에 도임했던 290명의 제주목사 가운데 2년 반(30개월)이었던 임기를 모두 채우고 떠난 이가 많지 않아서, 실제 한 사람이 재임했던 평균 기간은 1년 9월 정도였다. 그리고 이들 가운데

14 洪淳晚, 「濟州牧師에 관한 序說」, 『濟州島史硏究』 제1집, 濟州島史硏究會, 1996, 35~44쪽.

15 결과적으로 이렇게 제주목사의 위상이 높아졌기 때문에 중앙에서도 제주목사의 임무가 막중하다는 인식을 하게 되었는데, 선조 34년(1601)에 소덕유와 길운절의 역모 사건이 발생하여 邑號 降等이 논의될 때에도 제주의 호를 강등하면 제주목사의 도내 위상이 낮아지기 때문에 임시방편적인 조치가 있어야 한다는 주장이 나올 정도였다. 제주목사의 위상과 관련된 논의와 사료는 〈金眞英, 앞의 논문, 81~92쪽〉을 참조할 것.

16 金眞英, 위의 논문, 91~92쪽.

치적 기록이 있는 목사는 전체의 46%에 해당하는 1백 34명이고, 학정이나 실정을 한 목사가 전체의 10%에 해당하는 29명이지만, 이들 치적 기록이 도내에서 절대적 위상을 가지고 있는 목사로부터 자유로울 수 없다는 점을 고려할 때 상당한 문제점이 있었던 것으로 짐작할 수 있다.[17]

물론 이들 가운데서도 15세기 중엽 제주목사로 부임해서 해녀들의 어려운 삶을 목도하고 평생 전복을 먹지 않았다고 전하는 기건(奇虔, ?~1460)이나 백성들의 가난한 살림을 걱정하여 세공(歲貢)을 줄이는 일에 힘쓰다가 임기를 마치고 떠날 때 모든 관물을 반납하고 도민들의 선물까지 두고 갔다는 이약동(李約東, 1416~1493) 등과 같은 제주목사도 많았다. 하지만 18세기 초의 목사 이형상(李衡祥, 1653~1733)처럼 비록 선정(善政)을 베풀었다고 하더라도 그것은 국가의 정책적 교화를 실시하는 차원에서 이루어진 것일 가능성이 높다. 그리고 그 이면에는 "풍속 개량과 민중 교화"라는 말에서도 확인되듯이 제주를 타자의 시선으로 보는 입장이 전제되어 있다.[18] 그 대표적인 사례가 이형상 목사의 신당(神堂) 철폐 사건이다.

이형상 목사에 대해서는 오늘날에도 그 치적에 대한 평가가 엇갈리고 있는데, 그 이유는 이른바 "풍속 개량과 민중 교화를 내세운 신당(神堂) 철폐"에 대해 두 가지 관점이 있을 수 있기 때문이다. 『탐라기년(耽羅紀年)』에서는 이 일을 두고, 광양당 등 삼읍에 걸쳐 있는 음사(淫祀)와 절집[佛宇] 130여개를 헐고 무당들 400여명을 농사짓게 하였다고 하는데, 당시 제주 사람들이 이러한 업적을 기려 공덕비를 세웠고, 순조 19년[1819]에는 유생들이 이러한 치적을 들어 진정하여 영혜사(永惠祠)에 배향되기까지 한 일이 있다. 하지만 이와는 반대로 몇 편의 구비전승에서는 이형상목사

---

17 洪淳晚, 앞의 논문, 37~40쪽.
18 洪淳晚, 위의 논문, 40~44쪽. 홍순만은 이 글의 말미에서 한 사람의 제주인도 목사로 등용되는 일이 없다는 것은 우연으로만 볼 수 없는 일로서, 제주가 조선 초기만 하더라도 독립국가였다는 점 때문에 조선 정부가 부담을 느낄 수밖에 없었을 것이라고 주장한 바 있다.

가 뱀신이나 귀신들에 의해 육지로 떠나지 못하다가 육지에 도착해보니 자식이 죽어 있었다는 식의 부정적인 평가가 남아 있기도 하다.[19]

사실 오늘날 1만 8천 신들의 고향이라고 불리기까지 하는 제주와 무속 신앙을 이해하려면 제주 사람들의 삶의 사회적 역사적 배경을 이해할 필 요가 있다. 척박한 자연조건은 물론, 왜구의 침탈과 행정력의 부재, 중앙 정부의 진상품 강요와 관리의 횡포 등이 제주사람이 자신들의 객관화로서 '추방과 좌절, 그리고 배고픔의 제주 당신(堂神)'에 대한 신앙을 낳았던 것 이다. 그럼에도 불구하고 이형상 목사는 신당을 철폐함으로써 풍속의 개 량과 백성의 교화라는 목표를 수행할 수 있었지만, 그 이면에는 행정력 강 화와 그것을 통한 정치적 목표 달성이라는 의도도 있었던 것으로 볼 수 있다. 따라서 제주목사의 교화(敎化) 정책, 또는 제주목사를 통한 조선유 학의 제주 교화는 토관(土官)들의 제주사람들에 대한 지배력을 약화시킬 목적을 가지고 있었으나, 다른 한편으로는 제주사람들에 대한 외지인들의 지배력이 강화되는 계기가 되었다고 할 수도 있다.

2. 유배인(流配人)의 제주(濟州) 인식(認識)과 교학활동(敎學活動)

조선은 중앙집권정책의 이면으로 성리학적 질서의 보급을 중시했기 때 문에, 중앙과 멀리 떨어져 교화가 미치지 못하는 제주도에는 비교적 일찍 부터 학교가 세워지는 등 官 주도의 교화활동이 실시되었다. 제주에는 1 목 2현에 각각 하나씩의 향교(鄕校)가 세워졌는데, 처음에는 제주목의 판 관이 향교의 교수직(敎授職)을 겸직하다가 태종 18년부터는 별도로 교수

---

19 玄吉彦은 「역사적 사실과 문학적 인식-李衡祥목사의 神堂 철폐에 대한 설화적 인 식」(『耽羅文化』 2호, 제주대학교 탐라문화연구소, 1983, 95~125쪽)에서 이러한 반 응이 "유학자에 의해 쓰여진 기록과 이목사 자신이 쓴 南宦博物誌에 의한 것이라 고 할 때" 의문을 제기할 수밖에 없고, 실제로 일반 백성들의 반응을 보여주는 몇 편의 전설들에서는 부정적인 평가가 나오고 있음을 제시했다.

를 임명하도록 하였다. 이후 세종과 성종대에는 각각의 향교에 교도(敎導)를 따로 두는 등 교수관 체제가 점차 강화되었다. 향교 외에도 사학(私學)이 설치되었는데, 변두리의 유생을 위해 김녕(金寧)과 명월(明月)에 따로 정사(精舍)를 두었고, 성(城) 내에는 향학당(鄕學堂)을 둔 것이 사학(私學)에 해당한다.[20]

그런데 토착지배세력인 토관(土官)의 영향력이 강했던 초기에는 향교(鄕校)를 비롯한 기타 교육기관이 크게 활성화 되지 못했다. 왜냐하면 당시 토착지배세력들은 세습적인 토관직을 얻는 것으로도 제주도 내에서 충분한 지위를 유지할 수 있었고, 그렇지 않은 기층민중들의 입장에서는 바다를 건너 과거시험에 응시하는 일이 쉽지 않았기 때문이다. 그래서 실제로 토관의 세력이 상대적으로 약화된 이후, 과거시험이 활성화되어 향교가 과거시험 준비기관으로서의 기능을 하게 되었을 때조차, 제주도 출신 과거 합격자들의 거주지는 대부분 제주도가 아닌 것으로 분석된 바 있다. 그리고 합격자들의 성씨도 고씨(高氏)와 양씨(梁氏)가 전체의 95%를 차지한 것으로 분석된 바 있다.[21]

하지만 제주도의 향교는 과거시험 준비기관으로서의 역할 뿐만 아니라, 대민교육(對民敎育)의 역할도 어느 정도 수행했던 것으로 추정된다. 왜냐하면 제주목사들이 제주도민(濟州島民)의 교육과 인재배출에 대해 올린 건의문에서 종종 향교의 인재들을 거론하고 있기 때문이다. 그리고 이와 함께 유교적 지배윤리를 강화시키기 위한 정표정책(旌表政策)도 실시되었는데, 제주의 경우에는 정표정책의 다양한 유형이 모두 포함되어 있고, 평범한 일반인들에게도 행해졌다는 점에서 다른 지역과는 차별된다고 할 수 있다. 그리고 이러한 점으로 보건대 통치체제 뿐만 아니라, 사회문화적인

---

20 金眞英, 앞의 논문, 92~94쪽.
21 金眞英에 따르면, 제주도에 본격적인 문무외방별시가 시행되기 시작한 인조대 이전까지의 사마방목, 문과방목에 수록된 제주도 출신 인물은 총 40인인데, 이 가운데 거주지 분석에서 제주도 거주비율은 5%에 불과하다(위의 논문, 95~96쪽).

면에서도 육지와 동일한 문화권을 형성했다고 볼 수 있다.[22]

관(官) 주도의 이런 교화활동과 함께 제주도의 교육을 담당한 또 한편의 집단이 제주도로 유배 온 인사들이었다. 조선시대 제주는 3등급의 유배지 가운데 최고의 유배지였으므로, 정치와 학문 양 쪽에서 상당한 영향력을 가진 사람들이 실각했을 경우 제주로 유배 되는 경우가 많았다.[23] 이런 사실은 실제로 '제주오현(濟州五賢)'에서 확인해볼 수 있는데, 오늘날 이들의 영향은 개인적인 차원에서보다는 '조선조 교학사상의 질서체계인 도통(道統)'과 관련하여 곧잘 논의된다. 왜냐하면 앞서 살펴보았듯이 한국 성리학은 도학정치를 표방한 만큼 도통이 중시되는데, 김굉필·정여창·조광조·이언적·이황 등으로 이어지는 기본 골격에 당파적 특성에 따라 출입(出入)이 있는 이른바 오현(五賢)을 본뜬 것이 제주오현이기 때문이다.[24]

오늘날 우리가 제주오현으로 손꼽는 인물은 충암(冲菴) 김정(金淨, 1486~1521), 규암(圭菴) 송인수(宋麟壽, 1499~1547), 청음(淸陰) 김상헌(金尙憲, 1570~1652), 동계(桐溪) 정온(鄭蘊, 1569~1641), 우암(尤庵) 송시열(宋時烈, 1607~1689) 등으로, 이 가운데 김상헌과 송인수는 관인으로서 제주에 들어왔지만 나머지는 모두 유배인의 처지로 제주에 들어왔다. 하지만 송인수의 경우에는 중종 29년(1534)에 김안로의 재집권권을 막으려다가 제주목사로 좌천되었다가 이후 을사사화로 사사된 이후에 향사(鄕祠)되었으므로, 민란으로 도내 민심이 흉흉한 때에 안무사로 내도한 김상헌을 제외하고는 모두 비슷한 처지였다.[25] 그럼에도 불구하고 실제 조선시대

---

22 金眞英, 위의 논문, 97~101쪽.

23 조선의 유배지 등급은 『大明律』의 2000리, 2500리, 3000리 등급을 조선의 실정에 맞추어 600리, 750리, 900리 등 3등급으로 조정한 것이다. 대개의 경우 도읍이나 자신의 출신지로부터 그 거리를 추산하였는데, 제주는 그 중 최고의 등급으로서 종종 '천리 밖 유배지'로 불렸다. 이와 관련된 논의는 〈졸고, 「梅溪 李漢雨의 '낯선 공간'으로서 瀛洲」, 『역사민속학』 제39호, 2012, 83쪽)을 참조할 것.

24 梁鎭健, 「濟州 五賢의 敎學活動 硏究」, 『耽羅文化』 9호, 제주대학교 탐라문화연구소, 1988, 229~234쪽.

교육에 있어서 한 축을 차지하는 것은 중앙관직에서 밀려나 낙향한 인사들이나 유배 온 인사들이었으므로, 이들 제주오현이 제주사회에 조선유학의 도통을 이어 교학활동을 한 점에 대해서는 의심할 여지가 없다.

문제는 이들을 비롯한 유배인사들이 제주를 절해고도의 유배지로 인식하였다는 데 있다. 따라서 역모사건에 연루되어 처벌을 받지 않을까 전전긍긍하는 제주도민을 위로하러 온 김상헌을 제외하고는 대부분 제주사람들과 제주의 문화를 부정적인 시선으로 보았다. 예컨대 정온과 송시열 등은 제주의 환경을 '죄를 지은 자가 살기 마땅한 곳', 또는 '바다에 들어온 지 9년이 되어 도깨비와 무리가 되었다'는 식으로 표현했다.[26] 그러므로 제주사람들을 제자로 맞아들여 교육하는 한편, 제주의 유생들과 교유하였다고 하지만, 실학자였던 추사(秋史) 김정희(金正喜, 1786~1856)의 경우에서 보듯이 "궁벽한 절해고도 제주도에서도 문화의 계승과 계발이 이루어지기를 열망하였고 중인(中人) 계층의 교육적 열의를 유난히 반가워하고 격려"[27]하는 수준 이상은 아니었던 것으로 보인다.

III. 주체(主體)의 시선: 지배 이데올로기로서 조선유학

1. 토착지배세력의 조선유학 인식과 대응

탐라국시대부터 토착지배세력이었던 이들은 신라시대부터 성주(星主)와

---

25 梁鎭健, 위의 논문, 236~247쪽.

26 졸고, 「한국학 전통에서 본 제주 바람-'바람, 흐름'의 철학적 접근」, 『耽羅文化』 제43호, 제주대학교 탐라문화연구소, 2013, 119~122쪽.

27 梁鎭健, 「秋史 金正喜의 濟州流配 敎學思想 硏究」, 『濟州島硏究』 9집, 濟州學會, 1992, 202쪽.

왕자(王子), 도내(徒內)의 직함을 가지고 제주를 실질적으로 다스렸다. 이들 중 일부는 고려시대에 이미 조정에 출사(出仕)하기도 하였는데, 중앙정치의 변화에 상당히 민감하게 반응할 수밖에 없었다. 그러므로 이들이 조정에 출사한 것도 그 초기에는 일종의 기인(其人)제도의 연장선상에서 이해할 수 있다. 이렇게 해서 고려 이후로는 토착지배세력 가운데 중앙으로 진출한 이들과 제주도에 남은 토관(土官) 및 향리(鄕吏)세력이 나뉘었다. 이 가운데 토관세력은 고려말의 토관제(土官制)에 의해 형성된 것인데, 조선초기에도 여전히 제주도내에서 실효적인 지배권을 행사할 수 있었다. 이에 비해 향리(鄕吏)세력은 상대적으로 그 지위도 저하되었고 세력도 약화되어 지방의 말단 행정에 종사하는 사회계급으로 전락했다.[28]

그러던 것이 조선 태종 2년[1402]에 성주(星主)와 왕자(王子)의 토관 명칭이 좌도지관과 우도지관으로 바뀌고, 이어서 태종 4년에는 토관제의 명칭과 조직이 개편되면서 토착지배세력들의 신분에도 상당한 변화를 맞이하게 되었다. 특히 세종대 이후에 제주토관이 될 수 있는 길이 다양하게 열리면서 세습적으로 운영되던 토관제의 성격이 변화하게 되었다. 하지만 실제로 제주도의 토관세력은 대대로 세습하면서 지역 사회 내에서 강력한 지배세력으로 인정받고 있었기 때문에 중앙으로 진출하여 벼슬을 하거나 토관직을 맡기 보다는 향직(鄕職)을 맡아 지방 정치에서 기존 지위를 유지하는 쪽을 선호했다. 이것을 이른바 제주도민들의 '불귀경직(不貴京職)' 경향이라고 부른다.[29]

이렇게 조선 초기에는 토착지배세력의 지위가 탐라국의 유제(遺制)를 간직한 채 수령지배체제와 병존하고 있었으므로, 다른 지역의 재지사족들보다는 월등한 권력을 가지고 있었다. 하지만 이런 권력은 정작 중앙과의 관계가 아니라 일반백성과의 갈등 양상 속에서 약화되었다. 곧, 중앙에서 파견된 수령과 병립하여 지방 행정에서 영향력을 행사하는 과정에서, '토

---

28 金眞英, 앞의 논문, 71~73쪽.
29 金眞英, 위의 논문, 74~76쪽.

호(土豪)들이 불법적으로 양민을 점유하여 봉족(奉足)이라 일컫고는 부리기를 노예와 같이 한다'는 원망이 나오게 된 것이다. 그 결과 세종 27년 [1445]에 제주 토관이던 좌·우도지관이 혁파되기에 이르렀다. 탐라국의 긴 역사에 근거한 토관이 폐지된 이후에는 도민 가운데 유식한 자를 뽑아 진무(鎭撫), 부진무(副鎭撫) 등 치안과 방어에만 대비하도록 하였는데, 이로써 중앙에서 파견된 수령과 양립하던 토관은 명목상으로 사라지게 된 것이다.[30]

이후 과거제도 등을 통해 일반인들이 관직에 나아갈 수 있는 기회가 보장되기도 하였으나, 앞에서 살펴본 바와 같이 그 합격자 대부분이 토착지배세력 출신이었던 점과 중앙정부에서 제주도민의 의견을 수렴할 때 그 대상이 토착지배세력이었던 점으로 보건대, 여전히 도내에서 토착지배세력들의 실질적인 지위는 계속 유지되었던 것으로 짐작된다. 그리고 그러한 현상은 앞서 살펴보았던 이형상 목사의 신당철폐 사건에도 불구하고 여전히 지속될 수 있었다. 왜냐하면 그가 추진한 신당철폐 사건에 앞장 선 세력이 곧 유생들을 필두로 한 토착지배세력이었기 때문이다. 이들이 신당철폐에 앞장섰던 이유는 합법적으로 관권력을 이용하여 종교 지도자 조직들인 무격(巫覡)에게 타격을 입힐 수 있었기 때문이다.[31]

이렇게 볼 때 제주의 토착지배세력은 제주목사나 유배인들처럼 조선유

---

30 金眞英은 세종 초기에 벌써 토관세력과 제주민중 사이에 갈등이 빚어진 것으로 보아, 이를 근거로 토관세력의 약화는 내부적 모순 때문이라고 주장한 바 있다(위의 논문, 77~80쪽). 하지만 뒤이어 토관제도가 폐지된 것 등으로 볼 때, 이러한 갈등은 중앙에서 조장한 것으로 볼 수 있다.

31 조성윤과 박찬식의 「조선후기 제주지역의 지배체제와 주민의 신앙」(『耽羅文化』 19호, 제주대학교 탐라문화연구소, 1998, 199~218쪽)에 따르면, "20일 鄕所의 儒生, 武士, 각 면의 面任, 각 리의 里任들이 서로 정결한 곳에 모여 북쪽을 향해 네 번 절한 뒤, 800명이 臣에게로 와서 말하였다"는 이형상 목사의 기록 가운데 등장하는 인물들은 향촌 지배세력과 실무 담당자들이다. 같은 관점에서 본다면 이형상 목사의 신당철폐사건은 토착지배세력의 권위를 약화시킨 것이 아니라, 제주 기층민중들의 세력을 약화시킨 것이라고 볼 수 있다.

학에 대한 깊은 이해 없이 다만 지배이데올로기적 측면에서 이해하고 여기에 찬동했던 것으로 짐작할 수 있다. 이것은 유교사회로의 변화 양상이 강하게 드러나는 18~19세기 제주 사회의 양반이었던 일제(一薺) 변경붕(邊景鵬, 1754~1824)에게서도 어느 정도는 확인해볼 수 있다. 변경붕은 제주도 대정읍 출신으로 18세기와 19세기를 살았던 인물인데, 정조시대에 출사하여 사헌부(司憲府) 장령(掌令)까지 지냈다. 그런 그의 문집에서는 당시 개인 문집 내에서 확인할 수 없었던 주자에 대한 존숭이 강하게 드러나지만, 그가 기록하고 있는 글들은 대개 인용 수준을 벗어나지 못하고 있다. 이것은 당시 토착지배세력이 성리학에 관심이 있으면서도 깊은 수준에 이르지 못하고 있음을 반증하는 것이라고 할 수 있다. 아울러 문집 내에는 무속적 내용이 여과 없이 드러나 있을뿐더러, 축첩(蓄妾)과 같이 당시 타지 출신 유학자들의 문집에서는 찾아보기 어려운 내용도 솔직하게 기술되어 있다.[32]

실제로 조선 후기에 들어서 제주도에서는 향교를 중심으로 유생, 교생 및 향청 관련직이 끊임없이 증가하면서 양반계층이 확대되는 경향을 보인다. 이런 현상은 유교가 아직 뿌리내리지 않은 상황에서 재지사족들이 확대되는 과정으로서, 토착지배세력들이 때맞춰 조선유학을 수용하여 관직에 나아가거나, 향교를 중심으로 당시 합법적 지배세력인 양반층에 진입하려고 했음을 엿볼 수 있다. 따라서 토착지배세력들에게 있어서 조선유학은 조선 후기에 이르기까지 표면적으로 수용되기는 하였으나, 실제적으로는 전통적 질서를 유지하는 방편으로 인식되었던 것으로 볼 수 있다.

2. 제주기층민중의 조선유학 인식과 대응

제주도의 토착지배계층인 성주(星主)와 왕자(王子)가 아닌 일반 백성이

---

32 김새미오, 『일재 변경붕 문집』에 나타난 18~19세기의 제주사회 성격에 관한 일고-유교사회로의 변화 양상을 중심으로」, 『영주어문』 제20집, 영주어문학회, 93~118쪽.

공식기록인 사서(史書)에 등장한 것은 고려시대부터이다. 공교롭게도 이때는 고려 왕정이 제주도에 외관(外官)을 파견한 때로, 기록상 최초의 외관은 의종(毅宗) 16년[1162]경에 탐라령(耽羅令)으로 부임한 최척경(崔陟卿)이다. 『고려사(高麗史)』에 따르면, 최척경이 탐라에 부임하여 선정을 베풀고 이임(移任)하자마자, 후임 영위(令尉)의 침폭(侵暴)에 시달린 양수(良守)를 비롯한 탐라인들이 최척경을 다시 불러와달라고 반란을 일으켰다고 한다. 그래서 조정에서는 전라안찰사(全羅按察使) 조동희(趙冬曦)를 제주안무사(濟州按撫使)로 임명하여 선유(宣諭)하게 하는 한편, 다시 최척경을 탐라령으로 임명하였을 뿐 아니라, 가솔을 데리고 부임하겠다는 최척경의 청을 들어주었다. 안무사로 임명되었던 조동희가 보고한 바에 따르면, 이 민란의 원인은 중앙에서 관리가 내려오면서부터 공부(貢賦)가 번거롭게 된 것이 그 원인이라고 할 수 있다.[33]

이 기사에서 주목할 내용은 천 년을 이어온 제주도의 지배체제가 하필이면 중앙에서 관리가 파견되던 시점에서 문제를 일으켰다는 것이다. 물론 ≪신증동국여지승람(新增東國輿地勝覽)≫을 비롯한 조선시대 관찬자료에서는 "그 풍속이 야만이고 거리가 또 먼데다가 성주(星主)·왕자(王子)·토호(土豪)의 강한 자가 다투어 평민을 차지하고 사역(使役)을 시켜 그것을 인록(人祿)이라 하며, 백성을 학대하여 욕심을 채우니 다스리기 어렵기로 소문이 났다."[34]는 식으로, 마치 제주도내 토착지배세력에 문제가 있는 것처럼 서술하고 있다. 하지만 이런 분석은 중앙정부의 입장에서 이루어진 것에 불과할 뿐, 실제로는 토착지배세력으로 일원화 되어 있던 지배구조에 중앙정부에서 파견된 지방관이 개입되면서 민중에 대한 수탈이 가중되었던 것으로 분석하는 것이 더 타당할 것으로 짐작된다.[35]

---

33 高昌錫,「高麗朝 濟州民亂의 性格」,『濟州島研究』제3집, 濟州學會, 1986, 45쪽.
    관련 내용에 대해서는 〈진영일, 앞의 책, 232~276쪽〉을 참고할 것.

34 高昌錫, 앞의 논문, 47쪽에서 재인용.

35 이러한 짐작은 안무사로 파견되었던 조동희가 "탐라는 험하고 멀어서 攻戰이 미치지 못하나 토지가 비옥하여 경비는 나오는 곳입니다. 앞서는 공부가 번거롭지 않

실제로 이 최초의 사건 이후 심심치 않게 일어났던 제주민란은 대개의 경우 그 동기가 오리(汚吏)를 몰아내는 데 있었다. 예컨대 고려 충숙왕(忠肅王) 5년[1318]에 일어난 사용(使用)·김성(金成) 등의 난에서 드물게도 토착지배세력이던 성주(星主)와 왕자(王子)가 쫓겨난 이유는 중앙에서 파견된 관리들인 대호군(大護軍)과 제주부사(濟州副使)의 탐학을 제대로 막아내지 못하였기 때문이었다. 이 점은 당시 난민들이 "만약 이백겸(李伯謙)이나 송영(宋英)이 와서 진무(鎭撫)한다면 우리가 어찌 감히 叛하겠느냐"라고 한 데서도 확인된다.[36] 가령 지방토착세력이었던 성주(星主)와 왕자(王子)의 수탈이 문제였다면, 굳이 중앙관리의 교체를 요구했을 리가 없었을 것이기 때문이다. 특히 송영의 경우에는 당시 대신의 신분으로서 이백겸과 동시에 제주 수령으로 부임되어 왔는데, 이를 전후하여 중앙에서 파견되는 관리의 품계가 부사(副使; 4품관 이상)에서 목사(牧使; 3품관 이상)로 격상되었다.[37]

조선시대에 제주도에서 일어난 민란도 고려시대와 비슷한 양상을 보이고 있다. 물론 선조 34년[1601]에 일어난 민란의 경우에는 외지인이었던 길운절(吉云節)과 소덕유(蘇德裕)가 제주인들을 규합하여 거사계획을 수립한 것이지만, 이때에도 외지인들과 제주인들은 그 목표가 달랐다. 곧, 외지인들은 제주를 발판으로 하여 육지로 진출하는 목표를 가지고 있었으나, 제주인들은 목사의 탐학을 제거하고, 과중한 군역(軍役)과 요역(徭役), 그리고 조세로부터 벗어나는 목표를 가지고 있었다. 그리고 이렇게 상이한

아서 백성들이 생업을 즐겼는데, 근자에 관리의 불법으로 賊首 良守 등이 모반하여 守宰를 축출하였습니다."라고 한 말로도 뒷받침된다. 곧 중앙정부의 통제가 미치지 못하던 시점에서는 일원화된 지배구조가 형성되어 있었는데, 중앙정부가 뒤늦게 통제하면서 민중의 부담이 가중된 것이다.

36 高昌錫, 앞의 논문, 49쪽에서 재인용. 李伯謙(1264~1321)과 宋英(?~1322)은 충숙왕 5년의 난 이전에 제주목사로 부임한 바 있는 인물로서, 모두 선정을 베푼 인물로 알려져 있었다.

37 진영일, 앞의 책, 246~247쪽.

목표를 가진 두 세력이 결합하여 시행하는 과정에서 결과적으로 길운절이
역모사건을 고변함으로써 제주인들의 경우에는 오히려 배신을 당한 결과
를 낳았던 것이다.[38] 이렇게 조선시대의 제주 민란도 그 동기는 내부에 있
는 것이 아니라, 외부에 있는 것으로 파악된다. 곧 중앙에서 파견된 관리
에 대한 불만이 동기였다는 점은 내부 지배구조의 모순보다는 외부에서
들어온 세력의 이중 지배구조를 더 문제 삼았다고 볼 수 있는 것이다.

하지만 제주도에 지배이데올로기로서 무속을 대체하는 과도기인 18~19
세기를 거치면서 제주 민란의 성격에 다소 변화가 감지된다. 곧 그 동기는
여전히 당시 사회경제적 모순에 있었지만, 그 목표가 단순히 조세 수취 구
조의 개혁 또는 관리의 교체 수준이 아니라, 조선 왕조 자체를 부정하고
새로운 국가를 건설하는 데로 확장되었던 것이다. 이러한 변화는 제주의
기층민중이 조선왕조의 교화정책 시행 결과로 어느 정도 토착지배계층을
포함한 지배모순구조를 파악할 수 있었기 때문이겠지만, 이와는 반대로
무속을 대신하고 있는 조선유학을 지배이데올로기로 인식하였기 때문인
것으로 볼 수도 있다.[39] 왜냐하면 이후 신축교난(辛丑敎難, 1901)으로 불
리는 이재수의 난에서도 볼 수 있듯이, 제주 기층민중은 천 년을 유지되어
오던 토착지배세력에 대한 불만보다는 외부인이 행사하는 일종의 이중 권
력과 이중 수탈을 문제 삼았기 때문이다.

이러한 점으로 미루어 보건대 조선유학에 대한 제주 기층민중은 그동안
관습법적으로 유지되어 오던 지배구조 자체에 큰 불만을 가진 것이 아니

---

38 고성훈, 「1601년 제주도 역모 사건의 추이와 성격」, 『史學硏究』 제96호, 한국사학
   회, 2009, 155~194쪽.
39 조성윤은 「1898년 제주도 민란의 구조와 성격-남학당의 활동과 관련하여」(『사회
   와 역사』 4, 한국사회사학회, 1996, 209~236쪽)에서 1898년의 민란도 처음에는 조
   세수탈 등 민생과 관련된 불만에서 비롯된 것이지만, 그 전과는 달리 종교집단이
   민란의 구심점이 되면서 조선왕조를 대신하는 이상국가 건설이라는 목표가 제시
   되었다고 분석한 바 있다. 그리고 당시 관찬자료를 통해 제기되고 있는 제주도 자
   체의 분리주의 정신이 원인이라는 분석에 대해서는 비판하는 입장을 취했다.

라, 그것이 조선유학 또는 외래사상에 기초한 중앙정부의 지배가 이중지
배구조 형태를 갖추게 된 것에 대해 불만을 가진 것이다. 이 점은 오늘날
까지 지속되고 있는 제주도의 혼인관습이나 분가관습, 채무승계관습, 제사
상속관습, 재산상속 관습 등이 조선유학과 배치되지 않은 상태에서 변용
된 데서도 확인된다.[40] 따라서 토착지배세력들과 마찬가지로 조선유학에
대해서는 정확한 이해가 없었고, 다만 현실적으로 드러나는 지배이데올로
기적 성격만 강하게 인식된 것으로 볼 수 있다.

Ⅳ. 도학적(道學的) 지치주의(至治主義)의 이중적 변주

오늘날 우리는 동서양 할 것 없이 근대정신의 해체를 겪고 있다. 그래
서 탈근대나 탈현대에 대한 담론이 앞 다투어 제기되고 있다. 그 결과 유
학과 유교를 구분하고, 탈근대적 관점에서 유학은 유교의 전제주의적 전
근대성을 해체할 수 있는 도구로서 논의되기도 한다.[41] 하지만 유교와 유
학을 나누는 것 자체가 서양적 관점을 극복하지 못한 것이라고 할 수 있
는데, '교학상장(敎學相長)'이라는 말에서도 알 수 있듯이 동양적 관점에서
교(敎)는 가르침이라는 의미가 강한 데 비해 학(學)이란 배움이라는 의미
가 강하기 때문이다. 곧 서양에서는 종교(Religion)와 학문(Science)이 명
확히 구분되지만, 동양에서는 종교(宗敎)가 '성현의 가르침(the teaching

---

40 한삼인, 김상명, 「관습법 연구 서설-제주지역 민사관습을 중심으로」, 『法學硏究』
   제40집, 한국법학회, 2010, 131~154쪽.
41 권상우는 「근대, 탈현대 그리고 유학」(『동양사회사상』 제14집, 동양사회사상학회,
   2006, 83~105쪽)에서 유학과 탈현대성의 접목을 시도한 바 있는데, 이 시도를 위
   해서 "유교가 공맹사상이 동양사회에서 왜곡되어 나타난 정치 및 사회 체제라면,
   유학은 공맹을 비롯한 유학자들이 추구한 이념"이라고 전제한 바 있다(위의 논문,
   83쪽).

of the sages)'이라는 의미로서 사실상 배움의 대상일 뿐이다.

우리나라를 비롯한 동아시아 국가에서는 그것이 유학이건 유교이건 전통적 삶에 지대한 영향을 끼쳤고, 아직도 끼치고 있다. 왜냐하면 유학은 같은 기원을 가지고 있는 도교나 외래종교인 불교와 끊임없이 관계 맺으면서 변화해왔기 때문이다. 예컨대 선진(先秦)시대의 공맹학은 주(周)나라의 질서가 무너지는 상황에서 인륜질서를 재건하는 데 그 목표를 두었고, 한대(漢代)유학은 초기의 황로학적(黃老學的) 정치이념을 적절히 계승하면서 왕권을 강화하는 데 그 목표를 두었으며, 송명대(宋明代)유학은 우주본체론을 체계적으로 건립한 도교와 불교의 도전 속에서 전통적 의리사상을 유지해내는 데 그 목표를 두는 등, 시대에 따라 그 기본적인 이론은 바뀌지 않았지만 그 내용은 지속적으로 보충되어왔다. 그리고 이러한 전통은 중국의 경우 청대 실학에로, 주변국에는 조선 실학과 일본 명치유신(明治維新) 등으로 계승되었다.

물론 송대유학의 경우 중국에서조차 공맹(孔孟)의 원시유학을 재건한다는 목표를 내세워 신(新)유학을 표방했지만 그 속에는 여전히 중국 중심의 배타적 중화사상이 잠재되어 있었을 뿐 아니라, 인간 이성에 호소했지만 결과적으로는 전근대적인 지배이데올로기적 성향을 내재하고 있었다. 따라서 중국에서는 이미 주자 생전에 이학(理學)에 대한 반동으로 심학(心學)이 제출되었고, 심학(心學)은 만주족이 세운 청(淸)의 등장과 함께 그 원인을 제공한 '공소무용(空疏無用)의 학(學)'으로 몰려 다시 한 번 훈고학과 역사학 중심의 실학(實學)으로 변모를 꿈꾸었으나 밖으로는 서세동점(西勢東漸)의 시기, 안으로는 내부 모순 등으로 외세에 의한 강제적 근대를 이식받게 되었다.

이에 비해 조선유학은 주자 사후에 수입되어 왕조를 한 번 바꾸고도 그 왕조의 지배이데올로기로서 배타적 지위를 가지고 왕조의 마지막까지 지속될 수 있었을 뿐 아니라, 정치 학문 분야에서 오히려 중국보다도 더 정교화 되었다. 그 결과 실학을 집대성한 다산(茶山) 정약용(丁若鏞)에게서도 확인되듯이 주자학에 대한 비판보다는 오히려 주자학에 정통한 듯이 보이는 조선 유학자들에 대한 비판이 더 강했고, 이런 기조는 일제 강점기에 들어서 외세에 의해 전통사회가 완전히 해체되는 지경에 이를 때까지 지속되었다. 그리고 서구의 근대화 세례를 받은 오늘날에도 여전히 그 의식의 저변에는 전통이라는 이름 아래 유학적 정신문화의 산물이 유지되고 있다.

이러한 현상을 잘 보여주는 것이 제주의 조선유학(朝鮮儒學)이다. 앞서 살펴보았듯이 육지에 비해 유교문화의 침투가 비교적 뒤늦었을 뿐 아니라, 그 이해 정도도 상당히 부족했던 제주는 그만큼 서구식 근대화의 침투가 뒤늦었으므로 아직도 조선유학의 전통을 유지하고 있다. 그런데 여기서 말하는 조선유학은 실제적으로는 육지의 그것도 아닐뿐더러, 중국의 그것과도 다르다. 앞서 살펴본 '제주오현'에서도 알 수 있듯이 제주의 조선유학은 말 그대로 '도학적(道學的) 지치주의(至治主義)'라는 이중성이 중앙에서 파견된 관리와 유배죄인의 타자적 시선, 그리고 토착지배세력과 제주 기층민중계층의 주체적 시선이 만나서 제주의 사정에 맞게 변용된 것이기 때문이다.

변용이란 본래 그 종지(宗旨)는 그대로 두되, 상황에 맞춰 그 외양을 바꾸는 것을 말한다. 여기에 이르러 우리는 앞서 살펴본 '제주오현' 가운데 한 사람인 김정(金淨)의 이른바 '생생철학(生生哲學)'을 과거와 현재, 그리고 미래 동아시아 유학의 전범(典範)으로서 다시 한 번 주목해볼 수 있다. 김정은 명도(明道) 정이(程顥, 1032~1085)의 식인(識仁)을 그 학문의 요체로 삼았는데, 여기서 인(仁)을 안다고 말한 것은 '인(仁)이 천지의 큰 덕인 생(生)의 이치(生理)임'을 안다는 것을 뜻한다. 그리고 그 방법은 조선유학의 핵심 실천 방법인 성(誠)과 경(敬)이다. 왜냐하면 생(生)의 이치가 조금도 단절됨이 없이 지속될 수 있는 것은 경(敬) 때문이고, 경(敬)은 은미하고 깊은 내면에서 흩어진 마음을 수렴하는 과정인 성(誠)을 통해 실천되는 것인데, 이 성의(誠意)는 또한 경(敬)이 있어 가능한 것이기 때문이다. 그리고 김정의 생생철학에서는 이런 도학적(道學的) 탐구가 현실에서 또한 구체적인 제도의 개혁과 사회 교화를 통해 실천될 수 있을 때 비로소 그 생명의 이치를 구현해낼 수 있다는 점이 강조된다.[42]

요컨대 유학은 경학(經學)과 경세학(經世學), 치지(修己)와 치인(治人), 인간다움[仁]과 올바름[義], 진실됨[誠]과 공경함[敬], 주체와 타자가 대대적(對待的) 관계 속에서 씨줄과 날줄로 서로 교차한다. 그리고 그것들이 새로운 공간과 시간 속에서 중층적(重層的)으로 서로의 자리를 뒤바꾸면서 새로운 좌표를 찾아갈 때 비로소 그 생명력을 유지할 수 있다. 물론 앞서 살펴보았듯이 조선유학이 제주사람에게는 외부에 의해 강요된 지배이데올로기, 또는 제주인을 타자로 삼는 교화정책 내지는 교학활동으로서 인식될 수밖에 없었지만, 결과적으로 이를 통해서 이중지배구조의 모순을 인식하고 저항할 수 있는 이론적 근거를 찾을 수 있었고, 오늘날에까지 그러한 전통을 이어올 수 있었다. 따라서 오늘날 동아시아의 유학도 서양의 계몽주의와 인본주의를 넘어서 다시 한 번 새롭게 될 때 비로소 그 생명력을 유지할 수 있을 것이다.

---

42 황의동, 「沖庵 金淨의 道學精神과 經世論」, 『유학연구』 제13집, 충남대학교 유학연구소, 2006, 75~102쪽.

참고문헌

≪新增東國輿地勝覽≫
≪朝鮮王朝實錄≫
『論語』
『耽羅文化』 창간호-제46호, 제주대학교 탐라문화연구소.

姜榮峯, 「濟州語와 石宙明」, 『耽羅文化』 22호, 제주대학교 탐라문화연구소, 2002.

건국대학교 대학원 학술연구단체연합편, 『새천년 인문학의 新패러다임』, 오름, 2002.

계승범, 「조선후기 조선중화주의와 그 해석문제」, 『한국사연구』 제159호, 한국사연구회, 2012, 265-194쪽.

고성훈, 「1601년 제주도 역모 사건의 추이와 성격」, 『史學硏究』 제96호, 한국사학회, 2009, 155-194쪽.

고지현, 「지구화와 국민(민족)국가-경계의 문제」, 『사회와 철학』 제19호, 사회와 철학 연구회, 2010.

高昌錫, 「高麗朝 濟州民亂의 性格」, 『濟州島硏究』 제3집, 濟州學會, 1986, 43-53쪽.

구본식, 「가톨릭교회의 성지 순례(기원과 중세기의 순례 중심으로)」, 『現代가톨릭思想』 27호, 대구가톨릭대학교 가톨릭사상연구소, 2002, 35-80쪽.

권덕영, 「古代 東아시아인들의 國外旅行記 撰述」, 『동국사학』 49집, 동국사학회, 2010, 1-35쪽.

권상우, 「근대, 탈현대 그리고 유학」, 『동양사회사상』 제14집, 동양사회사상학회, 2006, 83-105쪽.

權政媛, 「朝鮮後期 韓國·中國間 文化交流의 一樣相-筆談을 중심으로-」, 『漢字漢文敎育』 제11집, 한국한자한문교육학회, 2003, 219-248쪽.

琴章泰, 「韓國古代의 信仰과 祭儀-그 構造의 宗敎史學的 考察-」, 『同大論叢』, 8권 1호, 同德女子大學校, 1978, 5-19쪽.

金棋玹, 「집의 入口에 對한 現象學的인 考察」, 『가야대학교 논문집』 7호, 가야대학교, 1998, 125-145쪽.

김동윤, 『4·3의 진실과 문학』, 제주: 도서출판 각, 2003.

김병인, 「고려시대 行旅와 遊覽의 소통 공간으로서 사원」, 『역사와 경계』 74,

부산경남사학회, 2010, 1-28쪽.

김상범, 「瀛州十景을 通해 본 濟州의 景勝觀과 景觀體驗 方案에 關한 硏究」, 『地域社會開發硏究』 제32집 1호, 한국지역사회발전학회, 2007, 1-14쪽.

김새미오, 「梅溪 李漢雨의 시문학 일고」, 『영주어문』 제11집, 영주어문학회, 2006, 49-72쪽.

_____, 「梅溪 李漢雨의 詩文學攷」, 濟州大學校 敎育大學院 碩士學位論文, 1999.

_____, 『일재 변경붕 문집』에 나타난 18~19세기의 제주사회 성격에 관한 일고-유교사회로의 변화 양상을 중심으로」, 『영주어문』 제20집, 영주어문학회, 93-118쪽.

김석수, 「구체적 보편성과 지방, 그리고 창조학으로서의 인문학」, 『사회와 철학』 제8호, 사회와 철학연구회, 2004.

_____, 「지역특권화와 문화 화석화를 넘어서-타자의 시선으로 본 제주학」, 『耽羅文化』 제33호, 제주대학교 탐라문화연구소, 2008, 5-32쪽.

김성진, 「'걷기열풍 진원지' 제주올레, 진화도 좋지만…」, 『제주의 소리』 2010년 12월 30일자 기사.

_____, 「제주올레 체계적 보전 위해 민-관 역할 분담해야: 제발연 이성용 연구위원, '제3섹터' 관리 방안 제안」, 『제주의 소리』 2010년 12월 06일자 기사.

_____, 「철학·인간·그리고 환경-Nairobi 세계 철학자 대회 참관기」, 『철학』 36권 1호, 한국철학회, 1991.

김세정, 「동양사상, 환경·생태 담론의 현주소와 미래」, 『오늘의 동양사상』 제14호, 예문 동양사상연구원, 2006.

_____, 「환경윤리에 대한 동양철학적 접근」, 『범한철학』 제29집, 범한철학회, 2003.

김승동, 『韓國哲學史』, 부산대학교 출판부, 1999.

김연수, 「'trans-'의 의미와 '탈경계 인문학(Trans-Humanities)' 연구에 관한 소고」, 『탈경계 인문학』 제3권 3호, 이화여자대학교 이화인문과학원, 2010.

김원중, 「생태문학과 동양사상: 또 다른 "오리엔탈리즘"인가?」, 『미국학논집』 36권 3호, 한국아메리카학회, 2004.

김종인, 「衆生개념에 투영된 불교의 인간관」, 『동양철학연구』 제46집, 동양철학연구회, 2006.

김종현, 「조화를 꿈꾸는 제주올레」, 『플랫폼』 15호, 인천문화재단, 2009, 94-97쪽.

金眞英, 「조선초기 '濟州島'에 대한 인식과 정책」, 『韓國史論』 제48집, 서울대
학교, 2002, 55-108쪽.

김치완, 「동양적 생태담론 가능성에 대한 사상사적 고찰-대안적 패러다임론과
오리엔탈리즘적 접근에 대한 비판적 관점을 중심으로」, 『歷史와 實學』
44집, 歷史實學會, 2011.

_____, 「梅溪 李漢雨의 '낯선 공간'으로서 瀛洲」, 『역사민속학』 제39호, 2012,
73-100쪽.

_____, 「瀛洲十景으로 본 朝鮮 儒學者의 仙境 인식과 그 태도」, 『대동철학』
제59집, 2012.

_____, 「우환의식(憂患意識)의 전통에서 본 다산(茶山)의 실학적 경세관(經世
觀)과 그 이념적 논거」, 『사회와 철학』 제18호, 사회와 철학 연구회,
2009, 153-186쪽.

_____, 「제주에서 철학하기 試論-로컬리티 담론과 제주학 연구 현황 검토를 중
심으로-」, 『탐라문화』 제39호, 제주대학교 탐라문화연구소, 2011, 177-
213쪽.

_____, 「한국학 전통에서 본 제주 바람-'바람, 흐름'의 철학적 접근」, 『耽羅文
化』 제43호, 제주대학교 탐라문화연구소, 2013, 101-133쪽.

김현돈, 「제주문화의 재창조」, 『제주리뷰』 3집, 제주대학교 지역사회발전연구
소, 1997.

노사광, 『중국철학사(고대편)』, 탐구당, 1991.

_____, 『중국철학사(송명편)』, 탐구당, 1988.

_____, 『중국철학사(한당편)』, 탐구당, 1988.

류은영, 「내러티브와 스토리텔링: 문학에서 문화콘텐츠로」, 『인문콘텐츠』 제14
호, 인문콘텐츠학회, 2009, 229-262쪽.

류지석, 「로컬리톨로지를 위한 시론-로컬, 로컬리티, 로컬리톨로지」, 『한국민족
문화』 33호, 부산대학교 한국민족문화연구소, 2009.

류현주, 「디지털 스토리텔링 시대의 내러티브」, 『現代文學理論硏究』 24호, 현
대문학이론학회, 2005, 121-135쪽.

문만용, 「'조선적 생물학자' 石宙明의 나비분류학」, 『한국과학사학회지』 제21
권 제2호, 1999, 157~193쪽.

문성원, 「철학의 기능과 이념-1980년대 이후의 한국 사회철학에 대한 반성-」,
『시대와 철학』 제20권 3호, 한국철학사상연구회, 2009, 213-235쪽.

민경숙, 「김지하의 율려사상-문화비평이론으로의 가능성 탐색」, 『인문사회과학

연구』 제4호, 용인대학교 인문사회과학연구소, 2000.

민슬기, 「스페인 산티아고 길 도보순례의 의미와 소비」, 전북대학교 대학원 석 사학위논문, 2012.

박규택, 「로컬리티 연구의 동향과 주요 쟁점」, 『로컬리티 인문학』 창간호, 부산 대학교 한국민족문화연구소, 2009.

박범준, 「문화콘텐츠의 출현과 구조, 그리고 구현」, 『글로벌문화콘텐츠』 제3호, 글로벌문화콘텐츠학회, 2009, 275-277쪽.

박상천, 「문화콘텐츠학의 학문 영역과 연구분야 설정에 관한 연구」, 『인문콘텐 츠』 제10호, 인문콘텐츠학회, 2007, 59-83쪽.

박이문, 『문명의 미래와 생태학적 세계관』, 당대, 1997.

박종천, 「문화유산에서 문화콘텐츠로-유교문화원형의 현황과 활용」, 『국학연구』 제18집, 한국국학진흥원, 2011, 455-501쪽.

박찬식, 「조선후기 제주지역의 지배체제와 주민의 신앙」, 『耽羅文化』 19호, 제 주대학교 탐라문화연구소, 1998, 199-218쪽.

박치완, 김성수, 「문화콘텐츠학과 글로컬 문화」, 『글로벌문화콘텐츠』 제2집, 글 로벌문화콘텐츠학회, 2009, 7-35쪽.

方東美, 鄭仁在 옮김, 『中國人의 生哲學』, 탐구당, 1983.

배영동, 「문화콘텐츠화 사업에서 '문화원형' 개념의 함의와 한계」, 『인문콘텐츠』 6호, 인문콘텐츠학회, 2005, 39-54쪽.

서명숙, 『놀멍 쉬멍 걸으멍 제주올레』, (주)북하우스, 2008.

석주명, 『濟州島昆蟲相』, 서울: 寶晉齋, 1970.

_____, 『濟州島關係文獻集』, 서울: 서울신문사, 1949b.

_____, 『濟州島方言集』, 서울: 서울신문사, 1947.

_____, 『濟州島隨筆』, 서울: 寶晉齋, 1968.

_____, 『濟州島의 生命調査書-濟州島人口論-』, 서울 : 서울신문사, 1949a.

_____, 『濟州島資料集』, 서울: 寶晉齋, 1971.

손기범, 「제주를 바라보는 19세기 유학자의 관점-이한우, 김정희, 이원조를 중 심으로-」, 『영주어문』 제17집, 영주어문학회, 2009, 99-119쪽.

손동현, 「융복합 교육의 수요와 철학교육」, 『철학연구』 제38집, 철학연구회, 2008.

송성대, 「제주인의 시대정신」, 『제주리뷰』 2집, 제주대학교 지역사회발전연구 소, 1996.

_____, 『濟州人의 海民精神: 精神文化의 地理學的 了解』, 도서출판 제주문화,

1996.

신승환, 「탈중심성 논의의 철학적 지평」, 『로컬리티 인문학』 창간호, 부산대학교 한국민족문화연구소, 2009.

신행철, 「제주인의 정체성과 일본 속의 제주인의 삶」, 『濟州島研究』 제14집, , 濟州學會, 1997.

심재룡, 「"동양적" 환경철학과 환경문제」, 『철학사상』 15권 1호, 서울대학교 철학사상연구소, 2002

안건훈, 「한국에서의 환경철학(1)」, 『환경철학』 제3집, 한국환경철학회, 2004.

안장리, 「韓國八景詩의 전개에 있어서 金時習의 역할」, 『洌上古典研究』 제31집, 열상고전연구회, 2010.

梁鎭健, 「濟州 五賢의 敎學活動 硏究」, 『耽羅文化』 9호, 제주대학교 탐라문화연구소, 1988, 229-250쪽.

_____, 「秋史 金正喜의 濟州流配 敎學思想 硏究」, 『濟州島研究』 9집, 濟州學會, 1992, 181-216쪽.

에머리히 코레트, 진교훈 옮김, 『철학적 인간학』, 종로서적, 1986.

엘리아데((Mircea Eliade), 이은봉 역, 『종교형태론』, 도서출판 한길사, 1996.

吳慶鎬, 「韓國 叢書出版의 通時的 硏究」, 『한국출판학연구』 통권 제28호, 1986, 73~104쪽.

오상학, 「조선시대 한라산의 인식과 그 표현」, 『地理學研究』 제40권 1호, 국토지리학회, 2006, 127-140쪽.

禹種模, 劉炳來, 「老莊의 '自然'철학과 현대 환경문제」, 『長安論叢』 제17집, 1997.

유철인, 「지역연구와 濟州學: 제주문화 연구의 현황과 과제」, 『濟州島研究』 제14집, 濟州學會, 1996, 33-52쪽.

尹明老 감수, 『最新哲學辭典』, 日新社, 1991.

윤용택, 「석주명의 제주학 연구의 의의」, 『耽羅文化』 39호, 2011, 215~263쪽.

_____, 「패러다임의 전환과 정교화 사이: 카프라(F. Capra)의 과학사상을 중심으로」, 『과학사상』 2005년 제1권, 범양사, 2005.

_____, 「환경철학에서 본 확장된 인간중심주의」, 『철학·사상·문화』 제3호, 동국대학교 동서사상연구소, 2006.

윤용택·하순애, 「소외계층을 위한 대중 철학교육의 의미-'제주희망대학 인문학 과정'의 사례를 중심으로」, 『철학윤리교육연구』, 한국철학윤리교육연구회, 24권 40호, 2008.

이명수, 「로컬, 로컬리티 그리고 인문학적 공간-로컬리톨로지 도달에 관한 동양 학적 전망」, 『로컬리티 인문학』 3호, 부산대학교 한국민족문화연구소, 2010.

李明洙, 「儒家哲學의 時間과 空間에 관한 倫理的 접근」, 『동양철학연구』 제42 집, 동양철학연구회, 2005, 199-223쪽.

이문교, 『제주언론사』, 서울 : 나남출판, 1997.

이병창, 「철학 운동」, 『시대와 철학』 제19권 3호, 한국철학사상연구회, 2008, 11-19쪽.

이병철, 「나비박사 석주명의 생애와 학문」, 『과학사상』 21호, 서울: 범양사, 1997, 169~187쪽.

이상균, 「조선시대 關東遊覽의 유행 배경」, 『인문과학연구』 31, 강원대학교 인문과학연구소, 2011, 167-196쪽.

이상봉, 「인문학의 새로운 지평으로서 '로컬리티 인문학' 연구의 전망」, 『로컬리티 인문학』 창간호, 부산대학교 한국민족문화연구소.

이상호, 「성리학과 생태담론」, 『오늘의 동양사상』 17호, 예문동양사상연구원, 2007.

이승종, 「차연과 자연: 동아시아 사유로부터」, 『철학과 현실』 38, 철학문화연구소, 1998, 40-54쪽.

이영윤, 「언론의 특정 지역공간 담론화에 대한 분석-"제주올레"를 중심으로」, 『탐라문화』 36호, 제주대학교 탐라문화연구소, 2010, 301-331쪽.

이유진, 「石宙明「國學과 生物學」의 분석-1947년 남한에서 개별과학을 정의한 사례에 관한 연구」, 『철학·사상·문화』 제2호, 2005, 35~60쪽.

이재봉 외, 「지역학과 로컬리티 연구」, 『로컬리티 인문학』 제2호, 부산대학교 한국민족문화연구소, 2009.

이정혜, 「이콘 새로보기(1)」, 『基督敎思想』 625호, 대한기독교서회, 2011, 168-176쪽.

이종록, 「에스겔서 1장이 보여주는 신적 환상 묘사의 낯설음과 모호함-신묘막측, 평지풍파, 그리고 전광석화」, 『神學思想』 142輯, 한국신학연구소, 2008.

이준호, 「야고보와 바울의 행함과 믿음-야고보서의 상황, 배경, 본문을 중심으로」, 『신약연구』 제10권 제3호, 한국복음주의신약학회, 2011, 653-688쪽.

이중표, 「불교에서 보는 인간과 자연」, 『불교학연구』 제2호, 불교학연구회, 2000.

李漢雨, 김영길 역, 『梅溪先生文集』, 도서출판 제주문화, 1998.

임경순, 「여행의 의미와 기행문학 교육의 방향」, 『새국어교육』 제79호, 한국국
　　　어교육학회, 2009, 367-391쪽.

임진호·김하종, 『문화 문자학』, 문현, 2011.

자크 랑시에르, 주형일 옮김, 『미학의 불편함』, 인간사랑, 2008.

장희권, 「문화연구와 로컬리티-실천과 소통의 지역인문학 모색」, 『비교문학 제
　　　47집』, 2009, 171~203쪽.

전병술, 「동양철학의 인간중심적 환경윤리」, 『中國學報』 47권, 한국중국학회,
　　　2003.

제주도지편찬위원회, 『濟州道誌』 제6권, 제주: 제주도, 2006.

제주특별자치도, 『개정증보 제주어사전』, 2009.

조　흡, 「누구를 위한 율려 운동인가?」, 『인물과 사상』 18호, 인물과 사상사,
　　　1999.

조성윤, 「1898년 제주도 민란의 구조와 성격-남학당의 활동과 관련하여」, 『사회
　　　와 역사』 4, 한국사회사학회, 1996, 209-236쪽.

_____, 「지역 연구 모델로서의 제주학의 발전 방향: 『탐라문화』의 활성화를
　　　중심으로」, 『耽羅文化』 제33집, 제주대학교 탐라문화연구소, 2008.

조수동, 『인도철학사』, 이문출판사, 1995.

조재곤, 「壬辰倭亂 시기 朝鮮과 明의 문화교류」, 『亞細亞文化硏究』 제6집, 暶
　　　園大學校아시아文化硏究所, 2002, 15-41쪽.

존 스토리 저, 박만준 역, 『대중문화와 문화연구』, 경문사, 2004.

진성기, 「'올레'란 무엇인가」, 『한라일보』 2009년 4월 17일자 오피니언 면.

진영일, 「조선시기 제주 「神人」 기사 검토」, 『耽羅文化』 제28집, 제주대학교
　　　탐라문화연구소, 2007, 237-298쪽.

최경섭, 「엄밀한 학이 아닌 엄연한 지역학으로서 철학 제1부-후설의 후기현상
　　　학에서 생활세계개념의 지역학적 개진」, 『철학』 제103집, 한국철학회,
　　　2010.

_____, 「엄밀한 학이 아닌 엄연한 지역학으로서 철학 제2부-학문과 예술의 초
　　　월론적 근간으로서 '지역'과 철학의 근본문제들」, 『철학』 제104집, 한
　　　국철학회, 2010.

최낙진, 「석주명의 '제주도총서(濟州道叢書)'에 관한 연구」, 『한국출판학연구』
　　　통권 제52호, 2007, 305~333쪽.

_____, 「진성기의 '제주민속총서(濟州民俗叢書)' 고찰」, 『한국출판학연구』 통

권 제54호, 2008, 351~382쪽.

최병길 외, 「제주섬 정체성 변화에 관한 비교 연구」, 『濟州島研究』 제15집, 濟州學會, 1998.

崔承熙, 「朝鮮後期 原從功臣錄勳과 身分制 동요」, 『韓國文化』 22, 서울대학교 한국문화연구소, 1998.

프리쵸프 카프라, 김용정·김동광 역, 『생명의 그물』, 범양사, 1998.

한삼인, 김상명, 「관습법 연구 서설-제주지역 민사관습을 중심으로」, 『法學研究』 제40집, 한국법학회, 2010, 131-154쪽.

한창훈, 「제주학 정립의 방향과 과제」, 『耽羅文化』 제33호, 제주대학교 탐라문화연구소, 2008, 33-50쪽.

허남춘, 「제주 서사무가에 담긴 과학과 철학적 사유 일고찰」, 『국어국문학』 148, 국어국문학회, 2008.

_____, 「제주문화연구의 성과와 과제」, 『탐라문화』 31호, 제주대학교 탐라문화연구소, 2007.

玄吉彦, 「역사적 사실과 문학적 인식-李衡祥목사의 神堂 철폐에 대한 설화적 인식」(『耽羅文化』 2호, 제주대학교 탐라문화연구소, 1983, 95-125쪽.

현승환, 「『탐라문화』의 성격과 발전 방향」, 『耽羅文化』 제33호, 제주대학교 탐라문화연구소, 2008

洪淳晚, 「濟州牧師에 관한 序說」, 『濟州島史研究』 제1집, 濟州島史研究會, 1996, 35-44쪽.

황의동, 「沖庵 金淨의 道學精神과 經世論」, 『유학연구』 제13집, 충남대학교 유학연구소, 2006, 75-102쪽.

찾아보기

저자 _ 김치완

제주대학교 철학과 교수

가톨릭대학교 신학사, 부산대학교 문학석사, 부산대학교 철학박사 학위과정을 거쳤다.

현재 제주대학교 철학과에서 후학들을 교육하면서, 제주대학교 탐라문화연구원 편집위원 장을 비롯, 한국인물사연구회 이사, 대동철학회 교류위원회 위원장, 한국교양교육학회 연 구윤리위원 등 학회 활동에도 매진하고 있다.

제주대학교에서는 한국학협동과정 겸무교수, 탐라문화연구소 간사, 인문과학연구소 부소 장, 인문대학 부학장, 총장추천관리위원장, 기초교양교육원장 등의 보직을 맡았다.

대표 연구저작물로는 『석주명(학문융복합의 선구자)』(공저, 서울: 보고사, 2012), 『애니메 이션으로 떠나는 철학여행』(서울: 인문산책, 2011) 등 다수의 저서, 「섬[島]—공간의 철학적 접근—플라톤과 노자의 '공간' 개념 검토를 중심으로(『탐라문화』 45호, 탐라문화연구소, 2014)」, 「茶山學으로 본 實學과 近代 개념에 대한 비판적 접근(『역사와 실학』 52호, 역사 실학회, 2013)」 등 다수의 연구논문을 발표했다.

탐라문화학술총서 17

제주의 로컬리티 담론 공간과 철학

초판 인쇄 : 2015년 2월 20일

초판 발행 : 2015년 2월 28일

저 자 김치완

발행인 한정희

발행처 경인문화사

주 소 서울특별시 마포구 마포동 324-3

전 화 02-718-4831~2

팩 스 02-703-9711

이메일 kyunginp@chol.com

홈페이지 http://kyungin.mkstudy.com

가 격 17,000원

ISBN 978-89-499-1137-3 93910